L'ÉTERNELLE QUESTION

SUIVIE DE

LA QUESTION DU TEMPS

PETITS TRAITÉS DE PHILOSOPHIE POPULAIRE

PAR L'AUTEUR
DES *PENSÉES DE L'ÉTERNELLE VIE*

Je crois, c'est pour comprendre.
(Saint Anselme)

SAINT-DIZIER
IMPRIMERIE J. THEVENOT
10, PORT DU FORT-CARRÉ, 10

1903

L'ÉTERNELLE
QUESTION

L'ÉTERNELLE QUESTION

PETITS TRAITÉS DE PHILOSOPHIE POPULAIRE

PAR L'AUTEUR
DES *PENSÉES DE L'ÉTERNELLE VIE*

> Je crois, c'est pour comprendre.
> (Saint Anselme)

SAINT-DIZIER
IMPRIMERIE J. THEVENOT
10, PORT DU FORT-CARRÉ, 10

1903

L'ÉTERNELLE QUESTION

PRÉFACE

J'ai publié les *Pensées de l'Eternelle vie*; je publie *l'Eternelle question*. Les *Pensées de l'Eternelle vie*, c'est un bouquet de fleurs et une corbeille de fruits; c'est un recueil où sont résumées les pensées, réflexions et maximes d'une vie studieuse et méditative; c'est, sur les points capitaux de la doctrine religieuse et de la loi morale, un ensemble d'enseignements formulés en adage et d'autant plus propres à se fixer dans la mémoire. Un recueil de cette nature ne manque pas d'intérêt; mais il n'offre pas un corps de principes, de raisons, de conséquences, logiquement déduites et coordonnées d'après un plan rigoureux. Ce n'est pas un cours classique; c'est un *memento*, un souvenir.

L'Eternelle question, suite et complément des *Pensées de l'Eternelle vie*, essaie de suppléer à ce qui leur manque. Ce n'est pas le cours classique d'un savant professeur; c'est l'ensemble des réflexions et méditations d'une humble femme qui, pendant une vie déjà longue, a voulu se rendre raison de ses croyances et chercher, dans son intelligence, le support naturel de sa foi. Toute âme se trouve en présence de ce grand mystère de la vie. Riches et pauvres, savants et ignorants, nous vivons tous face à face avec les mêmes énigmes ; nous en portons en nous les soucis, parfois les amertumes ; et, bien que, dans l'ordre intellectuel humain, la science de l'absolu n'existe pas, nous ne travaillons pas moins à l'acquérir.

Je ne porte pas si haut mes prétentions, mais je confesse en avoir poursuivi l'objet. Dès ma plus tendre jeunesse, cet objet, plein de mystères, exerçait sur mon âme inquiète une espèce de fascination ; j'en avais souvent le souci, parfois le tourment. C'est pour mettre la paix dans ma vie, que j'ai cherché à me faire un ensemble d'idées qui répondent, autant que j'en peux juger, à mes instinctives préoccupations du besoin de connaître. Je ne demande rien, je ne désire rien. Je connais et crois en *Celui qui Est* et me fortifie : Il m'a comblée au delà de ce que le monde peut offrir. Tout ce que je souhaite, c'est que ce livre répande quelques rayons de lumière sur des âmes, comme moi, en peine de connaître la vérité qui éclaire, nourrit, fortifie, et console dans les misères de la vie présente.

Malgré ma faiblesse, je ne crains pas, dans ce hardi projet, d'esquisser le programme de ce travail.

Qu'est-ce que l'éternelle question inscrite en tête de cet ouvrage ? Qu'elle est la double réponse donnée à cette question depuis six mille ans par l'humanité dans la pratique de la vie ? Quelle est la notion la plus élevée de la philosophie ? Comment faut-il se représenter la conception de l'être ? Que devons-nous entendre par l'Être des êtres ? Quelle idée se faire de Dieu ? Quelle est la notion et quels sont les attributs de l'Être divin ? Quel est le plan divin dans la création des êtres ? Qu'est-ce que l'Univers et quel est son développement? Que sont les intelligences et quelles sont leurs manifestations ? Comment expliquer la conservation des êtres ? Quelles sont les lois de la société et quelle est leur fin ? Qu'est-ce que la science de l'homme et la lutte contre le mal ? Que faut-il entendre par l'être organique et par l'être intelligent? Que dire de l'intelligence, de l'imagination et de la parole ? Quelles sont les puissances actives de l'homme et les relations de l'homme avec la pensée et l'amour de Dieu ? Que dire de l'art, des sciences et des causes finales ? Que penser de la société spirituelle, de l'Eglise et du culte ? Quelle est la fin des choses ?

Ces questions et quelques autres de moindre importance forment la matière de ce travail philosophique et offrent le détail de l'*Eternelle question*. Ces problèmes sont de tous les temps ; ils s'adressent à tous les âges et forment plus ou moins l'inquiétude de tous les esprits. Une âme, naturellement chrétienne, aime Dieu de tout son cœur et de toutes ses forces ; elle aime également le Verbe de Dieu *fait chair* et se plaît à le contempler pour y rattacher ses espérances ; elle éprouve pour la religion et pour l'Eglise des sentiments d'admiration, de respect et de dévouement. En même temps, et tout en restant croyante, elle se plaît à chercher, dans la sphère de la raison, des conceptions qui soutiennent sa foi et lui prêtent un mutuel support. Depuis deux mille ans, ce besoin des âmes a donné naissance à des milliers de livres, de systèmes, de théories, de programmes, d'écoles. Les Pères de l'Eglise, les scolastiques, les théologiens, les philosophes ont accumulé sur ce thème éternel, leurs savantes élucubrations. Je serais incapable de les lire ; je n'en connais aucune ; mais le besoin qu'ont éprouvé ces grandes âmes, je l'ai éprouvé, et, sur tous les problèmes de l'Eternelle question, voici, non pas mes solutions, mais les idées que je me suis faites dans la modestie de ma condition. Si je les fais imprimer, je n'en demande point grâce : j'use du droit commun ; mais j'espère que personne ne me prêtera la ridicule ambition de prendre place parmi les législateurs de l'humanité. Je ne suis rien et ne peux rien être qu'un rayon de l'amour divin pour la Vérité, qu'une effusion de Dieu, une grâce de son amour.

Dans une préface, les auteurs aiment à parler de leurs pensées intimes, des soucis de leur intelligence, des angoisses de leur vie, des viscissitudes par lesquelles ont passé leur esprit pour produire un livre. Pour moi, ces confidences délicates se bornent à la constatation d'un fait : j'étais dans l'obscurité des ténèbres et je ne marchais qu'à tâtons ; je suis maintenant, ou du moins je crois être dans la pleine lumière ; je marche avec assurance au milieu des écueils de la vie ; et quand j'aurai achevé ma course, il me sera doux de mourir.

Nous vivons dans des temps obscurs et difficiles. De la terre s'élèvent des vapeurs qui cachent aux hommes l'étoile de la vérité. Tout va au scepticisme qui glace, à l'athéisme qui rabaisse, au sensualisme qui déprave. Le gouvernement, par une aberration monstrueuse, ou par un complot criminel, paraît résolu à supprimer l'Église et à détruire la religion. Les évêques français, frappés d'une inexplicable inertie, laissent poursuivre cette conjuration contre Dieu et contre la France, sans élever les protestations de la foi et sans aller quand il le faudrait au devant du martyre. Le clergé de second ordre, troupeau muet et impuissant, n'affecte plus que des préoccupations de bien-être : quand le corps sacerdotal en est réduit à tant de bassesse, il est mort et mûr pour la tombe. Les masses démoralisées par de si tristes exemples, entraînées par de si déplorables provocations, se confinent dans leurs misères, avec une espèce de désespoir. Pour un peu, on se prendrait à crier : La nuit, la grande nuit !

Tout clairvoyant qu'on soit, il ne faut jamais être pessimiste. Le découragement n'est pas chrétien ; espérer en Dieu est le premier article du Symbole et le premier précepte du Décalogue. Quelles que soient les tristesses des temps et les dépravations des hommes ; quand tout manquerait sur la terre, il faut se confier au ciel ; il faut toujours se tourner vers l'infini, vers la lumière, vers Dieu. C'est de là que vient toujours l'aurore ; c'est là qu'apparaît toujours l'astre lumineux, le soleil divin qui éclaire toutes les nations.

Louze, le 1er Juin 1903.

CLÉMENTINE NOTTAT.

CHAPITRE PREMIER

L'ÉTERNELLE QUESTION

L'éternelle question, qui s'impose à toute intelligence humaine, est celle-ci : oui ou non, existe-t-il un Dieu ?

Suivant la réponse faite à cette question éternelle, tout est changé dans le monde des esprits et dans le monde des corps.

S'il n'y a point de Dieu, le monde est une grande machine, purement matérielle, qui a toujours été ainsi, ou, si elle a commencé, de deux choses l'une, ou elle s'est faite elle-même ou elle a été faite par hasard.

Si le monde n'est qu'un entassement de corps, un chaos de choses purement matérielles, il n'y a point d'intelligence, ni de science, parce qu'il faut des intelligences pour les concevoir, les créer et les comprendre.

Si le monde a toujours été ainsi, nous n'en savons rien : nous n'étions pas là, et ne pouvons l'affirmer. Scientifiquement, nous pouvons plutôt affirmer le contraire, car nous voyons que tout change et se transforme, pour s'élever à un état supérieur ; et, par exemple pour notre terre, nous savons qu'elle n'a pas toujours été ainsi, puisqu'elle a été d'abord à l'état gazeux ; puis à l'état de nébuleuse incandescente ; enfin corps solide, mais devenu tel qu'il est par une série de révolutions qui ont produit des terrains volcaniques, fondus par le feu, puis des terrains neptuniens, créés par l'eau, superposés en quatre immenses couches, et bouleversés soit par des éjaculations parties du centre, soit par des déluges qui ont agité la surface de la terre.

Si le monde s'est fait lui-même, il faut avouer que la chose est incompréhensible. D'abord pour se donner l'existence, il faut déjà la posséder ; il faut être, pour être la cause de quelque chose ; si l'on n'est pas, on ne peut rien faire. Ensuite, les imaginations qu'on nous présente pour nous expliquer le monde se faisant tout seul, ne supportent pas l'examen.

On nous dit qu'il a existé d'abord l'atome, puis la cellule, qui a engendré les autres cellules par une série ininterrompue et éternellement féconde. Or, ceci est purement imaginaire et rien, sous nos yeux, n'autorise cette invention. Même en l'admettant, par hypothèse, qui a créé cet atome ? qui a composé cette cellule et cette succession de cellules ? en vertu de quelle loi et de quelle fatalité cela s'est-il produit de la sorte ? L'idée du monde se faisant tout seul est absurde, contradictoire à toute expérience et à toute raison.

Si le monde s'est fait par hasard, on admet qu'on ne sait pas comment il s'est fait et on suppose qu'il s'est fait ainsi, sans savoir lui-même ce qu'il faisait. C'est du galimatias double. Voltaire, qui était un homme d'esprit, a dit justement : « Le hasard est le Dieu des imbéciles. »

S'il y a un Dieu, disons-nous, tout différent se présente le phénomène de l'univers et tout autre est le mystère de notre existence.

D'abord, nous concevons qu'il y a un Dieu infini, unique, vivant, personnel ; un Dieu qui est l'être des êtres et la cause des causes ; un Dieu qui a créé le ciel, la terre, les anges, les hommes et toutes les créatures. Je ne sais pas encore ce qu'il est, mais je sais qu'il existe ; je ne demande pas comment il a créé toutes choses, je constate seulement que l'être infini a créé des êtres contingents. C'est là un point de départ des opérations de mon esprit et de l'explication qu'il peut se donner de la coexistence des êtres.

Ensuite, nous concevons que Dieu ayant créé toute chose, la création est le premier nœud des mystères. Nous devons nous dire que Dieu a créé d'après son idée divine, qu'il a créé sur un plan, qu'il a déroulé des séries d'êtres, soit en les créant chacun selon son espèce, soit en semant les germes à travers le temps et les espaces. Après la méditation de Dieu et de ses attributs, voilà le second champ que doit cultiver mon esprit.

En présence de ce Dieu et de ce monde, dont moi, homme ou femme, j'ai constaté la coexistence, je suis pour moi-même déjà un grand mystère. J'ai à me rendre raison de mes pensées, de mes sentiments et de mes actes ; j'ai surtout à concréter intellectuellement dans mon esprit, dans mon cœur et dans ma conduite, le double mystère de Dieu et du monde. Un philosophe m'a appris que je suis un microcosme, c'est-à-dire l'abrégé de l'univers ; que l'univers, c'est la diversité retournant à l'unité ; que moi-même, atome perdu dans ce grand tout, je dois accomplir régulièrement ma destinée personnelle.

Désormais donc, devant moi s'ouvrent deux mondes : le monde des idées et le monde des réalités. J'ai à parcourir ces deux immensités, ne sachant pas encore où je dois m'arrêter dans cette étendue, quel abîme je dois pénétrer dans ces profondeurs, ni sur quelle hauteur je pourrais bien m'élever sans péril.

Voilà ma vie orientée par la notion de Dieu. Il s'agit maintenant de suivre cette orientation jusqu'au bout, de consacrer mon existence à accomplir ce double ouvrage à travers les idées et les réalités. Mais de l'accomplir si sagement, avec une telle certitude, que je n'éprouve aucune hésitation dans mes mouvements, aucun doute dans mes résolutions, aucune angoisse dans mes actes.

C'est ici le point scabreux, vertigineux, où l'esprit hésite, où le cœur se trouble, où la main tremble.

Qui suis-je ? d'où suis-je sortie ? où dois-je diriger mes pas ? sur quels phares régler mes convictions et vers quelles plages doit cingler la petite barque qui porte mes destinées à travers le double inconnu des temps et des espaces ?

En esquissant aujourd'hui ce programme, dans la maturité de mes soixante-dix ans, je ne puis me défendre d'un retour vers les années de ma jeunesse. Ce que je viens d'écrire, je ne le soupçonnais même pas, mais il m'obsédait. Que dis-je ? il m'obsédait ; plus que cela, il me pénétrait, m'agitait, m'entraînait, au point de m'ôter tout repos. Ni mes jours n'étaient calmes, ni mes nuits ne goûtaient le repos. Je me considérais comme un tout petit être suspendu par un fil sur les ténèbres des abîmes. Je me disais que si le fil venait à se rompre les abîmes m'engloutiraient sans que j'eusse seulement su ce que c'est que d'exister. A coup sûr je n'en éprouvais nulle angoisse. Jeune, doublement éprouvée, prête à mourir, je fusse morte, sans regretter le bonheur, mais je fusse morte avec le regret de n'avoir rien compris et je voulais tout savoir. Ne voyant que mystères qui souvent m'aveuglaient, révoltaient ma conscience et ma raison, provoquant mon esprit à la recherche de ce que j'entrevoyais déjà ; ce qui m'a conduit à tirer de mon fond plus de sept cents pages d'écritures qui restent comme un titre à la gloire de la vérité.

L'Eternel et l'Infini me cherchaient pour se découvrir et se montrer. Mais comment m'y prendre et par où commencer ? Je ne trouvais rien en moi, je ne trouvais rien au dehors. J'étais trop jeune, trop infirme, pour procéder par ma raison seule, à la construction de l'édifice de mes connaissances. J'avais bien sous les yeux le spectacle du monde et des hommes, en abrégé dans mon petit village, mais que pouvait me dire ce spectacle ! Chaque dimanche, j'entendais à l'église, les instructions strictement positives du pasteur ; mais malgré la lumière qui émane des révélations divines, interprétées même avec une sagesse parfaite, je ne voyais pas moyen d'y prendre un point de départ, ni d'y puiser un élan. Tant il est vrai que la religion et la science se régularisent, s'équilibrent et se complètent ; toutes deux nécessaires à l'orientation du genre humain. Dès ma jeunesse, ma vie a été un long désespoir, un cruel martyre. Je voyais bien les problèmes, je ne voyais nulle solution. Combien de fois me suis-je dit : Il n'y a donc rien, il n'y a donc point de maître de science, il n'y a donc point de livres ! Et désespérée, j'étais sombre, parfois anéantie. Combien j'ai pleuré dans les crises multipliées par mes vœux profonds de profonde connaissance, ma plume ne saurait le dire. J'en étais malade et à supposer qu'ils eussent su du latin, nos médecins eussent perdu leur latin sur un si énigmatique sujet.

Petite fille soumise à mes parents, un peu difficile, on ne voyait rien en moi d'extraordinaire qu'un grand amour de Dieu et la crainte de l'offenser. Il y avait en moi, comme en tout être humain, le mystère éternel de l'infini : L'*Eternelle question*, que chacun résoud suivant les conditions de sa nature et les influences du milieu dans lequel on vit.

Jeune, timide, tendre, maladive, souvent rêveuse, au moment où toutes les fleurs du printemps de la vie s'épanouissaient devant moi pour que j'en sente les parfums, j'en sentais plutôt l'amertume. J'étais triste, je pleurais. Douée d'une foi vive, aimant Dieu par-dessus toutes choses, -- la lutte commençait, l'esprit prenait son empire sur la nature. Quelques années passées, les épreuves sont devenues plus difficiles. La mort, cruelle mort d'un époux que j'aimais, m'a fait ouvrir de grands yeux. Le doute et le désespoir sont entrés dans mon âme. C'est de là que j'ai tant écrit. Je cherchais *Celui* qui ne meurt pas, qui *Est* de toute éternité, je voulais le connaître, avoir la raison des choses. Mais comment faire sans instruction, sans connaissance. Je demandais à Dieu qu'il m'éclaire. De mon propre essor, je m'élançais dans les espaces infinis, à la recherche de la vérité. Qu'était pour moi le monde en présence de l'Eternel et de l'Infini qui me sollicitaient, que je sentais plus que je ne le voyais, comme un flux divin qui parcourait mes membres, coulait dans mes veines, me raffraîchissait le sang. J'aimais à vivre dans la solitude, seule j'avais des heures douces, des révélations, des intuitions, des contemplations délicieuses, des extases à mourir, de beaux élans d'âme, des retours fructueux sur moi-même. Mais qu'est-ce que cela en présence des obscurités du monde et des mystères de Dieu ? J'étais, comme le personnage mythologique, jetée dans un océan, dévorée de soif et pouvant à grand'peine atteindre quelques gouttes d'eau pour me désaltérer.

J'ai trouvé depuis, dans l'*Esquisse d'une philosophie* de Lamennais, un passage qui rend exactement compte de ma situation.

« Voyageurs d'un moment, nous entrons dans une mer

immense dont les rivages fuient éternellement : *Pontus ubique, undique pontus*. Quels que soient les efforts de la science, elle s'efface devant la grandeur et la fécondité de la nature. Perdue, absorbée dans ses merveilles, ce qu'elle en aperçoit n'est rien, près de ce qui se dérobe à ses regards. A chacun de ses pas, elle rencontre les limites de l'étroite enceinte où la confinent les obstacles sans nombre contre lesquels il faut qu'elle lutte incessamment. En a-t-elle vaincu quelques-uns, de nouveaux se présentent. Si ses horizons s'élargissent, ce n'est que pour en laisser pressentir au delà de plus vastes, et derrière ceux-ci d'autres encore, et ainsi toujours. Etrange condition de l'homme ! Un faible crépuscule dissipe à peine l'obscurité qui l'enveloppe de toutes parts ; et cependant un secret sentiment de lui-même, une sorte d'instinct divin le pousse, sans qu'il puisse s'en défendre, le pousse sans relâche à sonder les mystères qui inquiètent sa pensée à chercher, à résoudre le problème de la Création. Ce sentiment l'abuserait-il ? Serait-il trompé par cet instinct ? Ne le croyons pas. Ce qu'il ignore ! Oui ; mais ce qu'il voit ! Cet être qui par sa petitesse, disparaît sur un grain de poussière, qui ne le parcourt qu'avec tant de travail, s'en va de sphère en sphère saisir au sein de l'immensité, les mondes errants dans ses profondeurs. Ce qui, pour lui, échappe à la vision des sens il l'atteint par la vue de l'esprit ; il l'atteint par la cause même immuable, absolue, en qui réside la raison des choses ; il pénètre par elle dans l'Etre infini, en découvre les lois, et, dans ses lois, celles de tout ce qui est. Que chacun donc, suivant ses forces, poursuive avec courage la tâche commune du genre humain. Elle sera longue sans doute, car elle n'a point de terme, et c'est pour cela qu'elle est si grande. Si le progrès de la science s'arrêtait, à cette limite fatale, aussi loin du but qu'à son point de départ, elle ne vaudrait pas, suivant l'expression de Pascal, un quart d'heure de peine » (1).

J'ai été heureuse de retrouver dans la philosophie de Lamennais une expression si exacte des impressions instinctives et des inquiétudes réfléchies de ma lointaine adolescence

---

(1) LAMENNAIS, *Esquisse d'une philosophie*, t. IV, p. 163.

CHAPITRE II

NOTIONS DU VRAI

De l'adhésion générale à une conception de Dieu ou de la cause première, découle celle du système entier des êtres et de leurs lois. Il est évident que les doctrines sociales doivent avoir leur principe, leur raison dans la doctrine religieuse. La société rationnellement conçue n'est que l'organisation de l'humanité selon les lois naturelles de l'homme ; cette organisation suppose la foi en ces mêmes lois qui règlent à la fois l'ordre moral, l'ordre politique et l'ordre économique, indissolublement liés. Tel est le premier fondement de la société humaine en ce qui touche le droit et le devoir.

Le vrai, pour l'homme, est ce à quoi la raison humaine acquiesce, la raison de la généralité des hommes, ou la raison commune. Le vrai n'est pas déterminé par l'état d'une intelligence particulière, mais par l'état constant, universel des intelligences.

Le vrai étant le terme de l'affirmation, et le caractère du vrai étant l'acquiescement universel, l'adhésion commune ; chaque homme doit affirmer ce qui porte le caractère du vrai, ou régler sa croyance sur la croyance universelle.

Mais l'esprit qui reçoit passivement les vérités proclamées par la raison commune a, dans sa nature, un principe actif, au moyen duquel il réagit sur elles. Il les combine et les développe, il en découvre les rapports, et, bien que les résultats de cette activité de l'esprit soient soumis, en tant que vrais ou faux, à la loi générale de l'affirmation qui règle les croyances le principe actif de la pensée dans son exercice et ses développements, a sa loi propre essentiellement diverse.

L'intelligence renferme deux éléments distincts et subordonnés : car, si elle implique des notions primitives, des croyances immuables, inhérentes à notre nature, elle implique quelque chose de spontané, d'actif qui tend perpétuellement à reculer les limites de la connaissance, par une compréhension plus parfaite des vérités connues, et par la découverte de vérités nouvelles.

Les lois de notre nature se manifestent dans des phénomènes universels, constants, primordiaux, lesquels identifiés à la conscience que chacun a de soi et ne pouvant être qu'un objet de pure croyance, forment la base et le point de départ de tout acte ultérieur de l'esprit. Sortez de là, vous tombez dans un cercle fatal d'hypothèses arbitraires et de paralogismes éternels.

L'homme n'existe point, ne se développe point isolément. Il est depuis sa naissance en relations continues avec d'autres êtres semblables à lui, qui forment par leur union ce qu'on appelle l'humanité, laquelle, se renouvelant sans cesse dans les éléments dont elle se compose, subsiste indéfiniment.

L'humanité conserve et transmet aux générations successives toutes les connaissances indispensables à l'homme, toutes les vérités constitutives de l'intelligence dont chacun porte en soi le germe impérissable, qui représente la raison commune ; elle conserve et transmet la connaissance des faits observés, permanents et historiques de l'univers. L'ensemble de ces connaissances s'appelle tradition ; on ne saurait s'en faire une plus juste idée ; elle est la mémoire du genre humain, par laquelle il acquiert et possède sans interruption le sentiment de son identité ; car il est un, aussi bien que chaque homme, quoique d'une manière différente, et même son progrès consiste en partie à se rapprocher de plus en plus de l'unité parfaite vers laquelle il gravite, suivant une loi universelle des êtres.

En vertu d'une énergie qui lui est inhérente, la raison humaine, avide de savoir, s'efforce incessamment de reculer les bornes de la connaissance, par une observation ininterrompue des phénomènes, soit de l'homme, soit de l'univers. Elle en cherche la liaison ; elle aspire à en concevoir les causes, à en découvrir les lois ; et ce grand travail que rien n'arrête, peut être défini le mouvement progressif de l'intelligence dans le vrai infini par son essence à jamais inépuisable.

La loi générale de l'affirmation ou de la croyance lie l'individu au tout, l'associe à la possession commune du vrai, à la vie perpétuelle et universelle du genre humain.

Par son activité propre, dont la loi diffère de la loi de croyance, chaque individu coopère au progrès de tout, et tend à augmenter sans cesse la somme des connaissances certaines qui forment le commun patrimoine de l'humanité.

CHAPITRE III

NÉCESSITÉ DE CROIRE

Croire est notre premier besoin, c'est par la foi que la vie commence, se conserve et se transmet ; et la plupart des hommes détournés par les travaux du corps, les affaires, les vaines distractions, les plaisirs, ne sortent guère de la simple croyance.

Plus avides de sentir que soucieux de comprendre, leur pensée se meut dans un cercle étroit que rarement elle essaie de franchir. Tel est l'état du peuple, il ne faut pas trop l'en plaindre. Ce qu'il perd en développement, il le gagne en repos, ce qu'on peut savoir est si peu de chose, près de ce que nous sommes condamnés ici-bas à ignorer toujours. Il y aurait quelquefois de la sagesse à vouloir moins pénétrer, et attendre en paix le lever radieux de la science, alors que notre âme, dégagée des voiles qui l'offusquent, et s'élevant à la source de la vérité, à son principe vivant, infini, éternel, verra la lumière dans sa lumière même.

Cependant le désir de savoir, lorsque l'orgueil ne l'égare point, est aussi un indice de notre grandeur réelle, et comme un effort pour atteindre le terme auquel nous devons sans cesse aspirer. Il est beau de s'élancer des ténèbres de la terre jusque dans le sein de Dieu, et, après avoir contemplé autant que le peut l'œil des mortels, ses perfections infinies, son ineffable essence, de redescendre, avec lui dans l'espace, de rechercher les lois de ce grand tout dont nous ne sommes qu'une parcelle imperceptible.

Quelle que soit l'indolence des masses, il y a dans l'homme, considéré en général, une curiosité inquiète, un besoin insatiable de connaître qui appartient à sa nature, qu'on n'étouffera jamais : il veut connaître, il veut concevoir toujours davantage. De là, tant de systèmes, proposés, rejetés, reproduits sous de nouvelles formes, fatigant depuis six mille ans, la raison humaine. Pour que cette curiosité indestructible ne devienne pas d'un danger extrême, en précipitant les esprits hors des croyances qui sont le principe de la vie intellectuelle morale et sociale, il est indispensable de la satisfaire à quelque degré par un ordre d'explications en harmonie avec ses croyances. Tel est l'objet de la véritable philosophie. Elle est le travail de la raison humaine, pour concevoir les choses : elle embrasse toutes les sciences et les développe ainsi que les relations qui les unissent.

Une bonne philosophie doit présenter un système de conception dans lequel les phénomènes, liés entre eux, viennent, se classer d'eux-mêmes, comme ils se classent sous nos yeux dans l'univers. Elle doit reproduire le monde intellectuel, type du monde des sens, qui n'en est qu'une obscure image : toujours subordonné à la nature de notre intelligence. On ne doit ni exiger, ni attendre d'elle, dans l'explication des choses, un degré de lumière qui dissipe entièrement les ténèbres qui les enveloppent et produise une pleine compréhension.

Il faut donc, pour arriver à une philosophie solide, appuyer la synthèse sur la foi, dont la tradition perpétuelle et universelle est l'expression ; car au lieu d'hypothèses que rien n'autorise, qu'on peut également affirmer ou nier, on a pour point de départ des vérités certaines, et une règle pour apprécier la justesse des déductions.

Dès qu'on cherche à concevoir quelque chose, trois grandes questions se dressent devant nous, dans lesquelles se résument toutes les autres, et que la philosophie a pour but de résoudre. Existe-t-il quelque chose ? Comment existe-t-il ? Pourquoi existe-t-il. N'y eût-il qu'un grain de sable, il faudrait pour le concevoir s'assurer qu'il est, puis savoir comment il a commencé et continué d'être, et enfin quel est le terme de son être. Ce qui est vrai d'un grain de sable est vrai de tout ce qui est. Par conséquent, nulle conception, nulle philosophie, si on ne résout, d'une manière générale et absolue, les trois questions qui viennent se poser.

La première, l'existence en soi étant un pur fait, le fait primitif que suppose toute pensée, toute recherche, toute action, est indémontrable par son essence. Elle doit être simplement crue, de sorte que pour l'être intelligent, l'existence et la foi sont inséparables.

La seconde question comprend celles qui se rapportent à l'origine et aux lois des êtres existants : et comme l'être en général peut être conçu sous la notion de l'infini et du fini, on voit que la foi absolue à l'existence, qui a pour objet l'être en général, renferme la double foi à l'existence de l'Etre infini et de l'Etre fini : celui-ci tirant du premier et son origine et ses lois. Puisque rien de fini n'a sa raison en soi, on ne saurait le connaître qu'autant que l'on connaît les lois et la nature de l'Etre infini. Or, la nature de l'Etre infini et ses lois propres, ne peuvent être connues de l'Etre fini, si elles ne lui sont manifestées, s'il ne se montre, ne se révèle à lui, autrement il les découvrirait en soi, ou il serait infini lui-même. Pour concevoir quoi que ce soit, il faut croire à l'existence de l'Etre infini, à ses relations avec lui, à ce qu'il lui révèle de sa nature, de ses lois, de ses opérations, ainsi que l'ensemble des phénomènes pour lesquels leur existence finie lui est manifestée. Nulle conception, nulle philosophie sans une foi persistante à deux ordres généraux de faits, les faits divins ou nécessaires et les faits contingents.

La troisième question, relative à la fin des êtres dépend de la seconde. L'Etre infini est à lui-même sa fin, son terme, puisqu'il renferme en soi tout ce qui peut être conçu sous les notions d'être, et que si, hors de lui, il existe quelque chose, il n'existe rien au delà de lui, puisqu'il est le terme, la fin des êtres finis ; en lui est le principe de leur être, de leur conservation, de leur développement, et de tout ce qui aspire à être et à s'unir au principe de l'Etre.

Il faut remarquer l'étroite relation de ces trois grandes questions philosophiques avec la science pure et absolue de Dieu ; de sorte que, Dieu connu, tout est connu au degré où nous pouvons le connaître lui-même ; et que nulle connaissance n'est possible sans cette connaissance.

La question générale de l'existence a un rapport direct à la puissance. La question générale des lois de l'existence a un rapport direct de l'intelligence ou de la forme, puisque la forme détermine l'être. La question générale de la fin de l'existence a un rapport direct à l'entier accomplissement de l'etre, ou à sa perfection qui s'effectue et se résout dans l'unité.

La Puissance, l'Intelligence l'Amour, existent à un degré infini dans la substance infinie qui est Dieu.

Toutes les philosophies, quelle que fût leur prétention à tout prouver, ont mutilé cette foi nécessaire, en prenant pour fondement de leurs spéculations, soit le seul fait de l'existence du fini, soit le seul fait de l'infini, aboutissant logiquement, soit au scepticisme, soit au panthéisme, parce qu'elles en contiennent le germe, la racine dans leur sein.

Donc, nul moyen de rien concevoir, de rien expliquer, si l'on ne part de la foi à l'existence de l'infini et du fini manifesté par leurs phénomènes respectifs et connus par leurs rapports.

CHAPITRE IV

IMPORTANCE DE LA PHILOSOPHIE

L'homme peut se livrer à une curiosité excessive qui l'entraîne, selon le penchant de sa nature malade, en toute sorte de voies dangereuses. Il peut, accordant trop de confiance à ses pures spéculations, y subordonner les vérités traditionnelles, ses vues incertaines, ses opinions passagères, aux lois immuables ; obscurcir, ébranler les principes du juste, confondre les idées du bien et du mal, ébranler la croyance au fond des âmes, porter le trouble dans les rapports naturels des êtres sociaux. En certains pays, à certaines époques de réaction contre des désordres d'un autre genre, la philosophie a fait cela, qui l'ignore ? Ces écarts renferment de graves et salutaires enseignements, ils marquent les écueils. L'esprit, sollicité sans cesse à reculer les bornes du savoir, à s'enfoncer en des routes nouvelles, ne se serait-il pas quelques fois égaré ? Mais qui, sur ces tristes déviations, condamnerait la philosophie ? ce serait condamner la raison humaine, et avec elle le principe de tout progrès, la pensée, la science, pour réduire l'homme à l'état de pure machine, croyante et obéissante.

Du moment où l'homme réfléchit sur les notions qu'il trouve en lui, observe ce qui l'environne, applique son intelligence à la faire servir à ses besoins, découvre les métiers, les arts, interroge la nature, lui demande le secret de ses opérations et de ses lois, recherche les sciences propres, développe, à un degré quelconque, ses puissances actives, la philosophie existe inséparable de la vie et se manifeste avec elle, identique à la pensée même, elle est dans le monde des esprits ce qu'est le mouvement dans le monde des corps. Quel que soit l'abus qu'on en ait fait, elle n'en demeure pas moins nécessaire ; car la philosophie, c'est l'homme dans ce qu'il a de plus grand, de plus cher, dans ce qui l'associe à l'action et à la liberté du souverain Etre.

Le genre humain lui doit cette énorme masse de travaux, qui successivement ont amélioré sa condition terrestre. Ce progrès a en Dieu sa cause originelle ; il n'a pu s'opérer sans un don primitif et sans le concours permanent de l'éternel auteur de ce don. L'humanité n'a point été passive dans son propre développement. La science est sa création, le fruit de ses fécondes douleurs, et c'est par la science qu'elle a dompté les forces brutes de la nature. Merveilleuse puissance qui étend ses conquêtes à travers l'espace, jusque dans les profondeurs les plus reculées de l'univers.

Présidant à la fois aux divers ordres de progrès, elle développe peu à peu les vérités premières traditionnellement conservées sous des formules générales, symboliques et indéfinies, qui, complètes en soi et à l'égard de la croyance qui s'y attache, ne sont pour la raison qui aspire à concevoir, qu'une sorte de germe qui féconde incessamment la contemplation. Aussi les plus fortes têtes du christianisme à son origine, liant sous ce point de vue, son apparition au développement de l'esprit humain, n'hésitèrent-ils pas à reconnaître dans la philosophie grecque, dont mieux que personne ils connaissaient les égarements, une véritable préparation évangélique.

Malgré ses erreurs passagères, bornées, on observe, dans la généralité des peuples, un perfectionnement. L'homme élevé à ses propres yeux devient de jour en jour plus sacré pour l'homme. Nul ne cherchera hors de la religion la source primitive de ce perfectionnement. De là, peu à peu la réforme des lois, l'adoucissement des mœurs, l'impossibilité de certains crimes politiques, d'oppressions énormes, qui disparaissent devant les lumières de la science. La philosophie est la lutte perpétuelle de l'homme contre l'ignorance, l'injustice, l'erreur, contre le désordre et le mal, l'effort continu du genre humain pour arriver à un état meilleur en se développant selon sa nature, sa coopération libre à l'action par laquelle Dieu le prépare au futur accomplissement de ses destinées.

Il existe un devoir philosophique, comme il existe un devoir religieux. L'esprit n'est pas créé seulement pour obéir et croire, mais encore pour agir, pour féconder, à force de travail, les croyances qui forment le patrimoine inaliénable de la famille humaine, pour faire sortir de ce germe le grain qui nourrira les générations successives : car le pain de l'intelligence doit être gagné aussi, et plus que celui du corps, au prix de la fatigue et de la souffrance. Il ne faut pas séparer ce qu'a uni la suprême Sagesse. Posons-nous sur la base de la foi, mais gardons-nous d'y demeurer immobiles et oisifs. Nous avons une œuvre à achever, l'immense œuvre qui lie notre existence présente à notre existence future. Nous devons compte à nos descendants des jours qui nous sont accordés, de concourir pour notre part au développement des dons magnifiques du Créateur. Celui-là est maudit qui, désertant sa tâche, enfouit le talent que la Providence lui a confié pour le faire valoir. Le plus pauvre possède quelque chose, et ce peu, quel qu'il soit, ne lui est donné que pour servir à tous. Profondément empreinte dans notre âme, cette pensée du besoin de connaître, malgré le vif sentiment de notre ignorance, nous soutiendra jusqu'au bout dans la pratique du bien.

CHAPITRE V

L'ÊTRE DES ÊTRES

La substance est ce qui détermine les êtres particuliers selon leurs genres et leurs espèces, ou constitue leur propre nature ; la même notion est pure aussi en un sens général et absolu ; de sorte que l'Etre infini et la substance infinie présentent une seule et même *idée* identique, invisible, quelque chose de primitif : que l'on conçoit comme le fond nécessaire de tout ce qui existe et peut exister antérieurement, soit infinie en Dieu, soit finie dans les créatures. Séparée de l'idée de substance, l'idée d'être n'est plus qu'une abstraction, une forme logique, qui ne correspond à aucune réalité effective et vivante. La substance absolue et infinie étant nécessairement et ne pouvant ne pas être, il est de fait impossible de séparer de son idée, l'idée de l'Etre infini et absolu, avec laquelle elle se confond et ne forme qu'une idée unique.

Toute idée, quelle qu'elle soit, renfermant celle de l'Etre, est antérieure à toutes les autres ; elle est aussi la plus générale à laquelle il soit possible à l'esprit de s'elever : elle se résout dans la notion primitive de l'unité conçue en elle même. Parvenu à ce terme, l'entendement s'arrête : il a trouvé son propre principe ; et le principe de tout ce qui est ; il ne se connaît, il ne se conçoit que par cette unité, première source inépuisable des réalités. Qui n'aurait pas l'idée de l'Etre, n'aurait l'idée d'aucune existence. Il est à la fois ce que l'on voit, et ce par quoi l'on voit, puisque rien ne peut être vu qui ne soit antérieurement éclairé par l'idée de l'Etre. Et néanmoins cette idée ne donne pas la notion d'aucun être particulier, bien qu'elle les renferme tous, est au-dessus de notre compréhension, dans l'unité de l'Etre universel. Lui-même, quoique essentiellement intelligible en soi, ne saurait être conçu par une raison bornée, car à cause de son unité, il faudrait pour le concevoir, l'embrasser tout entier, une intelligence infinie comme lui. Il se dérobe à tous les regards dans les secrètes profondeurs de son essence invisible et lumineuse. Mystère impénétrable, éternel, il est cette nuit divine, ces ténèbres brillantes qu'on trouve au commencement de toutes les traditions. Cette splendeur immense n'éclaire qu'elle-même, et ne peut être aperçue en soi, car dans sa simple et pure essence, elle n'a point de forme qu'un esprit limité puisse saisir.

Ainsi l'Etre est, par sa nature, souverainement intelligible, et lui seul est intelligible ; il est le terme et le moyen de toute vision intellectuelle : le terme, puisqu'on ne voit que ce qui est ; le moyen, puisqu'il est lumière et l'unique lumière. Et cependant cette lumière, cet Etre est, indiscernable, incompréhensible : et c'est le caractère propre de la substance. Une unité absolue, de pure substance, en elle n'offre rien de déterminé, rien de distinct, quoiqu'elle contienne dans sa mystérieuse essence, ce par quoi la distinction peut et doit se manifester, ce quelque chose de substantiel qui montre, spécifie, détermine en elle des existences distinctes.

Telle est la notion de l'Etre infini, autant qu'elle est accessible à notre faible intelligence. Et comme rien ne peut être qui ne soit renfermé dans son idée, qui ne soit lui en quelque manière et à quelque degré, et que s'il n'était pas rien ne serait, il s'ensuit qu'il est nécessairement, sans qu'on puisse exprimer cette nécessité souveraine, intrinsèque que par le nom même de l'Etre, en disant : *Il est*. Non seulement le langage est impuissant à remonter plus haut ; mais encore on conçoit que là est la borne de toute pensée.

Et puisque nous avons l'idée de l'Etre dans son unité absolue, il n'est point d'idée qui n'implique celle-là et n'en renferme le mystère. Mais si notre esprit ne peut concevoir l'Etre infini, il ne lui en est pas moins présent, plus réel que la pensée même dont il est l'objet nécessaire, et qui dans ses phénomènes fugitifs, n'en est qu'un reflet obscur et partiel.

CHAPITRE VI

DIEU

L'Etre est Dieu. Il est celui qui est : voilà son nom, et ce nom incommunicable, répété de siècle en siècle, circule comme la vie dans l'univers. Toute langue le prononce, tout bruit le murmure. Du sein de la création, au matin du jour s'élève une voix qui le redit sans fin, et les astres, mus par une force céleste, l'écrivent dans l'espace en lettres de feu.

Comment démontrer l'existence de l'Etre, sans la supposer, puisqu'elle est indémontrable ? Cette notion primordiale, sur laquelle toutes les autres reposent, ne s'appuie que sur elle-même : on ne prouve que ce qui est relatif.

Mais, si l'on ne peut démontrer Dieu, on ne peut non plus le nier. Point d'intelligence, point de langage sans l'idée première de l'Etre. L'esprit, quels que soient ses actes, n'opère que sur lui. Il ne saurait, à la rigueur, y avoir de vrais athées. Leur négation s'attache non à l'Etre conçu en soi, mais à certains développements de la notion de l'Etre. L'athée véritable serait celui qui dirait : il n'existe rien. Il faudrait qu'il crût en même temps qu'il est et n'est pas, ce qui serait absurde.

Dieu est l'Etre infini, considéré soit dans ses rapports avec les êtres finis, soit dans ce que sa propre essence renferme de nécessaire à la fois et de distinct. L'être conçu spécialement sous la notion de substance primitive, contient, en soi, ce par quoi la distinction peut et doit se manifester.

Nous avons en nous l'image de ce qui existe en Dieu. Considéré dans sa substance, notre être, quoique fini, est un aussi, simple, incompréhensible ; et néanmoins il ne laisse pas de se révéler sous des notions distinctes, par diverses propriétés qui lui sont inhérentes, et qui n'en altèrent point l'unité essentielle, laquelle demeure toujours ce que l'esprit conçoit de primitif en lui.

Que si, contemplant l'Etre infini, nous essayons de découvrir ses propriétés nécessaires, nous trouvons que l'idée de l'Etre renferme premièrement celle de force, ou de puissance : car pour être, il faut pouvoir être, et l'existence implique la notion d'une énergie par laquelle elle est perpétuellement réalisée.

L'intelligence est, en second lieu, contenue dans l'idée de l'Etre infini ; il ne serait pas infini, s'il n'était pas intelligent. Il ne serait même en aucune manière : car rien ne saurait *exister* sans forme, et la forme n'est en Dieu que l'intelligence sous un autre nom. Tout être implique une forme qui le détermine, la forme seule rend l'être intelligible.

L'intelligence, dans l'être absolu, est dans la connaissance qu'il a de soi-même en tant que doué de formes. L'intelligence et la forme ne sont en lui qu'une même chose considérée par notre esprit sous deux aspects divers.

L'amour est encore essentiellement compris dans la notion de l'être. Il serait incomplet sans l'amour, privé d'un terme relatif à la puissance et l'intelligence, qui accomplit en Dieu l'unité dans la distinction ; car Dieu ne serait pas un, si ses propriétés distinctes n'étaient pas ramenées à l'unité de sa substance ; si la puissance qui la réalise, la forme qui la détermine n'étaient éternellement unies l'une à l'autre par un indissoluble lien. D'où naît la nécessité de cette énergie qu'implique la substance, c'est l'amour.

Il y a dans l'Etre infini trois propriétés nécessaires, distinctes par leur essence. La puissance par laquelle ce qui est, précède comme principe l'intelligence, laquelle renferme dans sa notion l'idée de quelque chose qui est son objet, en tant qu'elle connaît, et qu'elle détermine, en tant que forme, et puis, qu'il faut connaître pour aimer, l'intelligence précède l'amour, qui dérive à la fois d'elle et de la puissance.

Ainsi, de la notion de l'être en général, ou de l'Etre infini conçu dans l'unité absolue de sa substance, de cette notion première, racine de toutes pensées, on passe à la notion de Dieu ou de l'Etre infini conçu, d'une part, selon les propriétés inséparables de son essence, et de l'autre, selon ses rapports avec les êtres finis ou la création. Sans l'idée primitive de l Etre, nulle intelligence ne serait possible ; sans la connaissance des propriétés inhérentes à l'Etre, l'esprit, absorbé dans cette idée unique, perdu dans cette immense lumière où rien de distinct et de déterminé ne lui apparaîtrait, se confondrait avec elle. C'est pourquoi il est d'une importance souveraine d'éclairer et d'approfondir, autant que le peut notre raison si bornée, si faible, cette grande idée de Dieu, dont toutes les autres ne sont que des déductions.

CHAPITRE VII

LA NOTION DE L'ÊTRE DIVIN

La notion de l'Etre infini renferme nécessairement celle de trois propriétés distinctes, coexistant en lui, et liées entre elles suivant un ordre de principe. L'Etre infini étant un dans son unité la plus absolue, il s'ensuit que chacune de ses propriétés est l'Etre tout entier selon sa substance. Et comme ces mêmes propriétés sont essentiellement distinctes entre elles, il s'ensuit que la Puissance n'est ni l'Intelligence, ni l'Amour, et est l'Etre tout entier ; que la Puissance, l'Intelligence, l'Amour sont caractérisés dans l'unité de l'Etre absolu par quelque chose qui leur est exclusivement propre. Or l'individualité intelligente, déterminée par quelque chose d'essentiel et de permanent, constitue la notion propre de personne, laquelle suppose de plus, un suppôt substantiel, d'où elle tire sa réalité, son être effectif. Donc il existe trois personnes dans l'unité de l'Etre absolu : et ces trois Personnes coexistantes dans la substance une et infinie : c'est Dieu.— Nous ne proposons pas cette déduction comme une preuve du mystère de la Sainte-Trinité ; nous la présentons seulement comme une induction rationnelle du mystère.

On sent bien que le langage humain, borné dans tous les sens, ne saurait représenter qu'avec une extrême imperfection ce qui, par essence, est sans bornes. Tout ce qu'on peut dire du Souverain Etre n'exprime que ses relations avec notre *manière* de comprendre : nous ne saurions le connaître comme il se connaît, avoir de lui la claire intelligence qu'il a de lui-même. Le mot de Personne appliqué aux trois énergies primordiales, nécessaires, éternelles, qui constituent Dieu, ne nous donne qu'une idée relative de ce qu'elles sont en soi ; mais cette idée incomplète et non exacte, n'en est pas moins la seule que nous puissions nous en former. Elle manifeste le vrai absolu, selon le monde et au degré où il nous est apercevable.

Des trois Personnes divines, la Puissance est celle qu'on est forcé de concevoir comme le principe des deux autres : car la Puissance, ou ce par quoi ce qui est, préside comme principe ce qui est par elle. Et puisqu'il n'y a rien avant elle, ce qui est par elle, elle l'engendre, elle le tire d'elle-même.

L'intelligence, dans son rapport avec le principe efficient qui produit sa manifestation en Dieu, est donc engendrée par la Puissance ; la Puissance, dans son rapport avec l'Intelligence manifestée par elle en Dieu est donc Père : l'Intelligence manifestée ou Lumière, Parole, Verbe, est donc Fils. Le langage ne fournit que ces mots pour exprimer ce rapport éternel et nécessaire des deux premières Personnes. L'amour, au contraire, n'est point engendré : il part du Père par aller au Fils, il part du Fils pour aller au Père ; il procède de l'un et de l'autre. Son nom, le seul qui puisse exprimer ses rapports égaux avec les deux premières Personnes dont il est le lien mutuel et effusion commune, est l'Esprit.

La première idée qui se joint à celle de substance lorsqu'on pénètre par la pensée dans l'Etre absolu, est celle de Puissance substantielle infinie et douée de forme.

La forme par laquelle l'Etre absolu se détermine le rend en même temps intelligible ; car rien d'intelligible que ce qui est, ou peut être.

Dans la seconde idée qui se joint à celle de substance, par la pensée dans l'Etre absolu, est celle de forme ou d'intelligence.

La substance est déterminée par la forme qui la rend intelligible et intelligente.

La troisième idée inséparable à celle de substance, lorsqu'on pénètre par la pensée dans l'Etre absolu, est celle d'Amour.

Dieu est donc Puissance infinie, Intelligence infinie, Amour infini.

La Puissance, l'Intelligence, l'Amour, subsistent distinctement dans une même unité absolue.

Dieu est un par la substance qui est le fond de son être, et par les propriétés de sa substance, chacune de ses propriétés est tout l'être substantiel.

Comment exprimer ce qu'est l'Etre ? Un en tant que Puissance, en tant qu'Intelligence, en tant qu'Amour ? le mot personne se présente, non comme suffisant à la réalité dont il est le signe, mais comme le moins imparfait que semble offrir le langage imparfait de l'homme.

Il est évident que les trois propriétés essentielles à la substance, existent en vertu d'une même nécessité. La Puissance est celle qu'on est forcé de concevoir comme le principe des deux autres, car rien n'est ni ne peut être que par la puissance qui le réalise, et la Puissance première, origine et raison de tout ce qui est, est elle-même son propre principe.

En se réalisant comme Etre, elle réalise nécessairement la forme essentielle à un être, et aussi la connaissance qu'elle a de soi, elle réalise son intelligence. Cause primordiale, infinie, elle agit selon tout ce qu'elle est, et le terme de son acte, distinct d'elle, est égal à elle, est comme elle l'Etre un, indivisible, absolu. Que si l'on conçoit cette cause première sous l'idée de Personne, l'acte par lequel elle réalise ce qui, distinct d'elle, est égal à elle, ne saurait lui-même être conçu que sous l'idée de génération. La cause, la Puissance infinie, en tant que Personne, est donc Père, le terme de son acte, la forme, l'intelligence infinie personnellement subsistante en Dieu est donc Fils : et dans le Fils éternellement engendré par le Père et consubstantiel au Père, le Père se contemple éternellement.

Mais entre l'énergie qui réalise l'Etre et la forme qui le détermine, entre la Puissance et l'Intelligence, entre le Père et le Fils, il existe une union nécessaire, infinie, sans quoi Dieu ne serait pas un. L'Amour qui accomplit cette union de la Puissance et de l'Intelligence ; du Père et du Fils participe donc de l'un et de l'autre, procède comme personne, de tous deux. Il est, dans la substance, ce qui en opère l'unité ; dans ses relations avec la Puissance et l'Intelligence, il est leur souffle commun, leur vie commune, la vie de l'Etre infini, en un mot l'Esprit.

Le mystère qui enveloppe toutes les conceptions premières se retrouve. Nous ne concevons pleinement ni l'Etre, ni ses propriétés, ni la distinction personnelle au sein de l'unité absolue de nature. L'Etre sans bornes ne peut être embrassé que par sa propre intelligence, seule égale à lui, puisqu'elle est lui-même.

Toute intelligence limitée, dès qu'il se manifeste par ce qui le détermine, le voit clairement parce qu'il est lumière ; le voit tout entier, parce qu'il est un, mais jamais ne saurait le comprendre, parce qu'il est infini. Elle sait, elle entend ce qu'il est, comme elle peut savoir et entendre ; c'est-à-dire qu'il lui faut nécessairement ou le nier, et par là se nier elle-même, ou malgré l'impuissance d'arriver à une compréhension parfaite, le concevoir sous l'unique notion qui le lui rend intelligible. Détruisez l'unité d'essence ou de nature, vous détruisez l'idée même de l'Etre. Refusez d'admettre en lui des propriétés nécessaires, n'ayant plus rien qui les détermine, il disparaît dans une nuit éternelle. Donc Dieu n'est concevable que par la Trinité comme l'Eglise nous l'enseigne : ce n'est pas l'enseignement commun de la philosophie, qui ne trouve pas la Trinité dans la raison, c'est l'enseignement que j'emprunte à Lamennais.

CHAPITRE VIII

PROPRIÉTÉS DE L'ÊTRE DIVIN

Dieu a la conscience de soi. D'où il suit que le Moi appartient en lui, à la substance, ou plutôt n'est que la substance avertie de ce qu'elle est en elle-même et dans ses propriétés.

Et comme le Moi est nécessairement relatif à tout ce qui constitue l'être, Dieu veut d'une volonté unique. La volonté, implique la puissance, puisqu'elle est action, elle implique également l'Intelligence et l'Amour ; car toute action est dirigée vers un terme qui doit être antérieurement connu, et vers lequel l'Etre voulant est attiré par quelque chose qui le porte à s'unir à lui. Ni l'amour, ni l'intelligence, ni la puissance, ne constituent seuls la volonté. Il faut que la volonté appartienne à ce qui renferme et unit en soi la puissance, l'intelligence, l'amour, à la substance qui n'était que l'activité du Moi.

Il existe en Dieu une société véritable, parfaite, infinie, type éternel de toute société, qui se résout par une substance dans l'individualité de l'Etre infini.

On retrouve encore en Dieu, sous un autre rapport, la multiplicité dans l'unité. Sa substance, son être contient en soi nécessairement quelque chose qui le détermine, puisque rien ne peut exister, s'il n'existe d'une certaine manière ; ce qui détermine l'Etre est aussi ce qui le rend intelligible. L'Etre est déterminé par la forme, et ne peut l'être que par elle. Il y a en Dieu, une forme qui le détermine dans notre esprit, et cette forme est ce par quoi il est intelligible ; elle est Dieu même en tant qu'intelligible, elle est son intelligence, puisqu'en lui, ce qui connaît et ce qui est connu étant essentiellement un, la connaissance qu'il a de soi n'est que lui-même ou qu'il est l'objet, le terme de la connaissance, c'est-à-dire en tant que déterminé, et doué de forme intelligible.

Il existe, non pas à la manière des créatures : il n'y a pour lui ni temps, ni espace, ni mouvement. Infini dans son unité, il exclut toute limite, tout changement, toute succession. Il est, voilà sa durée ; il est en lui-même, voilà son lieu, et dans ce lieu immuable qu'aucune étendue ne mesure, il est partout, tout entier, se produisant par sa puissance, se connaissant par sa pensée, se vivifiant par son amour. Eternel, immense, omnipotent, il n'a au fond qu'un seul mode d'être que notre faible intelligence décompose pour le mieux concevoir en le comparant aux modes d'être de la créature ; et ce mode divin, c'est l'infini.

Toutes les fois qu'on médite sur Dieu, on ne doit jamais perdre de vue les notions fondamentales qui servent de règle à tout ce qu'on peut penser et dire.

Cet Etre un, cette substance une est douée de qualités, de propriétés comme elle : est Puissance, Intelligence, Amour.

Chacune de ces propriétés, quoique essentiellement distinctes l'une de l'autre, est l'Etre tout entier.

De l'idée de l'Etre unie à celle de distinction individuelle dérive l'idée de personne ; car une personne, c'est ce qui forme une individualité intelligente, déterminée par quelque chose d'essentiel et de permanent. Chacune d'elles est individuellement une par la propriété qui la spécifie ; et chacune d'elle est intelligente, parce que chacune d'elles est substantiellement l'Etre tout entier. L'Etre infini, intelligent par sa nature et éternel par son essence.

La Puissance, l'Intelligence, l'Amour, sont trois personnes distinctes dans l'unité de l'Etre ou de la substance divine.

Comme l'Etre divin, la substance divine tout entière, est tout ce qui se dit de Dieu, doit être dit de chaque Personne.

Il en est ainsi du Moi nécessairement comme Dieu même, et comme la volonté n'est que le Moi actif, il n'existe en Dieu qu'une volonté puisqu'il n'y existe qu'un Moi ; lequel se spécifie dans chaque Personne sans se diviser.

Et puisque Dieu est individuellement un par sa substance et sa nature et que chacune des trois Personnes qui subsistent distinctes dans cette unité radicale et première, par ce qui la spécifie, il s'ensuit qu'il y a en Dieu unité et multiplicité, et par conséquent société, de manière que l'individualité multiple ou personnelle sans jamais cesser d'exister vient se résoudre par sa racine dans l'individualité rigoureusement une de l'Etre infini.

Enfin les modes d'être de Dieu, simples modalités de l'infini relatives à notre manière d'exister et de se concevoir, sont : l'éternité, l'immensité, l'omniprésence.

Telle est la connaissance de Dieu. On ne saurait le concevoir sous une nature différente ; et bien qu'il demeure éternellement incompréhensible en soi, est néanmoins renfermé si clairement dans l'idée qu'on a de lui, qu'il faut ou l'admettre, ou nier Dieu et avec lui tout l'être.

Résultat du travail intellectuel de l'humanité pendant de longs siècles, cette conception du souverain Etre, de la cause première et infinie, s'est généralisée sous la forme de foi religieuse dans le christianisme, dont elle constitue la base dogmatique. Nous ne croyons pas qu'une autre puisse la remplacer un jour. Il ne se fait point de pareils changements dans cet ordre de la pensée, dont la logique est invariable. Seulement la lumière va croissant. On discerne mieux ce qu'on voyait d'une manière plus obscure. L'intuition plus vive dégage la vérité de son voile symbolique. Quoi qu'il en soit de l'avenir, on ne saurait philosophiquement ne pas reconnaître que les sociétés, restées en dehors du christianisme, sont fixées dans un état inférieur, le christianisme contient un germe de progrès qui ne se rencontre nulle part ailleurs ; et offre, dans la sphère d'idées qu'embrasse son enseignement fondamental, le plus haut point de développement où soit jusqu'ici parvenue la raison humaine, car d'elle seule émane originairement tout progrès social.

CHAPITRE IX

LA PHILOSOPHIE DE DIEU, BASE NÉCESSAIRE DE TOUTE PHILOSOPHIE

L'homme connait Dieu, d'une connaissance plus ou moins développée ; naturellement, nécessairement, mais il ne saurait le comprendre, c'est pourquoi, le reléguant dans le pur domaine de la raison, l'on a bâti des multitudes de systèmes philosophiques où l'on essaie de se rendre compte des choses, sans remonter au principe premier d'où elles émanent toutes du souverain Etre. On peut lui donner des noms divers ; on peut se faire de lui des idées différentes ; mais il est toujours au fond des pensées de l'esprit qui aspire à la science réelle. Qu'est-ce que la science, sinon la connaissance des faits, et la conception des causes ? Et l'enchaînement des causes, correspondant à celui des faits, ne conduit-il pas rigoureusement à une cause première nécessaire, dernière et seule raison de ce qui n'a pas en soi ce caractère absolu de nécessité ?

L'athéisme lui-même ne fait pas exception. L'athée a aussi la notion de Dieu, il la transfère du Créateur à la Création, il attribue à l'être fini, relatif, contingent, le caractère de l'Etre nécessaire, il confond l'œuvre avec l'ouvrier. Eternelle, selon lui, la matière est douée de certaines propriétés primitives immuables qui, ayant leur raison en soi, sont elles-mêmes la raison de tous les phénomènes successifs : et l'ordre entier des explications philosophiques et scientifiques auxquelles le conduisent ses recherches.

Qu'on identifie la cause et l'effet, Dieu et l'univers, ou qu'on les sépare, toujours faut-il que l'effet entier soit contenu dans la cause. Les hautes questions que le développement des connaissances physiques, chimiques, physiologiques, au sein des nations chrétiennes, ont conduit à poser la question d'origine par laquelle on se sent pressé de toute part, se résolvent dans la question de la cause nécessaire de l'Etre infini et de ses lois internes. Qu'on le veuille ou non, qu'on en ait ou non la conscience explicite sur Dieu. Toute science sort de lui et retourne à lui.

La notion sous laquelle l'esprit se le représente constitue l'état fondamental de l'intelligence humaine, et influe sur l'homme tout entier. De là l'importance des religions qui ne sont en réalité dans leur essence, que la manifestation de cet état fondamental. Et voilà pourquoi tout dérive d'elles originairement, institutions publiques, lois morales et sociales, philosophie, arts. Lorsqu'avec le temps elles se modifient, il n'est rien qui, comme elles, se modifie. Chaque peuple n'est que ce qu'elles le font. Elles marquent par leurs phases successives, les progrès de l'humanité. Car la religion, ce n'est ni un ensemble de cérémonies et de rites, ni l'organisation d'un corps sacerdotal, mais une conception première de Dieu, devenue, avec ses conséquences, l'objet d'une croyance commune ; et ainsi peu importe, sous ce rapport, qu'on en rejette le nom ; la chose reste toujours ; le fond subsiste impérissable.

Les invincibles lois de la logique rattachent à cette idée mère toutes les autres idées explicitement ou implicitement ; cela est visible dans le caractère général de la société, de la science, à chaque époque déterminée. Quand le désordre apparent des choses, le souci, l'inquiétude, le désir ardent d'une certaine lumière qui n'apparaît encore nulle part, révèlent, dans la masse des hommes, l'attente d'une nouvelle loi fondée non sur une vérité nouvelle, mais sur une conception plus développée, plus nette, du vrai, immuable, éternel. Alors même, chaque esprit, sur quelque objet que se porte son activité, a pour guide et pour règle sa conception particulière, raisonnée ou non, du principe nécessaire des choses.

Pour se faire une idée exacte de ce qui existe hors de Dieu, il a fallu d'abord approfondir la nature de Dieu même et remonter à la cause suprême, éternelle, infinie, pour expliquer les effets contingents, transitoires, bornés. Rien n'a pu être créé sans un principe de forme et un principe d'union actifs. Or, en tant qu'elle est commune à tout ce qui est Dieu, en tant qu'elle appartient à ce qui constitue son unité, l'intelligence est purement passive. Pour devenir active, il faut qu'elle emprunte quelque chose d'essentiellement propre à la Puissance. La Parole, le Verbe est l'intelligence active, tire son activité de sa relation avec la Puissance qui l'engendre. Il en est ainsi de l'Amour qui ne peut être actif que par une relation analogue avec la Puissance, principe unique et radical de toute activité.

L'esprit humain semble avoir, dès la plus haute antiquité, vacillé entre deux erreurs. On s'est représenté l'univers comme une émanation de l'Etre infini, ce qui a conduit à n'y voir qu'un assemblage de purs phénomènes, dépourvus, hors de l'Etre infini, de toute réalité effective : hypothèse qui renferme rigoureusement le panthéisme.

L'intelligence de l'Etre infini comprenant tout ce qui est renfermé dans l'idée générale de l'Etre, contient en soi l'exemplaire primitif, le type de tous les êtres particuliers.

Il y a donc, dans l'intelligence divine, ou dans le Verbe divin, une pensée unique qui est lui-même, des idées distinctes représentatives de tous les êtres particuliers, ou de toutes les formes que peut revêtir l'Etre infini. Il est clair que si les êtres particuliers n'étaient pas primitivement spécifiés dans la pensée divine, s'ils n'avaient pas en Dieu, une existence distincte déterminée par leur idée propre, toute créature serait impossible.

Créer, c'est produire ou réaliser au dehors ce qui auparavant n'avait d'existence que dans l'entendement divin. Et, puisqu'en créant, Dieu donne l'être, il le tire de soi, puisqu'il ne peut exister aucune partie d'être qui n'ait sa source dans l'Etre infini. Aucun être particulier, ni la collection de tous les êtres, ne sont engendrés de lui, parce qu'engendrer, c'est tirer de soi quelque chose d'une nature égale. L'acte par lequel le Père tire de lui-même son Fils, diffère donc essentiellement de celui par lequel Dieu réalise au dehors les êtres finis dont les types existaient de toute éternité dans le Verbe. L'homme aussi engendre ou produit des êtres de même nature que lui, et réalise au dehors ces pensées, crée autant que le peut un être fini ; une statue, un tableau, etc , ne sont que des créations de ce genre. La distance entre elles et la création de Dieu est infinie, qui ne le voit pas ? mais la ressemblance n'en est pas moins réelle, et c'est ainsi que l'homme lui-même est semblable à Dieu et son image.

Les êtres finis que Dieu tire de soi, n'en sortent pas non plus par voie *d'émanation*, mais en vertu d'un acte *libre* de sa toute-puissance qui les produit *au dehors* ; de sorte qu'à l'instant même où ils commencent d'être, ils sont essentiellement *séparés* de Dieu, dans son immensité, qui est le lieu nécessaire et universel.

La réalisation extérieure des idées divines ou la création ne *retranche* rien de l'Etre infini, n'y *ajoute* rien. Elle n'en retranche rien, puisque les types éternels qui étaient dans l'Etre infini y demeurent immuablement ; elle n'y ajoute rien, car il n'en résulte aucune production d'être ou de substance, laquelle est impossible en soi. Comment la même substance peut subsister simultanément à deux états divers, l'un fini, et l'autre infini : C'est là le mystère de la création.

Chacune des pensées divines correspond, en tant que distincte, à quelque chose de l'Etre infini, puisque rien ne peut être pensé qui ne soit ou ne puisse être. Tandis qu'elle reste simplement distincte, elle subsiste inaltérable dans l'unité de l'Etre infini et dès lors appartient à sa nature, à son essence. Mais, dès qu'on la suppose actuellement réalisée, elle devient quelque chose d'actuellement *fini*, *séparé* de ce qui n'est pas elle, ne peut appartenir à la nature divine essentiellement une, quoiqu'ils continuent d'être *en* Dieu sous deux rapports divers. Car, premièrement, tout ce qu'ils ont d'être réel, n'est que ce quelque chose de l'Etre divin, auquel leur idée correspond ; secondement, bien qu'ils soient hors de Dieu, ils subsistent en Dieu dans l'immensité divine, hors de laquelle rien ne peut être.

Cette manière de concevoir la création, à laquelle on est conduit directement, lorsqu'on médite sur l'Etre infini et ses opérations, résout, autant qu'elle peut l'être, la question fondamentale du rapport du fini avec l'infini, question insoluble par une autre voie, qui a conduit les philosophes à plusieurs systèmes erronés.

Ce qu'il y a de vrai, c'est qu'il n'existe et ne peut exister qu'une seule substance primordiale, laquelle, sous des modes divers d'existence, est le fond commun, la racine nécessaire de tout ce qui est.

C'est que l'univers n'est point un pur phénomène, une modification interne de l'Etre divin, mais une réalité extérieure, véritable et substantielle.

C'est qu'essentiellement distincte de Dieu, les êtres créés n'appartiennent point à sa nature, et sous ce rapport existent hors de lui. Ainsi, bien que la substance de chaque être créé soit une participation de la substance divine, néanmoins, tout être créé est actuellement séparé de Dieu, en tant qu'il la fait passer de l'état idéal à l'état réel. La distinction devenue limite, le multiple est sorti de l'unité ; le fini de l'infini ; le contingent de l'absolu. L'Etre, la substance, subsiste sous deux modes, l'un absolu et nécessaire qui est Dieu ; l'autre, relatif et contingent, qui est la créature : d'où il suit que la nature de Dieu est *essentiellement* différente de celle de la créature.

CHAPITRE X

NOTION SUR LA CRÉATION DES ÊTRES

La Création n'étant que la manifestation extérieure de Dieu, la réalisation des pensées dont l'ensemble forme, sous le rapport particulier, l'intelligence divine, qui, dans son unité, représente intelligiblement l'Etre infini, il s'ensuit que la Création, considérée dans son type divin, est une, comme Dieu même. Les êtres sont liés entre eux dans l'ordre extérieur de la même manière que leurs types, leurs idées sont liées entre elles dans l'intelligence suprême.

Dieu est libre en créant ; il a pour créer, un motif infini comme lui. C'est le type éternel de tout ce qui peut être. L'Etre lui-même, tel qu'il est conçu en tant que participable, par l'intelligence divine. Dieu est libre en créant, parce que la Création étant finie par son essence, le type infini ne peut jamais être actuellement réalisé dans son infinité.

Tout être fini existe nécessairement hors de Dieu, ainsi la Création est extérieure, à jamais séparée de lui par une limite non idéale, mais substantielle, et qui rend seule son existence possible.

Ainsi, les panthéistes ont raison de n'admettre qu'une substance unique ; mais, n'ayant pas compris qu'elle peut subsister sous deux modes essentiellement divers, l'un nécessaire, l'autre contingent, ils se trompent en concluant de son unité radicale qu'il n'existe qu'un seul être réel ; et en effet, sauf le mystère de la substance même éternellement incompréhensible, on conçoit aisément l'existence *hors* de Dieu d'une multitude d'autres êtres qui ne sont pas autant de *parties* de Dieu.

Tout ce qui peut être ayant son type, son modèle éternel

en Dieu, toute créature n'est qu'un de ces types actuellement réalisé hors de Dieu, sous les conditions nécessaires d'une limite effective sans laquelle il ne serait jamais un être véritable, mais une simple idée subsistante seulement dans l'entendement divin. La matière en lui est ce qui limite ; et puisque la limitation qui individualise hors de Dieu le modèle immuable, éternel existant en Dieu, n'a pas moins de réalité que l'être même auquel elle est inhérente essentiellement, la matière au moyen de laquelle s'opère cette limitation est réelle aussi.

Toute créature n'a d'être que parce qu'elle participe à la substance infinie et à ses propriétés essentielles, à un degré marqué par la limite qui la circonscrit et réalise, hors de Dieu, son idée préexistante dans l'entendement divin. Toute créature peut et doit être considérée sous deux rapports divers. Elle tient à l'infini par ce qui constitue radicalement son être, au fini par ce qui le termine. On conçoit, dans l'être de chaque créature et dans les propriétés qui y sont inhérentes, la possibilité d'un développement sans terme ; car il n'est point de force, d'intelligence, d'amour actuel qu'on ne puisse supposer plus grand : et cette tendance vers l'infini, cet effort continuel pour s'en rapprocher vient, d'une part, de ce que tous les êtres ont leur racine en lui ; et, de l'autre, de ce qu'ils sont destinés à manifester au dehors tout ce que renferme, dans son incompréhensible essence, l'Etre absolu.

Le mode d'existence des créatures doit emprunter tout ce qu'il a de réel du mode d'existence propre à Dieu et n'en diffère que par les modifications qu'y apporte la limite. Ainsi, par rapport à Dieu essentiellement infini, il n'existe ni temps, ni espace, ni mouvement : ce sont ces trois modes généraux et nécessaires d'existence. Mais qu'est-ce que le temps ? la limite dans l'éternité. Qu'est-ce que l'espace ? la limite dans l'immensité. Qu'est-ce que le mouvement ? la limite dans l'omniprésence.

Dieu a sa cause, son principe, son origine en lui-même. La Création a sa cause, son principe, son origine en Dieu, et par conséquent elle implique nécessairement, à l'égard de Dieu, une question de postériorité qui se résout dans la différence de leurs modes respectifs de durée et dans la différence essentielle de nature.

L'indivisible absolu étant de l'essence de Dieu, sa durée également indivisible exclut toutes parties, toute succession, elle constitue un présent infini.

Le divisible au contraire étant de l'essence de la Création, sa durée est divisible : d'où le passé, le présent, l'avenir, qui marquent les parties dans la durée, sont à son égard ce que les distances, résultantes de la divisibilité de l'étendue, sont à l'espace.

Le divisible et l'indivisible, non seulement s'excluent dans le même sujet, mais ils n'ont point de mesure commune : ils diffèrent non de degré, mais d'essence.

L'acte par lequel Dieu a créé a deux relations, l'une à lui-même, l'autre au terme de cet acte ou à l'univers.

Par rapport à lui-même, Dieu a créé, dans un présent indivisible, qui n'est que Dieu même agissant ; il participe au mode de sa durée ; il est éternel ou il exclut toute divisibilité, toute durée de succession, il n'a ni avant, ni après.

Par rapport à l'univers, ce même acte, au contraire, implique nécessairement le mode de durée successive propre à la Création : il implique le temps avec ses trois divisions de passé, de présent, d'avenir.

L'idée du temps ou de la durée finie est inséparable de l'idée de la Création comme l'idée de l'éternité ou de la durée infinie est inséparable de l'idée de Dieu ou de l'Etre infini. Ces deux modes, temps, éternité, expriment ce par quoi Dieu et la Création diffèrent radicalement quant à leur mode essentiel d'existence. L'acte de la puissance créatrice est éternel ou s'accomplit dans un présent indivisible ; le terme de cet acte n'est pas éternel, car le divisible étant de son essence et de l'essence de la durée, il ne peut exister que sous les conditions du temps.

Les modes d'être de la créature n'étant que des limitations du mode d'être de Dieu, il s'ensuit qu'ils renferment quelque chose de positif et de négatif. Les êtres ne sont êtres ou n'existent que par ce qu'ils ont de commun avec Dieu, n'étant que de pures négations par tout ce qui les distingue de Dieu.

L'espace, le temps, le mouvement, n'ont rien d'absolu dans leurs rapports avec les créatures, bien qu'il y ait en eux un fond de réalité effective et immuable, ils forment par ce qu'ils ont de limité un système de relations perpétuellement variables.

Dieu a la conscience de ce qu'il est, de lui-même. Mais la volonté n'est autre chose que le Moi en tant qu'actif : la volonté est une en Dieu. Et puisque Dieu, souverainement libre dans ses opérations extérieures, n'a créé que parce qu'il l'a voulu, donner l'être, ce n'est pas donner la substance seule, mais encore ce qui est inhérent à la substance, ce qui n'en saurait être totalement séparé, la puissance ou la force, l'intelligence et l'amour. Le Moi qui en a la conscience n'existe pas dans tous les êtres ; mais Dieu est partout, dans l'homme qui le connait et l'adore, dans le grain de sable qu'il foule au pied et rien ne serait s'il n'était pas une participation de son être.

CHAPITRE XI

DE L'UNIVERS

L'univers, considéré dans son ensemble, indépendamment des diversités que présentent les différents ordres d'êtres, ne saurait être conçu que sous certaines conditions premières qu'implique toute existence créée. Il faut, pour qu'il soit, qu'il puisse être une substance, une force qui le maintienne, des formes variées qui en distinguent les parties, un ordre qui les coordonne, une vie qui l'anime et qui unira ces mêmes parties, une limite qui les termine ou les circonscrive. L'univers est donc nécessairement esprit et matière. Il est la réalisation extérieure et substantielle des idées divines par le moyen de la distinction devenue limite. L'univers n'est et ne peut être qu'une véritable manifestation de Dieu.

Sortie de lui, la Création aspire à retourner vers lui, parce qu'en lui est son terme, ainsi que son origine. Elle se dilate au sein de son immensité par un progrès sans fin, qui n'est qu'un don perpétuellement inépuisable de lui-même. Il l'attire à lui en s'épandant en elle, il la pénètre, il la féconde, il se prodigue à elle pour accomplir incessamment une union toujours plus intime, qui ne sera jamais consommée. Autant qu'il est possible à notre débile intelligence d'embrasser l'œuvre du Très Haut, voilà l'univers ; et la grandeur de la pensée est d'entrevoir ses merveilles, qui fatiguent et désespèrent la parole, impuissante à les exprimer.

Au commencement, dit la Genèse, Dieu créa les cieux et la terre, et la terre était informe et vide ; les ténèbres couvraient la face de l'abîme, et l'esprit de Dieu se mouvait sur les eaux. Rien de ce qui devait apparaître plus tard n'était développé selon sa nature distincte, tout gisait confondu dans une seule masse élémentaire.

Un mélange confus de ce qui n'a point de nom, tel était, suivant la croyance de ces âges reculés, l'univers à son origine. A une première époque notre globe ne dut être qu'un simple amas de gaz. Et comme on découvre dans l'immensité de l'espace une infinité de pareils amas, à différents degrés de condensation, ils semblent n'être que les germes, les embryons de mondes futurs. A ce premier moment, aucun être distinct, aucune forme déterminée. Toutes existaient en germes dans la matrice universelle ; mais à leur évolution devaient présider deux immuables lois, l'une relative à l'enchaînement qu'établit entre elles l'unité du plan divin, l'autre à leur dépendance réciproque. A l'origine, la Création, destinée à se développer dans l'immensité, ne put être qu'une masse fluide, où les propriétés inséparables de la substance ne se manifestaient dans l'absence de tout être distinct, que par les phénomènes généraux correspondant à chacune d'elles ; le mouvement, manifestation de la force ; la lumière, manifestation de la forme ; la chaleur, manifestation de l'amour ou la vie. Ces principes premiers, doués chacun d'un efficace propre, agissant selon leur essence, un merveilleux travail d'organisation progressive commence pour ne s'arrêter jamais.

Alors les mondes, se démêlant, prirent possession de l'espace, s'ordonnèrent suivant les lois de l'éternelle dynamique. Alors se forma l'échelle des êtres qui s'élevant du plus infime jusqu'au plus parfait, offrent le même esprit, la même substance, sous ces différents modes de limitation.

La force inhérente à la substance est le principe par lequel tout subsiste, tout se développe ; et comme la substance créée est une participation de la substance infinie, la force créée est une participation de la puissance infinie. Son étendue, son énergie dépend des rapports de chaque être avec sa limite : car elle n'a de bornes que celles que détermine cette limite, étant une en soi et par conséquent identique dans tous les êtres. Elle produit ce qu'il y a de positif dans le mouvement,

4

le temps et l'espace, qu'elle tend à dilater sans cesse, parce qu'elle ne peut être pleinement développée, qu'autant qu'elle est dégagée de toutes limites ; d'où il suit que par sa nature, l'univers est soumis à une loi de progression.

Le développement complet, éternel de la force inhérente à la substance divine, constitue l'immensité de Dieu ; laquelle n'est que son être même considéré isolément sous un de ses modes spéciaux d'existence. Infinie comme la substance et la force, elle est une comme elles, de l'unité la plus absolue.

Nul corps ne peut exister sans les trois énergies qui concourent à sa formation. La force, autre que la forme, l'engendre par le mouvement qui la réalise extérieurement et la forme est l'image, la figure, l'expression du développement actuel de la substance. La force et la forme, qui ne peuvent exister qu'unies, ont une tendance l'une vers l'autre, s'aspirent l'une l'autre, et de cette mutuelle aspiration procède l'amour qui, distinct d'elles, opère leur union effective, les ramène à l'unité absolue de la substance.

Partout où il y a substance, il y a commencement de forme, ordre, intelligence, vie, amour. Par une progression régulière de vie, on voit paraître les plantes, les mollusques, les poissons, les reptiles, puis les animaux plus parfaits, puis l'homme, véritable roi de cet empire qu'il domine par la puissance souveraine de sa pensée et de sa volonté libre.

Tout ce qui est correspond à une idée qui subsiste essentiellement et de toute éternité dans le Verbe.

Personnifiée en Dieu, elle est parole. Chaque idée divine est un élément de cette parole, un mot de la langue une et infinie, et quand le Verbe a concouru à la Création, il y a concouru selon son essence, il a proféré au dehors ses idées, et le nom divin, substantiel, impérissable, est le type radical, le germe qui constitue chaque nature particulière dans la substance unique et primordiale. Le nom exprime, révèle, manifeste ce qu'est l'être, en même temps qu'il le détermine à être ce qu'il est. De même que les noms sont liés aux noms, les idées aux idées dans le Verbe éternel, ainsi dans l'univers les êtres s'enchaînent aux êtres, et de leurs rapports naît l'ordre, selon les immuables lois qui ordonnent les idées divines dans l'unité de l'intelligence divine. Cet ordre magnifique dont nous n'apercevons qu'une faible partie, mais qui se développe à nos regards, reflète dans l'espace et le temps, la sagesse suprême et la souveraine beauté, le Verbe dans son essence, forme parfaite de l'être, pure lumière qui montre Dieu, soleil intellectuel qui n'a point eu de lever, qui n'aura point de déclin, et qui remplit, de sa splendeur à jamais indéfectible, l'immensité et l'éternité.

De la force et de l'intelligence dont il est le lien mutuel, procède l'amour, et tout être quel qu'il soit participe à l'amour, parce que l'amour est une propriété essentielle de l'être. Personnifiée en Dieu, on l'appelle Esprit. Donc il y a quelque chose de l'Esprit divin dans tout ce qui est, et dans l'univers, ainsi qu'en Dieu, il est ce qui unit, ce qui donne la vie, il est la vie même.

L'amour est l'énergie, l'attrait, qui rapproche, unit toutes choses ; il est le principe primitif et simple, le feu primordial, lequel va se modifiant dans les différents ordres d'êtres, pour produire en eux, selon leur nature, la vie et ses phénomènes innombrables. Car, de même que l'intelligence se manifeste par la lumière, la vie se manifeste à nous par la chaleur, qui n'est que le rapport de la cause universelle à notre manière propre de sentir. Et comme ce qui vivifie est aussi ce qui unit, le principe de la chaleur et le principe d'attraction sont le même principe identique, manifesté sous deux modifications diverses. La physique, un jour, constatera cette identité, et la physiologie constatera également l'identité du principe vital et du calorique. Et quant au troisième mode qui prend, dans notre langue, le nom d'amour, dans tous les temps, dans tous les pays, ce même langage en a fait le synonyme du feu, tant ce rapport est naturel, et dès l'origine, a frappé le genre humain.

CHAPITRE XII

DÉVELOPPEMENT DE L'UNIVERS

La force donne à l'être son existence actuelle et la développe ; l'intelligence lui donne sa forme et coordonne les formes entre elles : l'amour lui donne la vie, l'unit en lui-même et aux autres êtres.

Et tout cela n'est que l'action de Dieu pour se manifester pleinement et se reproduire en quelque manière. Par le développement de l'être dans l'espace et le temps, la force tend à reproduire l'unité immense, éternelle ; par l'enchaînement des formes particulières incessamment croissantes en nombre, l'intelligence tend à reproduire la forme universelle ou infinie, la forme divine. L'amour, en unissant, en vivifiant ce que la force développe, ce que l'intelligence ordonne, tend à reproduire la vie divine, universelle, infinie, non pas sous sa substance, mais par similitude et graduelle approximation.

L'univers est comme un Dieu naissant, mais à jamais séparé de son père par une limite qui, reculant sans cesse, subsiste néanmoins toujours, parce qu'elle fuit dans l'immensité et l'éternité.

L'univers, considéré dans la substance, est le fond identique de tous les êtres, et selon les propriétés essentielles à la substance. Etant ce qu'il y a de primitif dans l'Etre, il est un nécessairement, puisque l'Etre est unique et que la substance créée ou finie n'est qu'une participation des propriétés de l'Etre absolu, une réalisation extérieure et partielle de ce qui le constitue radicalement.

Tout ce qui existe étant nécessairement déterminé, tout être est nécessairement doué de forme. Il est clair que l'existence de l'homme, en tant qu'être organique, suppose celle d'une multitude d'autres êtres comme lui, avec lesquels il a des relations permanentes et nécessaires. A mesure que la forme primitive se développe, ou que se multiplient les formes particulières, on voit apparaître, par leur combinaison de plus en plus complexe, l'innombrable variété des êtres inorganiques, dont les germes comme ceux de tous les êtres, existaient originairement dans la matrice universelle. La force partout répandue les réalise individuellement, par une évolution régulière de la forme générale ; comme la même force à un autre état, la force intellectuelle qu'on nomme attention, réalise individuellement dans notre esprit, selon leur ordre de dépendance réciproque, les idées particulières contenues dans une idée générale. Chaque germe, devenant actif en s'animant, attire à lui les éléments conformes à sa nature, les combine et les modifie par son énergie spéciale, se les approprie, se les assimile, et croit ainsi indéfiniment.

Ainsi l'impénétrable, l'inséparable de l'étendue, n'est que l'obstacle que la limite oppose actuellement à un plus grand développement de la force. La pesanteur est dans chaque corps la mesure du principe d'union sous sa limite actuelle ; la figure, ce qui rend l'étendue apercevable, est l'expression de la forme actuellement limitée.

C'est à cela que se réduisent toutes les qualités générales des êtres inorganiques. L'innombrable multiplicité des phénomènes qu'ils présentent résulte de la combinaison des qualités primordiales, jointes à ce qu'il y a d'essentiellement propre à chaque forme particulière.

Ce qui caractérise les êtres inorganiques, c'est l'absence d'individualité ; ils ne se forment et ne subsistent que d'éléments similaires, développés ou étendus par la force, délimités à certaines figures par la forme, intérieurement animés par le calorique, extérieurement unis par l'attraction, et totalement indépendants les uns des autres, une fonction tendant à une fin commune, sans action, ni réaction que celles qui dérivent des lois générales du monde physique.

Ce qui distingue les êtres organiques des êtres inorganiques, est une moindre dépendance de la limite, un plus grand développement de l'intelligence et de l'amour, c'est-à-dire, du principe de la forme et du principe d'union ou de vie. Tout être organique provient d'un pareil germe et n'en est que le développement.

Les êtres inorganiques croissent indéfiniment ; les êtres organiques croissent déterminés par leur nature. Il y a, dans leur accroissement, une action plus marquée de l'intelligence, qui se manifeste obscurément dans la plante, très clairement dans l'animal, par une sorte de choix instinctif et par un travail merveilleux.

On peut remarquer que le tact, qui produit la sensation de la résistance et de l'étendue, est directement relatif à la force ; comme la vue qui donne la sensation de la forme, et l'ouïe qui perçoit la parole, sont relatifs à l'intelligence ; comme l'odorat et le goût, qui dirigent l'être dans l'acte de l'alimentation, sont relatifs au principe de vie.

Outre la faculté de sentir, il existe dans les animaux une autre faculté appelée instinct et celle de recevoir des perceptions et de les combiner, en une sorte d'intellect passif et actif. L'esprit en eux ne perçoit pas le vrai, le nécessaire, l'absolu, mais il perçoit le réel, avec lequel seul il est en rapport, et il effectue sur le réel toutes les opérations qui n'impliquent pas la connaissance du vrai.

Lorsque la vie s'éteint dans les êtres organiques, tout ce qui reste d'eux, rentre dans la catégorie des êtres inorganiques, ils servent par leur destruction, soit à entretenir la vie comme aliment, soit à la ranimer ou à la défendre comme remèdes. C'est par une de ces correspondances mystérieuses dans leurs moyens, mais évidentes dans leurs effets, qui ramènent de toutes parts à l'unité, sans détruire ce qu'ils ont de divers, l'universalité des êtres.

CHAPITRE XIII

DES ÊTRES INTELLIGENTS

Parmi les êtres intelligents et libres, un seul tombe dans la sphère de notre expérience, c'est l'homme. La philosophie et la religion doivent s'en occuper.

De même que les êtres organiques appartiennent par une partie d'eux-mêmes au monde inorganique, ainsi l'homme appartient, par ce qu'il a de moins élevé, à ces deux classes d'êtres inférieurs. On trouve en lui des éléments impénétrables, figurés, pesants ; l'unité d'organisation et de vie, avec la faculté de sentir, et cette autre faculté plus haute qu'on appelle instinct dans les animaux. Mais il offre un nouveau progrès de l'intelligence et de l'amour. Au delà de l'instinct apparait la raison qui le démontre, qui joint à la perception du réel celle du vrai, combine les idées perçues et développe, par sa puissance propre, la notion qu'elle saisit de l'Etre en soi, infini, absolu.

L'amour aussi, en se développant, produit l'unité vitale indivisible, mais l'unité intellective, sans laquelle nulle raison, l'unité sans bornes, qu'on peut appeler collective ou sociale. De même que la perception, cessant d'avoir le réel pour seul objet, est devenue idée, la sensation devient sentiment, et la force de plus en plus dépendante, obéit à des lois nouvelles, aux lois morales de l'intelligence et de l'amour.

L'homme se connaît, il connaît les autres êtres et leur principe premier, et ces connaissances diverses se réfléchissent et se rencontrent dans le Moi qui le constitue personnellement. Il est, et il sait qu'il est, et sait ce qu'il est : sa substance a la conscience d'elle-même et de ses modifications.

Dans l'être intelligent, le principe d'activité trouve dans la raison une cause déterminante. Il devient volonté et, là il est libre, car la liberté ne saurait être conçue que comme une activité éclairée.

Lorsque l'homme se dégrade, c'est-à-dire descend de l'ordre de raison dans l'ordre de sensation, sa liberté s'affaiblit, parce qu'il passe sous l'empire des lois nécessitantes, et toute passion extrême détruit la liberté.

L'intelligence produit dans les êtres doués de raison, la personnalité ou un mode supérieur de vie, totalement distinct et, dans son principe, indépendant de la vie organique.

De même que les lois de l'organisme prédominent dans les êtres organiques sur les lois de la nature brute ; ainsi les lois intellectuelles et morales prédominent dans l'être intelligent sur les lois de l'organisme. Mais l'intelligence et la liberté étant essentiellement unies, la prédominance des lois intellectuelles et morales dépend de la liberté ou de l'usage que fait l'être intelligent de son activité propre ou de sa volonté. Dans l'être organique, les lois de l'ordre inférieur tendent sans cesse à prévaloir contre les lois de l'organisme ; et si elles prévalent à quelque degré, il y a maladie ; si elles prévalent complètement, il y a mort. Les lois de l'organisme tendent aussi sans *cesse* à prévaloir, dans l'être intelligent, contre les lois intellectuelles et morales, et si elles prévalent à quelque degré, il y a dégradation, désordre ; si elles prévalent complètement, il y a privation de la vie intellectuelle et morale. Et puisque le Moi intelligent, qui constitue la personne réagit contre les lois du pur organisme, il n'en dépend pas, et la personnalité, quoiqu'elle suppose l'individualité et ne puisse exister sans elle, a néanmoins un autre principe qu'elle.

En tant qu'être organique, l'homme naît et se développe comme tous les êtres de cet ordre. Mais en tant qu'être intelligent et libre, il naît avec une communication plus parfaite du Verbe, c'est-à-dire par la parole, se développe avec elle et par elle, et, comme ce développement n'a par sa nature, aucune borne assignable, non plus que le développement correspondant de l'amour, il ne saurait être arrêté que par un acte de la volonté libre. Cet acte, s'il le produit, arrête l'action des lois mutuelles de l'être intelligent, et le constitue dans un état de désordre fondamental ; il est pour lui une véritable mort, puisqu'il l'empêche d'atteindre sa fin, et que la vie de tout être intelligent et aimant est progressive par son essence, parce qu'elle n'a d'autre terme naturel que l'infini.

L'être organique, lorsque la vie s'éteint en lui, perd tout ce qui le constituait un être individuel. Mais la personnalité, ayant sa racine dans quelque chose de supérieur à l'unité organique, a ses lois propres qui prédominent sur celles de la pure individualité ; de sorte que la dissolution de l'organisme n'entraîne pas la destruction de la personne parce qu'un autre organisme, lié au premier qui en contenait le germe, perpétue l'être individuel. Il vit toujours le même sous de nouvelles conditions extérieures d'existence. Il ne meurt pas, il se transforme. Chrysalide céleste, il dépose sa grossière enveloppe, pour en revêtir une plus parfaite.

Nous savons qu'il existe trois ordres d'êtres correspondant à trois états ou à trois modes fondamentalement divers, sous lesquels la force, l'intelligence et l'amour subsistent dans la création, savoir, les êtres inorganiques, les êtres organiques et les êtres libres et intelligents.

Lorsque l'homme vient à se considérer tel qu'il est, relégué dans un point imperceptible de l'univers 'ome rampant sur un atome, faible, ignorant, pouvant à peine penser, agir, sans rencontrer aussitôt la borne de son action et de sa conception quelque chose en lui répugne à supposer qu'il soit le plus intelligent, le plus puissant, le plus parfait des êtres créés. Notre chétive planète n'est pas le séjour exclusif de la pensée, et d'autres êtres, nos aînés dans la création, nous surpassent, et de bien loin, en puissance, en intelligence.

Au-dessous de nous, de nombreuses existences échappent à nos sens, ne peuvent être constatées par l'observation. Pourquoi n'en serait-il pas ainsi au-dessus de nous. Moins limités que l'homme, nous ne saurions nous former d'idée précise de leur nature, ni de leurs rapports avec ces mondes organiques et inorganiques, rapports très réels, car tout est lié dans la création. Peut-être ne sont-ils pas dépourvus d'un corps ; mais comparés à nous, ils ont une enveloppe moins pesante, des sens plus subtiles, plus développés. On ne saurait douter qu'ils n'exercent, comme nous une action régulière sur l'univers et ses phénomènes.

Or, l'intelligence consiste dans la connaissance du vrai, de ce qui subsiste immuablement sans aucune condition de variabilité ni de contingence. Une volonté intelligente devrait trouver le principe de sa détermination, dans le vrai, le nécessaire, qui par ses rapports avec l'être voulant et intelligent, le constitue ce qu'il est.

Une volonté intelligente est donc la cause première du mouvement dans l'univers ; et puisqu'elle n'a pu agir qu'en tant qu'intelligente, elle n'a pu agir que selon les lois éternelles du vrai, et agir librement, puisque la liberté est l'inaliénable apanage de l'intelligence.

L'action continue de cette volonté est ce qu'on appelle Providence, et par elle seule nous comprenons comment le mouvement, à son origine, a pu commencer et recevoir une direction déterminée dans ces corps immenses qui flottent au sein de l'espace, et dans le système céleste entier, où s'accomplissent ces grands mouvements qui forment les relations qui déterminent les lois éternelles des essences, l'équilibre de l'univers.

CHAPITRE XIV

MANIFESTATION DES INTELLIGENCES

Tout être, quel qu'il soit, n'est jamais et ne peut être qu'un résultat de la force, de l'intelligence et de l'amour, existant dans la substance à un certain état de rapports déterminés.

Aucune forme particulière ne peut avoir d'existence réelle hors du Souverain Etre que par la limite qui le circonscrit ; cette limite ôtée, il ne resterait plus de toutes les formes particulières actuellement existantes que leurs idées, leurs types primitifs dont l'ensemble infini constitue la forme universelle ou l'intelligence divine que le Verbe manifeste éternellement.

Il y a donc, dans l'univers, développement perpétuel de la substance et de ses propriétés, développement de l'espace dans l'immensité ; développement du temps dans l'éternité ; développement de la Création tout entière en Dieu, pour atteindre, par le mouvement et pour reproduire l'omniprésence ou la vie universelle, la vie infinie en Dieu.

L'infini est le terme vers lequel tout tend, parce que le type éternel de la Création, tel qu'il existe en Dieu, est infini comme Dieu, et qu'en effet la Création n'est séparée et distincte de Dieu que par la limite.

La fin particulière des êtres intelligents est Dieu, conçu selon sa notion complète, comme la perfection infinie de l'être infini. Il existe pour eux une loi de développement continu dans le vrai et dans le bien, c'est-à-dire qu'ils doivent tendre à reculer indéfiniment leur limite.

La puissance de percevoir l'infini ou le vrai et celle de percevoir seulement le fini ou le réel établissent, entre l'être qui ne possède que celle-ci et l'être qui possède de plus celle-là, une séparation profonde. Ce qui caractérise ceux-là, ce sont la raison et la liberté. Ils connaissent et savent qu'ils connaissent.

Une lumière plus intime et plus vive leur manifeste quoiqu'en des degrés différents de clarté, les idées telles qu'elles sont en Dieu. Ils voient non seulement ce qui existe dans le temps et l'espace, mais au delà, ce qui existe, hors de l'espace et du temps. Dans la lumière divine et par elle ils voient l'Etre divin, et dans l'Etre divin, les types immuables des choses. Et comme ces types, ces idées divines, seuls nécessaires, seuls permanents, sont aussi les seules vérités éternellement subsistantes, il n'y a de raison que par cette lumière qui manifeste Dieu. Car toute pensée, toute raison véritable a pour base, pour substance, ce qui ne change point, et le variable, le contingent, l'individuel, n'est intelligible qu'autant qu'il se lie à la vérité invariable, nécessaire, universelle ou infinie.

Mais ici la lumière se produit spécialement comme parole parce qu'elle est en Dieu, elle est la Parole, le Verbe éternel. Dans les intelligences créées, la Parole infinie est limitée comme elles, suivant les conditions de leur nature particulière. Dans l'homme, elle est voix articulée, et sous cette forme, véritable lumière de l'intelligence, le son est le mode nécessaire de sa production au dehors, le moyen par lequel les êtres intelligents se manifestent les uns aux autres. Elle devient aussi leur lien mutuel et comme le médiateur de la société qui doit s'établir et subsister entre eux.

La parole en soi est infinie, elle manifeste tout ce qui est, Dieu et la Création. Elle manifeste Dieu, puisqu'elle le nomme, elle le manifeste sous l'idée qui comprend toutes les autres, l'Idée de l'être ; et la parole limitée qui manifeste l'univers, découle de la parole infinie qui manifeste l'Etre infini.

Le Verbe qui manifeste l'Etre dans son unité infinie, le manifeste encore dans sa triplicité essentielle de personnes. Elles sont, dans leur généralité, les trois faces sous lesquelles l'Etre apparaît nécessairement. Les idées qu'expriment respectivement les mots *Je*, *Vous*, *Il*, inhérentes à l'idée qu'exprime le mot Etre. Les personnes nécessaires du Verbe sont identiquement les mêmes que celles qui existent entre les Personnes de l'Etre infini.

En effet, les idées ou les types de tous les êtres particuliers étant dans le Verbe, ces êtres par cela même y sont nommés, puisque le Verbe est parole ; et le nom consubstantiel à l'idée, exprime la nature de l'Etre, comme l'idée même l'exprime. Ainsi les noms sont incréés, éternels, immuables, en un mot, divins, et pour les intelligences limitées comme pour l'intelligence infinie, le nom manifeste l'idée qui représente et constitue la nature de chaque être.

La parole exprime encore, par ses modifications communes à toutes les langues, les propriétés, les qualités, les relations des différents ordres d'êtres, puisqu'il y a en elle quelque chose de correspondant à tous les phénomènes de l'univers : plus complète, plus parfaite, à mesure que l'intelligence croît, et tendant comme elle, par un développement progressif, à reproduire, dans son unité infinie, le Verbe éternel.

Le nombre dans la création, exprime aussi la substance, et sous ce rapport, il est l'unité primordiale d'où sortent tous les autres nombres, il est pour la limite ce qu'est la parole pour les propriétés en tant qu'intelligibles.

L'écriture, qui a pour but de manifester une suite de pensées distinctes et précises plus ou moins liées entre elles, est l'origine de l'écriture alphabétique.

La parole exprime ce qui dans l'être est intelligible. Pour comprendre ce que l'écriture est à la parole, il faut considérer dans la parole deux choses qui y subsistent à la fois distinctement, le Verbe et sa limite. Le Verbe seul est efficace, seul il est lumière, seul il agit sur l'être intelligent pour lui manifester l'idée. Mais la parole a pour tous les êtres qui ne sont pas infinis, et pour l'homme en particulier, des conditions matérielles, dépendantes de la limite. Le son est dans la parole comme l'enveloppe, la limite du Verbe, de même que le corps est l'enveloppe, la limite de ce qui constitue le véritable être humain. Il existe également une correspondance entre le son et le Verbe qu'il limite. L'écriture est l'expression de ces rapports. Ainsi l'écriture, image de la parole, n'est point efficace comme elle, car le Verbe n'est point dans l'écriture, elle ne le contient pas ; elle marque seulement les rapports, naturels à la fois et conventionnels, de la forme au son.

Tout ce qui est existe au sein de cette lumière éternelle, divine ; mais toutes les créatures ne possèdent pas la faculté de la percevoir dans sa pure splendeur ; elles ne sont pas toutes susceptibles de ce mode de relation avec le Verbe, qui est cette lumière essentielle, primitive et indéfectible. Ce magnifique privilège, dont jouissent seulement certaines natures spéciales, n'implique à leur égard aucune nécessité d'un intermédiaire entre elles et la Parole infinie qui les illumine par son efficace. La parole extérieure créée accompagne de fait, dans l'ordre ordinaire, l'action intérieure de la Parole incréée, et détermine cette action. C'est ainsi que l'être, jusque-là purement physiologique, commence à percevoir le monde supérieur à l'organisme, et ses relations avec ce monde qu'auparavant enveloppaient par lui des ténèbres impénétrables. Pour que la puissance de voir soit réduite à l'acte, l'organe de la vision étant régulièrement conformé et développé pleinement, la lumière est indispensable, et la parole est la lumière qui éclaire tout être intelligent. Par elle seule les idées deviennent visibles en elles-mêmes, par elle on connaît le vrai, l'immuable, le nécessaire, l'absolu. De cette connaissance naît la réflexion, ou l'acte de l'esprit qui consiste à comparer le variable, le contingent, le relatif, avec l'immuable, le nécessaire l'absolu, les réalités fugitives avec les essences éternelles : et le bien n'étant que le vrai, en tant qu'il est l'objet de l'amour, l'amour et l'intelligence apparaissent simultanément. L'activité du Moi se manifeste avec son caractère nouveau ; elle devient volonté, et la liberté naît, résultat de l'union de la spontanéité et de l'intelligence, n'est que l'activité éclairée, parce que son idée, son type était orginairement en Dieu.

CHAPITRE XV

DE LA CONSERVATION DES ÊTRES

Tout être, dès qu'il existe, est substantiellement tout ce qu'il peut être ; c'est-à-dire, que sa substance est déterminée par l'idée, la forme qui constitue la nature. Il est de l'essence des êtres de se développer progressivement, de tendre à conserver le développement acquis et à en acquérir un nouveau, jusqu'à ce qu'ils atteignent la limite qu'assigne à chacun sa nature particulière.

Il est nécessaire pour que l'œuvre soit, que chaque être donne aux autres quelque chose de lui-même et qu'il en reçoive pour remplacer ce qu'il a donné, afin qu'il se conserve et se développe.

Les lois de la communication des propriétés sont les lois de la conservation et du développement des êtres. Recevoir pour eux, c'est se nourrir. Chaque être est donc tout ensemble et nourri par les autres et leur nourriture, et la Création entière est un mystérieux banquet, une immense communion à laquelle tous les êtres participent, en un grand sacrifice où tous se donnent à tous, et où chacun est à la fois sacrificateur et victime. Et comme la matière du sacrifice vient de Dieu, et est Dieu même, c'est-à-dire sa propre substance et ses propriétés essentielles, la puissance, l'intelligence, l'amour en tant que participable, il s'ensuit que tous les êtres vivent et se nourrissent de Dieu, et que la Création n'est en effet, dans l'acte par lequel il la conserve et la développe perpétuellement, qu'une continuelle immolation de lui-même.

La nature expansive de la force, qui pénètre et soutient tout dans l'univers, y maintient aussi un perpétuel mouvement ;

car le repos n'est que relatif, et chaque être participe au mouvement de l'ensemble. De là les lois de communication de la force, lois intimes à tous les êtres. Il n'est point de corps qui ne cède aux autres corps une partie de sa propre force, et à qui les autres corps ne cèdent aussi une partie de la leur, sans quoi le mouvement serait impossible.

On est donc conduit à se représenter la force, dans le physique, comme un fluide élémentaire, premier, universel, dont l'action en ce qu'elle a d'intime, étant indépendante de la limite ou de la matière, échappe à nos sens qui ne peuvent la saisir que dans ses effets. Une cause spéciale qu'on a désignée sous le nom d'électricité est une cause inconnue en soi. On la retrouve partout et partout la même dans l'atome comme dans le globe qui voyage à travers l'espace, partout se manifestant sous les conditions qui caractérisent les fluides, pénétrant jusque dans les dernières profondeurs des êtres, et coopérant par son efficace à tous les changements qui surviennent en eux. Or, l'action de ce fluide, sans cesse communiqué, reçu, donné, n'est que l'invisible action de la force, sans laquelle rien ne se développerait, ni rien n'existerait.

Le principe de la forme, manifesté par la lumière et qui en constitue l'essence, circule également sans interruption dans la Nature, présent, inhérent à la substance une, qu'il pénètre intimement, comme la force la pénètre. Semence universelle des êtres, il contient en soi toutes les formes particulières, et prête à chacune son efficacité essentielle ; elles se développent successivement, ainsi que le germe dans la terre, sitôt que les circonstances extérieures, liées aux lois générales du tout, rendent ce développement possible.

Le caractère propre de l'être intelligent consiste en ce qu'il est uni à l'infini, ou participe à la puissance, à l'intelligence et à l'amour, selon leur mode absolu d'existence. Mais, comme il est essentiellement limité, il peut y participer plus ou moins ; il peut croître et diminuer en puissance, en intelligence, en amour et sa nature est d'y participer toujours davantage par un développement sans bornes, puisqu'il n'a, dans son objet, d'autre terme que l'infini, auquel il tend par une invincible nécessité de son être. Connaître plus, aimer plus, pouvoir plus, son désir insatiable n'implique jamais d'impossibilité. Or, puisque la puissance, la connaissance, l'amour dans lesquels s'accomplit son progrès, sont illimités en leur unité parfaite, ce sont la puissance, la connaissance, l'amour, sous le mode infini où ils subsistent en Dieu. Il se nourrit donc réellement de Dieu. Sa force interne est un écoulement de la puissance de Dieu ; son intelligence, un écoulement de l'intelligence de Dieu ; son amour, un écoulement de l'amour éternel de Dieu.

Naître, pour les êtres intelligents, c'est entrer en rapport direct avec l'immuable, le nécessaire, l'absolu ; c'est percevoir Dieu. Or Dieu n'est visible ou intelligible que par la lumière qui resplendit des profondeurs de sa substance, que par son Verbe : donc c'est le Verbe qui leur manifeste Dieu, ou qui, s'unissant à eux, illumine leur œil interne, les enfante à l'intelligence.

Mais les êtres créés ne peuvent voir Dieu, comprendre Dieu, comme il se voit et se comprend lui-même, sans quoi ils seraient infinis comme lui. Limité essentiellement, le Verbe ne se manifeste, ne se donne à eux que sous une certaine limitation. Le Verbe infini se communique à tous ; mais en s'unissant à eux, il se limite en eux selon leur nature. Ce qu'ils voient par lui est infini, mais ils ne le voient qu'à son degré fini, et différent pour chacun, car il existe des degrés sans nombre dans la vision d'un même objet invariable. Le Verbe est la parole pure, infinie, par conséquent une ; la parole des êtres créés renferme, au contraire, deux éléments : le Verbe qui en est l'essence, et une limite relative à la nature de l'être auquel il se communique, c'est-à-dire, qu'en se donnant à chaque être, il prend en lui la forme propre de cet être.

En participant au Verbe, l'être qui par lui naît à l'intelligence, participe à l'esprit, à la puissance qui engendre perpétuellement le Verbe, à l'amour qui procède du Verbe et de la Puissance, qui est leur vie commune.

Puissance, intelligence, amour, voilà donc l'être créé, comme l'Etre infini, et l'Etre créé se conserve et se développe en participant toujours plus à l'Etre infini.

Possédant tous la même puissance, la même intelligence, le même amour, sous le même mode de limitation, nous sommes tous semblables, mais non égaux, car le degré de développement peut être divers en chacun de nous. D'où il suit, qu'il y a unité dans la nature et variété dans les individus, la nature étant relative à ce qui existe de fondamental dans l'être, à leurs rapports directs avec l'immuable, le nécessaire, l'absolu ; rien en eux ne correspond au vrai essentiel, que ce qui est commun à leur nature.

Il résulte que tous les êtres intelligents, quelle que soit leur nature, à quelque ordre qu'ils appartiennent, vivent de la même vie identique, se nourrissent de Dieu, se conservent et se développent par la communication réciproque de ce que tous ils puisent à cette source infinie de l'Etre, dont la parole est le moyen.

Mais, rien n'est communiqué que par les lois de la puissance, de l'intelligence et de l'amour, lesquelles doivent tout ensemble régler chaque être en soi, et ses rapports avec les autres êtres.

L'amour ou le principe essentiel d'union existe dans le monde des intelligences. Il se manifeste extérieurement par le sacrifice.

CHAPITRE XVI

DES LOIS DE LA SOCIÉTÉ ET DE LEUR FIN

Tout être créé, étant limité, existe sous les conditions de l'organisme. Ces rapports sont divers, selon la nature plus ou moins élevée de l'être intelligent. Ce que l'être intelligent perçoit dans la lumière du Verbe, c'est la souveraine unité dont il est la splendeur. Il en a la vision, incomplète, mais réelle, et tout ce qui peut être vu de l'esprit est compris dans cette vision qui comprend tout.

Une lumière plus abondante découvre à l'œil de chair ce qui auparavant lui était obscur ou caché. Ces perceptions reçues et conservées dans le moi, y produisent la conscience que l'être a de lui-même comme intelligence ; et les perceptions du réel ou de la Création.

L'invariable, le nécessaire, l'absolu, l'infini, dans ses rapports avec l'intelligence qui le perçoit est le Vrai. Le Vrai est un et universel, le contingent, multiple et individuel. Il n'arrive à l'esprit que par l'intermédiaire des sens, et modifié par eux selon les différences de l'organisation. Donc le contingent ou le réel manquent des deux caractères d'unité et d'universalité. Le Vrai, au contraire, est le même pour toutes les intelligences ou ce qu'il y a de connu dans les êtres intelligents, ce que le Verbe, la lumière divine, leur découvre à tous également dans l'unité de l'Etre infini.

La loi générale de l'intelligence dans son rapport avec le Moi actif, ou la loi de son développement en chaque être particulier, consiste à s'efforcer, par un continuel travail d'attention, de mieux voir ; d'une autre part, à combattre sans cesse l'influence du principe interne d'individualité à se rendre le plus possible indépendant de l'organisme, en ce sens que s'il est la condition physique des actes intellectuels, il tend à en altérer les résultats, en rapportant toujours dans le vrai quelque chose de réel, et qu'ainsi l'on doit toujours être en garde contre ce qui procède de lui dans la recherche du vrai absolu et immuable.

Le bien est l'objet de l'amour, comme le vrai est l'objet de l'intelligence, et le vrai et le bien ne sont qu'une même chose, ne sont que l'Etre absolu considéré dans ses rapports avec le Verbe qui le manifeste, et avec l'Esprit qui le vivifie. Dès que le Verbe est communiqué, l'esprit aussi est communiqué, et l'amour apparaît avec l'intelligence. Or l'infini, dans son essence, étant ce que l'être intelligent perçoit par l'efficace du Verbe divin qui illumine intérieurement, l'infini, objet premier de la pensée naissante, est également le premier objet de l'amour ; de sorte que, pour le fond de leur être, toutes les créatures intelligentes tendent vers Dieu. Car on ne saurait aimer sans connaître ; ni connaître sans aimer, et l'amour suit dans son développement, le développement de la connaissance.

Le vrai ou l'immuable, le nécessaire, l'absolu, n'existant pas seul dans chaque être qui, par le principe de l'individualité, est en relations avec le variable, le contingent, le relatif ; chaque être, en tant qu'individuel, a une autre vie propre à cette partie de lui-même, l'amour aveugle, lequel n'a d'autre objet, d'autre terme que l'individu même. Cet amour, par lequel l'être rapporte tout à soi est en opposition avec l'amour plus élevé par lequel l'être ne s'aime et ne vit que dans le tout social, et par conséquent la vie organique combat perpétuellement, sous ce rapport, la vie morale et intellectuelle. Donc, pour que l'être intelligent conserve et développe cette dernière vie, il faut que, par un Moi actif, il résiste à l'attrait qui l'entraîne vers le variable, le relatif ; qu'il domine la sensation ou s'affranchisse le plus possible de l'individualité qui résulte de l'organisme, pour développer sa vie dans l'unité de la vie sociale.

Tendre sans cesse à exercer et à développer cette même

force selon les lois générales de l'intelligence dans leur rapport avec le Moi actif, à pénétrer de plus en plus dans l'Etre infini que nous découvre la lumière du Verbe, afin de percevoir toujours mieux ce qu'il renferme de distinct, les essences éternelles, les idées immuables et leurs relations également immuables, et soustraire, autant que possible, la force qui opère le mouvement intellectuel et les résultats de son action à l'influence du variable, du contingent, du relatif ou de l'individuel, en coordonnant l'exercice de cette force interne à la loi de l'unité et de l'universalité, qui est la loi fondamentale du vrai.

Les êtres multiples, limités, finis, sont essentiellement distincts de l'Etre infini, en même temps qu'ils ont en lui leur racine. Ils participent à sa substance qui se communique sans se diviser, et ce qui spécifie chacun d'eux n'est qu'une participation de la forme divine ; car rien n'est ni ne peut être qui ne soit originairement dans l'Etre infini.

Dieu est le modèle, l'exemplaire perpétuellement subsistant en lui de la Création ; il s'ensuit que la Création n'est elle-même que la manifestation extérieure de Dieu, manifestation toujours actuellement incomplète, puisqu'elle est toujours finie, mais qui, sans cesse aussi plus parfaite, tend à reproduire au dehors, sous les conditions de la réalité substantielle, l'union du fini et de l'infini, telle qu'elle existe de toute éternité dans l'Etre absolu.

Manifester Dieu au dehors, telle est la fin générale de la Création, telle est aussi, par conséquent, la fin particulière de chaque être.

Les êtres intelligents ne se distinguent pas, à cet égard, des êtres dans l'ordre inférieur. Leur organisme aussi, après une certaine durée que déterminent des causes purement physiologiques, subit une décadence dont la mort est le terme. Mais, en raison, parce que leur nature renferme de plus élevé, avec le vrai infini ; le bien absolu tendant sans cesse à se développer dans la connaissance de l'un, dans l'amour de l'autre, aspirant toujours à s'y développer davantage, il existe, au fond d'eux-mêmes un principe d'extension indéfini, hors de l'espace et du temps, et, par conséquent, ils n'ont sous ce rapport aucune limite naturelle dans le temps et l'espace. La mort ne saurait donc atteindre en eux que ce qu'ils ont de commun avec les êtres en relation seulement avec le fini : de sorte qu'en réalité, ils ne meurent point, ils se transforment, ils dépouillent une enveloppe pour en revêtir une autre plus parfaite ; leur vie impérissable se perpétue sous des conditions organiques nouvelles. On peut même aisément concevoir que, pour plusieurs et finalement pour tous, la mort perd jusqu'à l'apparence de destructions qui nous la rend si hideuse et si redoutable. Pourquoi, dans l'organisme, destiné à se dissoudre, ne s'en formerait-il pas un nouveau, qui se développant peu à peu, apparaîtrait brillant de jeunesse, au moment où le premier céderait à l'effort du temps qui use tout ? S'il n'en est pas ainsi pour l'homme en son état actuel, ce n'est pas vraisemblablement, que sa loi de transformation soit différente, mais parce que, dans son résultat, cette transformation échappe à nos sens grossiers Lorsqu'elle s'opère, l'être transformé entre aussitôt en lui, autre genre de relations avec l'univers, relations plus étendues, plus intimes, dont nous ne saurions nous faire aucune idée, ayant pour moyen un organisme qui maintenant n'est pas le nôtre. Objet de la pensée pure, le vrai nécessaire, absolu, est immuable, le même pour tous les esprits : mais les modes variés de pouvoir et de sentir le réel, essentiellement relatifs à l'organisation et divers dès lors pour chaque organisation diverse, sont à l'égard des autres comme s'ils n'étaient pas.

Les êtres dépourvus d'intelligence épuisent, dans leur courte durée, la série entière du progrès dont ils sont susceptibles. Chacun d'eux représente l'espèce, ne saurait sortir de la sphère qui lui est assignée, et l'espèce n'est pas perfectible ; chacun d'eux n'a pas en soi le germe d'un développement ou la raison d'une existence indéfinie. C'est parce que l'homme sent en soi ce germe, qu'il aspire incessamment, nécessairement, à quelque chose qu'il ne possède pas encore, c'est parce que rien de ce qui lui est accessible ici-bas ne rassasie ses désirs, ne satisfait pleinement l'instinct inné de sa nature, que partout et toujours il a vécu sous la domination d'une foi invincible à une existence future.

Par une perpétuelle évolution dont la force est le principe, les formes, successivement engendrées, s'enchaînent, se combinent suivant un ordre de développement relatif à une fin qui n'est autre que la reproduction de la forme divine elle-même, une, infinie, animée d'une vie également une et infinie. Chaque être occupe sa place et remplit ses fonctions dans cette œuvre vivante de la Toute-Puissance. Depuis l'atome fluide, qui flotte dans l'espace jusqu'à la plus parfaite des natures intelligentes, tous concourent, qu'ils en aient ou non la connaissance, à cette évolution progressive ; tous s'élèvent, tous participent dans une mesure continuellement croissante, au bien dont Dieu est la source ; car le bien c'est l'être, et le bien infini, c'est l'Etre infini. Chaque être particulier, coopérant à ce développement toujours plus complet, coopère aussi à cette unité au sein de laquelle il jouit, selon sa nature, du bien que possède le tout dont il est un des éléments.

Ainsi l'acte divin dont l'univers est le terme, a pour fin directe et première la glorification extérieure de Dieu, et dans une félicité infinie, l'inénarrable joie attachée à l'exercice de la puissance, à la manifestation du vrai et du beau, à l'effusion de la vie. Et de cette foi première découle une autre foi relative à l'œuvre même du créateur ; elle aspire à s'identifier avec lui, elle tend vers lui d'un mouvement éternel, elle s'approche incessamment de lui par une continuelle expansion dans l'immensité, par la croissante production des formes nouvelles qui, de plus en plus parfaites, s'enchaînent plus étroitement dans l'unité, se dilatent en se multipliant pour s'unir à Dieu par l'intime communication de la vie ou de l'amour qui les anime comme un seul être.

CHAPITRE XV

LA SCIENCE DE L'HOMME ET DU MAL

La science particulière de l'homme dépend de la science générale de l'univers et de son auteur. L'univers, sorti de Dieu ou réalisé au dehors de lui par sa toute-puissance, retourne vers lui par un développement progressif qui jamais n'atteindra son dernier terme. La science de l'homme suppose un ordre de connaissances antérieures, et principalement la science de Dieu, comme elle suppose entre les êtres humains des communications au moyen desquelles on puisse distinguer ce qui est propre à l'individu de ce qui appartient à l'humanité entière ; et cela est si vrai, que sans ce moyen de communication ou sans la parole, l'homme dépourvu de l'instrument nécessaire de toute opération intellectuelle, ne pourrait pas même s'observer individuellement.

Placé, pour ainsi dire, aux confins de deux ordres d'êtres, l'ordre des êtres organiques et l'ordre des êtres intelligents, il est, par un double genre d'existence, soumis aux lois de l'un et de l'autre. Car les lois de l'organisme et de l'intelligence s'enchaînent suivant un mode de subordination d'où résulte l'unité harmonique de l'univers, et cette harmonie du tout se reproduit dans l'homme, qui nous montre, en quelque manière, les trois mondes unis en lui, le monde *inorganique* dans les éléments étendus, figurés et pesants de son organisme ; le monde *organique* dans le principe qui ramène ces éléments à l'unité individuelle et produit la sensibilité et l'instinct ; le monde *supérieur* enfin, par le principe nouveau qui lui révélant l'infini en l'élevant dans la région de l'immuable, du nécessaire, de l'absolu, l'enfante à l'intelligence et à la liberté, et fait de lui une vraie personne.

L'homme est donc un être complexe : il comprend et résume toute la Création inférieure, de telle sorte que l'élément étendu, figuré, pesant est en lui, soumis aux lois de l'organisme et de la vie et modifié par elles ; de même que l'organisme et sa vie propre sont soumis aux lois de l'intelligence et de l'amour et modifiés par elles ; et l'homme est un, parce que dans la complexité de son être, tout aboutit à un centre unique de conscience et d'activité.

Selon les lois générales de la conservation et du développement des êtres exposées précédemment, son intelligence, son amour, sa force, se développant sans interruption, devraient développer ou perfectionner simultanément son organisme sous les conditions particulières qui résultent pour lui de sa nature propre, puisque se développer c'est changer sa limite ; et l'obstacle à ce developpement de l'être supérieur étant l'organisme même ou le principe d'individualité, ce principe devait être pleinement soumis à l'intelligence et à l'amour dont l'objet direct est le vrai et le bien universel. Tel est l'ordre essentiel, la loi fondamentale de l'homme, comme de tous les êtres intelligents et libres. Est-ce là aussi ce qui existe de fait, ce que nous observons ? Loin de là, dans tout être organique, l'instinct prévaut plus ou moins sur l'être intelligent ; au lieu de s'approcher progressivement de l'universel, du vrai, du bien, il tend trop souvent à s'en éloigner, en se fixant au-dessous de cette haute région, dans celle du variable, du contingent, du relatif, ou en ramenant tout à l'individualité. L'être intelligent et moral, qui devrait commander, est assujetti : la volonté détournée de sa loi, le force d'obéir aveuglément aux lois subordonnées de l'organisme, et viciant l'organisme mêm en lui demandant ce qu'il ne peut donner, elle porte le trouble dans ses fonctions, engendre par là des maux innombrables et amène, au lieu d'une transformation régulière, douce, calme dans sa lente progression, à celui qui l'éprouve, une dissolution douloureuse et prématurée.

Un profond désordre existe donc au sein de la nature humaine. L'homme n'est pas ce qu'il devrait être. Triste assemblage de tous les contrastes, il offre sans doute d'imposantes traces de grandeur, mais d'une grandeur abaissée, caduque, inachevée. Roi de la terre il en change la surface, il dompte ses forces aveugles par la force supérieure dont le principe réside en lui, et sa débile existence est le jouet de tout ce qui l'environne. Sa pensée va saisir, dans les abîmes les plus reculés de la nature inorganique, les premiers éléments de la forme et traversant les cieux qu'elle mesure en passant, s'élève au delà de la Création, au delà des temps, jusqu'à la forme infinie et universelle ; et puis, tout d'un coup, on voit cette intelligence si puissante se débattre vainement au sein des ténèbres de l'ignorance et de l'erreur, se perdre dans l'abîme. Son amour aspire à un bien immense que partout il cherche et qu'il ne trouve nulle part. Il veut être heureux, il ne peut pas ne le point vouloir et par un étrange égarement, il s'enfonce en des voies où il sait que cet invincible besoin de son être ne saurait être satisfait jamais. Il souffre, il gémit, il craint ; l'ennui, le dégoût, l'angoisse, sont devenus le fond de sa vie, et la plainte sa voix naturelle. Effrayant mystère ! et qui l'expliquera ? Le mal est dans le monde.

Dès la plus haute antiquité, il n'est point de question qui ait autant préoccupé l'esprit humain, que la question du mal.

En personnifiant le mal, l'antiquité eut comme l'instinct d'une haute vérité philosophique. Le mal réel non pas seulement apparent, ne peut avoir d'autre origine que la volonté à la fois efficace et désordonnée d'un être personnel et libre. Car où n'est pas la liberté, là est la nécessité, l'action pure, invariable, fatale, des lois éternelles qui ne sauraient résister à elles-mêmes, se violer elles-mêmes. Ainsi la liberté seule explique le mal, et le mal prouve la liberté. Il n'y a, dans l'univers, de désordre possible que par la violation de ses lois, violation qui implique rigoureusement un agent libre, une force spontanée, indépendante à un certain degré et dans certaines limites, de ces lois auxquelles obéissent aveuglément et fatalement tous les êtres privés d'intelligence et de liberté.

Le mal, dans le monde physique, n'est et ne peut être qu'une suite, un effet du mal moral. Il y a dans l'homme enclin à tout rapporter à soi, un fond de chagrin qui répand sur son esprit des ombres sinistres. Et sa grandeur aussi l'égare. Au-dessus de ce qui finit, un regard interne découvre et contemple le Bien infini, il voudrait le posséder immédiatement dans sa plénitude, oubliant sa propre nature qui n'est capable de rien d'infini, ingrat envers celui qui l'a comblé de si magnifiques dons en partie inconnus de lui durant sa courte existence présente, il appelle mal ce qui n'est pas ce bien parfait auquel il aspire.

Le mal purement négatif en soi n'étant que la limitation nécessaire des êtres, tout ce qu'en un sens particulier on appelle mal, doit être une suite, une conséquence de cette limitation.

On ne peut appliquer l'idée du mal à rien de positif ; ce mot, employé en un sens relatif, ne saurait jamais signifier que certaines limitations dans le temps et l'espace, pour la conservation et le développement de l'ensemble, conditions du bien, de l'existence des êtres dans leur variété immense, rien ne périssant, et la destruction, si redoutable à notre imagination trompée par de vaines apparences, n'étant que le moyen de la production.

Ce qu'on a nommé catastrophes physiques, qu'est-ce sinon le puissant, le merveilleux et magnifique travail de la nature. Reportons-nous aux âges où se forma la surface solide de notre planète. Ses diverses couches offrent partout les traces visibles de nombreuses révolutions. Représentez-vous l'effervescence, le mouvement interne de la masse fluide où s'effectuèrent, sous l'influence des lois chimiques, les premières combinaisons ; figurez-vous les roches primitives, sortant toutes brûlantes de ce grand laboratoire ; plus tard les éruptions, les commotions, les bouleversements volcaniques ; les vastes oscillations des eaux envahissant peu à peu ou subitement d'immenses portions de la terre naissante, tandis que leur retraite en laissait à découvert d'autres enrichies de leurs sédiments ; les prodigieux effets de ces marées énormes, les ravages des courants rompant par leurs poids et leur vitesse les barrières que le sol leur opposait, roulant, entassant les pierres, les sables, les détritus de toute espèce, débris des continents fracassés, brisés : Vous croyez voir la ruine d'un monde, vous assistez à sa formation. Le désordre apparent n'est que l'ordre même établi, maintenant, par les éternelles lois qui président au développement de l'œuvre de Dieu. Car on ne doit pas oublier que si tout change, c'est pour passer d'un état moindre à un autre plus parfait ; que chaque production est l'élément d'une production supérieure qui, la recueillant, se l'incorporant, se l'assimilant, l'élève jusqu'à soi, la transforme en soi, sans néanmoins jamais altérer son essence immuable. Qu'est-ce que le mal dans ses rapports avec les êtres inorganiques ? Une illusion de notre esprit, un moindre être actif, la limite, condition nécessaire de toute existence créée.

Dans la série des êtres organiques, on rencontre la sensibilité, et comme une suite de ce caractère, la douleur, qu'on appelle mal. Que la douleur répugne à l'être qui sent, la repousse par une invincible impulsion de la nature, et qu'elle soit un mal, on ne saurait le nier.

Qu'est-ce que la douleur ? La conscience d'un trouble, d'un désordre actuel dans l'organisme, c'est-à-dire la conscience d'un moindre être. Elle n'est donc encore que la conséquence de la limitation, une nécessité inhérente à l'être fini. Le sentiment de tout besoin vif est au moins un commencement de douleur.

Donc, si la Création n'est pas un mal, la douleur non plus n'est pas un mal : elle est tout ensemble la limite et la condition du bien que comporte la nature de chaque être organique.

Le mal dans le monde physique, n'est que la limitation, ou la condition nécessaire de son existence, un moindre être ; un moindre bien, toujours cependant un bien, dont nous ne voulons regarder que la limite, invinciblement attirés que nous sommes vers le bien infini, vers Dieu, dans lequel seul notre pensée, notre amour, notre nature tout entière peut trouver le repos.

Ainsi le mal, en tant que possible, dérive des nécessites même de la création.

La loi des biens, par laquelle tout être se conserve et se développe, n'est que la subordination régulière du principe d'individualité au principe d'unité qui ramenant vers l'Etre infini, les êtres finis, les ordonne entre eux. Cette loi divine a en Dieu son origine et son terme, dirige chaque être vers lui et se compose, dans ses prescriptions, des sacrifices divers imposés à chaque individualité pour qu'elle reste unie à Dieu, et pour que chacune des autres individualités créées se conserve aussi en soi et dans ses rapports avec l'unité première.

La loi du mal, développement du principe de l'individualité pure, lorsqu'elle règne seule, le constitue centre universel des choses : en s'efforçant d'ordonner à soi la création entière, il tend à se séparer de Dieu, de la source infinie de l'être, ou à lui imprimer une direction voulue de non-être; la destruction absolue serait, pour tous les êtres et pour lui-même, le dernier terme de son action, si elle ne rencontrait pas dans la loi conservatrice du tout, une insurmontable barrière.

L'opposition volontaire à Dieu, à l'ordre voulu de lui comme la condition nécessaire de l'existence de son œuvre, voilà le mal moral exclusivement propre aux êtres personnels. Par ce qui le constitue radicalement, il est un désordre de la volonté, et sa manifestation dans des actes extérieurs s'appelle crime, péché, ou d'un nom semblable, le même, quant au sens, chez tous les peuples, et dans toutes les langues. On voit que la volonté, c'est-à-dire l'intelligence et la liberté existant, la possibilité du mal en est une suite, et que l'imperfection de la volonté, conséquence de la limitation essentielle à l'être créé, rend souvent inévitable l'existence effective du mal.

Violation volontaire de la loi fondamentale de l'ordre, l'homme subordonne au principe d'individualité qui sépare les êtres, le principe qui les unit entre eux en les unissant à Dieu. Pour les êtres intelligents et libres, la prédominance du principe d'individualité n'est que la prédominance de l'organisme et de ses lois sur les lois plus élevées de leur nature. Or, l'intelligence consiste dans la connaissance, l'intuition du vrai ou de l'immuable, de l'absolu, du nécessaire, tandis que l'organisme n'est en rapport qu'avec le réel ou le variable, le relatif, le contingent. La prédominance de l'organisme tend à obscurcir, à affaiblir l'intelligence, à la transformer dans la pure sensation, et telle est aussi la tendance de l'amour organique. Ainsi, au degré où le désordre existe dans sa volonté, l'être qui l'a introduit en soi, tombe sous l'empire plus ou moins exclusif des lois inférieures ; il s'abaisse ou se rapproche de la brute, incapable de connaître le vrai, le bien et de l'aimer, dès lors irrévocablement soumis à la nécessité. Il ne saurait cependant déchoir entièrement des prérogatives qui le distinguent d'elle. Jamais le désordre n'étant absolu, la nature intelligente subsistant toujours avec ses attributs essentiels, ce qui en reste produit en lui le vif sentiment d'un bien que sans cesse il poursuit et qu'il ne peut atteindre. Il le demande à l'organisme auquel il est assujetti, il s'efforce d'obtenir de lui ce qu'il ne saurait donner, et, irrité de son impuissance, il le fatigue, il en viole les lois ; d'où les maladies, les souffrances sous mille formes diverses, et une dissolution hâtive. Et comme la dissolution de l'organisme, pour l'être qui s'est concentré en lui, entraîne à l'égard de cet être, la perte de tous les biens ensemble, et spécialement de ce bien immense, terme indéfini de ses désirs, auquel il n'a cessé d'aspirer invinciblement, la mort, qu'il ne sait plus comprendre, parce qu'il a refusé de comprendre la vie, lui devient un objet d'indicible horreur.

Ce même être a conscience de l'état où il est descendu, de son désordre interne, de son abaissement, de sa limitation contraire à sa nature, et résultat de la transgression de ses lois, lui donne une sorte d'ennui, de tristesse, d'angoisses ; et, dans ses rapports avec la cause qui l'a produite, ou la vérité libre, s'appelle remords.

Tel est le mal dans le monde moral : négatif, il n'est qu'un moindre être. La privation d'une perfection plus grande est volontaire en celui qui l'éprouve. Cédant à un attrait inférieur, il veut être ce qu'il est, sans quoi sa volonté rentrant dans l'ordre, il rentrerait dans sa vraie nature et se développerait selon ses lois.

Le mal, au reste, n'altère point le caractère général de la Création, qui n'en continue pas moins son évolution régulière, n'en est pas moins rigoureusement conforme au plan divin. Qu'un certain nombre d'êtres, par un abus de la liberté, s'arrêtent dans leur voie ou s'en détournent, que reste-t-il de là ? Ce qui arrive dans le règne végétal quand un germe avorte ; ou ne se développe qu'imparfaitement. Ils languissent misérables dans un état inférieur, ils descendent au lieu de s'élever.

Aussi le mal, en ce qu'il a de réel, n'affecte point la Création considérée dans son unité ; le mal n'existe point par lui-même ; il n'existe que des êtres mauvais, dégradés, déchus, ou volontairement fixés dans un état de moindre être. Mis, en partie, de leur nature, hors de l'universelle société dont ils pourraient et devraient être membres, ils subsistent isolés, vivant pour leur supplice, et comme perdus dans le vide d'eux-mêmes. Leur pensée variable, ténébreuse, voilà pour eux le vrai ; la haine, voilà leur amour, car s'aimer comme son dernier terme, c'est haïr tout ce qui n'est pas soi. Ces êtres infortunés veulent être ce qu'ils sont. Leur solitude leur plaît ; ils disent : Je suis, et concentrés dans leur être individuel, y cherchent tout, y rapportent tout, ils s'adorent comme un fantôme de la Divinité.

Les êtres mauvais ou séparés de la société du vrai et du bien, ne laissent pas d'avoir des rapports avec les autres êtres. Il suit de là qu'ils exercent au dehors une action mauvaise comme eux, laquelle ne saurait altérer les lois générales de la Création. Mais ils usent de leur force pour ramener ces lois à une fin particulière, dont chacun d'eux se fait le centre, comme Dieu est le centre de l'unité universelle.

Toujours, partout, on a remarqué la fréquente opposition qui existe entre les actes de l'homme et les prescriptions d'une loi reconnue de lui. Pas un individu humain qui, en toutes circonstances, accomplisse parfaitement cette loi ; pas un qui ne la transgresse quelquefois, et, qui, en la transgressant, par là même ne s'abaisse, ne descende plus ou moins de l'état où sa nature exigerait qu'il fût. De là l'idée et le fait de chute, qui ne sont que l'idée et le fait même du mal moral lié à sa conséquence immédiate. Mais l'homme tombé, et souffrant parce qu'il est tombé, doit se relever, doit combattre le mal, le vaincre en soi, rentrer dans sa vraie nature et dans la jouissance du bien qu'il a perdu en en sortant. Voilà tout ce qu'offrent, sur ce point, de constant et d'universel, les croyances de l'humanité et ses sentiments instinctifs.

Cette question touche l'homme de si près, ce grand fait de l'existence du mal l'intéresse trop profondément pour qu'il n'en ait pas recherché l'explication avec une vive anxiété. Il se produisit dès les premiers temps divers systèmes enveloppés de symboles historiques et mystiques.

L'hypothèse philosophique et théologique s'est présentée sous ces deux formes, de deux principes indépendants, l'un bon, l'autre mauvais, perpétuellement en lutte dans l'univers.

Suivant la doctrine que l'Eglise chrétienne a empruntée des Juifs; le premier homme, était à l'état surnaturel créé immortel et dans un état de perfection dont le dernier terme devait être une complète union avec Dieu, une félicité infinie, il reçut de lui un commandement à l'observation duquel était attachée la jouissance des biens dont l'avait comblé le Créateur. Il viola ce commandement qu'il était libre de transgresser ou d'accomplir, et s'étant ainsi constitué en révolte contre Dieu il dut subir le châtiment qui lui avait été annoncé d'avance, les maladies, les souffrances et la mort.

Par quelles voies on a pu être conduit à cet ordre d'idées sur l'origine du mal moral.

Toutes les erreurs qui ont laissé de profondes traces dans le monde, qui se sont fortement emparées de l'esprit humain, dérivent de ce que l'homme a de plus grand, la faculté de connaître Dieu ou de percevoir l'infini. En relation par cette faculté qui constitue l'intelligence, avec l'Etre nécessaire, éternel, il contemple dans son unité le Vrai, le Bien, le Beau absolu : et concevant que rien ne peut être qui ne découle de lui, qui ne soit lui, concevant par cela même que la Création dans son prototype, n'est que l'Etre infini lui-même virtuellement reproduit selon tout ce qui est, il a voulu retrouver dans la Création effective, flottante au sein de l'espace et du temps, ce caractère de perfection absolue ; chose impossible et contradictoire, car si l'œuvre de Dieu était parfaite, infinie comme Dieu, elle serait Dieu même. Pour qu'elle pût exister hors de lui, il a fallu qu'actuellement limitée, finie, son type divin fût simplement le terme objectif dont elle doit s'approcher sans cesse par un développement continu, sans pouvoir l'atteindre jamais. Or, plus frappés de cette limitation essentielle qu'ils aperçoivent partout dans la Création, que de ce qu'elle renferme d'être et de bien, les hommes l'ont appelé mal, et le mal pour eux a été non ce qui est, mais ce qui n'est pas, le fini, en un mot, ou la condition de toute existence créée.

D'autres erreurs, analogues à cette première, sont dérivées de la même source. L'homme se voit aussi dans son modèle, son exemplaire divin, il en a le sentiment de la perfection typique de l'humanité : d'où il a conclu que l'homme doit avoir été créé entièrement conforme à ce type, c'est-à-dire parfait, et ne trouvant point à beaucoup près cette perfection sur la terre, il s'est dit que l'homme était déchu.

La narration d'où l'Eglise chrétienne a déduit sa théorie du mal moral, et ultérieurement du mal physique qu'elle en considère comme une suite, est consignée dans le premier des livres attribués à Moïse. Magnifique de simplicité, le récit de la Genèse porte l'évident caractère d'un fait traditionnel ; il doit recevoir, en ce qu'il offre de principal, une interprétation, qui, obscure et vague chez les juifs, a pris une forme précise, plus nette, et s'est pour ainsi parler, complétée logiquement par la philosophie catholique.

Le texte mosaïque ne dit point que l'homme fut créé dans l'état de perfection, mais dans un état d'innocence. Il énonce même que le travail et le combat appartenait à sa destinée, puisque Dieu l'avait placé sur la terre pour la défendre et la cultiver. Dieu permit à l'homme d'user de toutes les productions de la terre : seulement il lui interdit de manger du fruit de l'arbre de la science du bien et du mal : « Le jour où vous en mangerez, vous mourrez de mort. »

On doit donc admettre, et c'est l'unanime tradition, un état primitif d'innocence. Mais qu'est-ce que cette innocence première ?

Ainsi que l'indique la Genèse, l'ignorance du bien et du mal, avant la chute, marque que l'intelligence en se développant, éveille le sens moral. Au moment où il pèche, les yeux s'ouvrent, naît la science du bien et du mal, dont la possession fait la grandeur et l'épreuve de l'homme ; la science du bien le sépare de la brute, l'élève, par l'obéissance libre, aux lois qui le doivent régir, à cette sublime hauteur de domination sur soi-même qu'on appelle vertu : et chaque jour il avance dans cette science, où se résument tous les progrès de l'humanité.

Mais à l'instant aussi où ses yeux s'ouvrent, l'homme devient capable de faiblir, en mésusant de son libre arbitre. Ainsi, en un sens absolument vrai, la science du bien et du mal, si l'on considère non chaque acte particulier, mais la totalité des actes successifs, c'est l'effet de la chute de l'homme ou la violation de ses lois.

Philosophiquement, que signifie donc cette parole ? Vous mourrez de mort ! La mort ici revêt son caractère propre. L'animal finit : il ne sait pas qu'il doit mourir, il ne sait pas qu'il meurt. L'homme le sait, et voilà la mort, la mort qui est la conséquence, le fruit, sous un point de vue, amer de la science ; mais sous un autre point de vue, son fruit le plus beau et le plus doux ; car, si l'homme initié à la connaissance du vrai immuable, du vrai infini, sait qu'il doit mourir, il sait aussi qu'il revivra ; il sait que l'organisation est destinée à se dissoudre ; il sait que l'être réel, l'être qui pense et qui aime est impérissable et que la mort elle-même est encore un progrès.

La Création, c'est pour tous les êtres, la réalisation dans

l'espace et le temps de leur type idéal éternel. Cette différence entre l'être typique existant en Dieu et un avec Dieu, est l'être réalisé hors de Dieu, au moyen d'une limite qui l'individualise : cette différence constitue, à l'égard de chaque être, une infériorité qu'il doit éprouver originairement.

La Création, qui a pour objet de manifester Dieu, étant finie par son essence, tandis que son éternel exemplaire est infini, a dû, par là même, être soumise, dans son ensemble, dans chacun des êtres particuliers, à une loi de progression relative. Et pour ne parler que de l'homme : Qu'est-il ? Un point vivant, un atome liquide qui peu à peu se dilate, se coagule et s'organise, un germe dont l'évolution produit cette forme si complexe, si merveilleuse, par la variété de ses éléments et de leurs fonctions, qu'on appelle le corps humain.

Et ses facultés ne se développent-elles pas suivant une gradation analogue, depuis l'obscure conscience de soi, la sensation obtuse et sourde, jusqu'à l'entier épanouissement de l'intelligence qui embrasse l'univers, pénètre dans ses profondeurs, et s'élevant au-dessus de tout ce qui est et pourrait ne pas être, contemple le vrai dans son principe éternel, absolu ?

La loi selon laquelle s'accomplit cette évolution de l'homme individuel a dû présider également à l'évolution de l'humanité. On doit penser que le genre humain a eu comme chaque homme son enfance, et que dès lors il fut un temps où le sens moral, qui se perfectionne sans cesse, n'était pas né encore. Ce temps fut celui de l'innocence primitive dont le terme nécessaire était marqué par le progrès même dans ce qui fait la grandeur de notre nature ; et ce progrès impliquait, avec la connaissance et la liberté, le pouvoir de violer les lois de l'ordre.

Telle est l'origine du mal moral. Inévitable suite de l'état d'un être à la fois imparfait et libre, puis conséquence de la chute ; il est la condition de l'intelligence qui l'élève si fort au-dessus de l'être purement organique, la condition des hautes facultés qui le rapprochent de Dieu.

Assujetti aux lois de l'organisme, vivant comme l'animal

sous leur dépendance presque exclusive, l'homme, à mesure que se développe son être supérieur, apprend à leur résister pour obéir à d'autres lois. Mais il ne s'affranchit pas immédiatement de l'empire des premiers, il ne s'en affranchit même jamais complètement dans la vie présente ; et quand la loi du corps, la loi des membres, pour parler le langage philosophique de S. Paul, prévaut sur la loi de l'esprit, contre lequel la chair convoite sans cesse, quand elle entraîne la volonté, l'homme fait le mal ; il pèche, c'est-à-dire qu'il se place dans son amour au-dessus de tout et de Dieu même et, par la, tend à retomber sous la puissance nécessitante de l'organisme.

On a vu quelle était l'origine du mal, on voit ici quelle est sa nature et la raison de ses effets. Car l'homme ne peut descendre à cet état de moindre être sans avoir la conscience de son abaissement, du désordre qu'il a porté en soi : d'où la douleur morale. Et comme malgré cet abaissement, il ne saurait perdre ni l'idée, ni le sentiment de l'infini ; que par l'instinct inné de sa nature, il continue d'aspirer invinciblement à un bien mystérieux, sans bornes, qu'il ne parvient jamais à saisir, il le poursuit avec fatigue dans les régions infinies vers lesquelles le pousse l'impulsion organique, et demandant au corps ce que le corps ne peut lui donner, il en viole les lois mêmes, il le tourmente pour lui faire produire Dieu, il l'épuise, le brise : d'où la souffrance physique, la troupe hideuse des maladies sans nombre et sans nom, la mort hâtive et ses formes horribles, ses affres, ses angoisses, ses terreurs.

Toutefois, dans l'appréciation de l'existence humaine icibas, on ne doit point oublier que, parmi les maux réels, beaucoup n'en ont que l'apparence.

Souffrir pour la justice, pour la patrie, pour l'humanité, est-ce un mal ? Oui, en ce sens, pendant qu'on souffre. Mais après ? Qui ne se réjouit de cette souffrance ? Qui ne la regarde comme un bien qu'on ne céderait pour aucun plaisir ?

La douleur morale et la souffrance physique qu'engendre le désordre de la volonté, tendent à la ramener dans l'ordre.

Elles sollicitent sans cesse l'être individuellement déchu à se relever.

Que n'a-t-on point dit du travail ? Et cependant le travail, délivre de l'ennui, ce grand fléau de la vie humaine, le travail qui n'est que l'exercice de nos facultés et l'emploi de nos forces, est le premier des biens que nous tenions du Créateur, puisqu'il nous met en possession de tous les autres. On murmure des besoins, des fatigues. Quel est le plaisir qui ne soit pas la satisfaction d'un besoin et sans la fatigue, que serait le repos ?

Et qu'est-ce, à chacun des degrés que l'humanité parcourt dans son évolution continue, qu'est-ce que ce malaise mêlé de désir, qui naît d'une privation sentie, sinon l'énergique et perpétuel aiguillon du progrès ? Et le progrès, considéré dans son ensemble, est de transporter l'homme dans une sphère graduellement plus élevée ; de le soustraire à la domination de l'organisme. Plus sensible dans la société, quand on considère, non pas un homme, non pas un peuple, mais l'universalité des hommes et des peuples, le genre humain tout entier. Qu'au lieu de s'abandonner à la tristesse et au découragement, l'homme se réjouisse dans ses destinées si belles, si grandes, et bénisse à jamais la Suprême Puissance qui les lui a faites. Qu'il comprenne que le mal moral, ou le désordre qu'engendre l'abus de la liberté, exclusivement propre à l'être individuel qui transgresse ses lois, est étranger au tout, dont cet être se sépare par l'acte constitutif du mal. La tâche de chacun, comme celle de tous, est de coopérer à ce progrès, de combattre le mal en soi-même, et dans les autres, de le combattre partout où il apparaît, sous quelque forme qu'il apparaisse, afin d'arriver à l'accomplissement de l'œuvre divine, du principe de l'être, terme infini qu'avant tous les temps lui assignèrent la souveraine Sagesse et l'éternel Amour.

Ce devoir de la créature, a été reconnu universellement. Il constitue la base des lois religieuses et de la loi morale.

CHAPITRE XVIII

LA LUTTE CONTRE LE MAL

La lutte présente dans chacun des systèmes philosophiques et religieux qui ont simultanément exercé l'esprit des hommes, une influence, plus ou moins profonde. Ainsi le travail de développement partout manifesté dans l'univers, est une continuelle lutte contre le mal, et l'homme aussi, par un travail semblable, tend perpétuellement, comme la Création entière, à reculer sa limite. Tel est le but de la société dans laquelle les forces individuelles se multiplient par leur union ; d'où le progrès de la science dans ses branches diverses, par la puissance sur la nature dont elle investit l'homme, l'augmentation croissante des biens dont elle est pour lui la source. La lutte relative au mal moral ou à l'abus que l'homme peut faire et fait réellement de sa liberté, se compose de l'ensemble des moyens répressifs que l'unité sociale oppose aux volontés désordonnées des individus. Ces lois renferment elles-mêmes deux éléments distincts. L'un, immuable et universel, n'est que la conscience du genre humain, qui se développe avec la raison sans jamais varier ; l'autre changeant, dérive des opinions reçues chez un peuple, d'une conception de l'esprit, d'une croyance admise qui se reflète dans les mœurs, d'où elle passe dans la législation qu'elle empreint de son caractère.

Lorsqu'une théorie philosophique, une croyance religieuse se forme, il y a toujours une certaine logique secrète qui préside à son développement. Il est ⁀ résulté que l'état primitif de l'homme, tel qu'on se le figurait, impliquant une contradiction radicale avec les loi ⁀: l'essence même de la Création et étant dès lors naturellement impossible, on a imaginé, en dehors et au-dessus de ces lois un ordre à part qu'on a nommé surnaturel, ordre dans lequel Dieu avait placé l'homme en le créant. Et comme la lutte contre le mal a pour objet de relever l'homme de sa déchéance, de le rétablir dans son premier état, dans son état surnaturel, il a fallu concevoir, pour atteindre cette fin, tout un ordre de moyens surnaturels aussi.

Dans l'hypothèse admise, le mal, en effet, infini sous deux rapports comme offense au Souverain Etre, comme privation d'un bien infini, nécessitait une réparation infinie. Essentiellement fini, l'homme était dans l'impuissance de réparer sa faute, de se régénérer, de se réintégrer dans la possession du bien qu'il avait perdu. Il ne pouvait, d'une part, qu'en offrant à Dieu une expiation infinie, et qui lui fût propre, une expiation à la fois divine et humaine ou accomplie par un Homme-Dieu, et dans un Homme-Dieu, parfaite réalisation de l'homme typique. Et, d'une autre part, l'effet de l'expiation appliquée au genre humain devant être la réhabilitation de l'homme déchu, ou l'identification de chaque homme individuel avec l'homme typique ou l'Homme-Dieu, cette réhabilitation impliquant l'union finale et absolue de tous les individus humains, de tous ceux au moins destinés à cette véritable renaissance, avec le Réparateur. Or, impossible selon les lois de la nature créée qui exclut l'infini actuel, cette union devait conséquemment s'opérer par des moyens en dehors de la nature ou Surnaturels, d'où le système théologique de la grâce.

Ce système pris dans son ensemble a certainement de la grandeur et de la véracité dans la nécessité d'instruire et d'éduquer le genre humain ; il a fallu poser le problème de l'Eternelle question pour le résoudre.

La lutte contre le mal, quel que soit le système qu'on embrasse, doit exercer une influence profonde sur l'esprit et la conduite des hommes. C'est donc en soi une question de vie ou de mort sur laquelle on ne peut trop réfléchir et qu'on ne peut expliquer avec une trop scrupuleuse précision. Douloureux problème, difficile à résoudre, dont on ne peut se départir sans faire tomber tout cet édifice qui répond à six mille ans d'existence ; il repose sur un fond de vérité morale qui sert à éduquer le genre humain tout entier.

De quelque manière qu'on envisage la chute originelle, il est certain qu'il y a eu déchéance dans la nature, désobéissance à la loi divine, il y a eu faute, dégradation de l'espèce, dépravation des mœurs, abaissement des intelligences. Ce ne pouvait être que par cette même grâce divine, ce don de la nature qui nous avait créés dans l'état de justice originelle, qui pouvait nous relever de cet état d'abaissement où nous étions tombés. Quatre mille ans de vie nous offrent le spectacle d'une dissolution continue, d'une corruption dont la peinture défie la plume de l'histoire. Il a fallu la parole et le sacrifice de l'Homme-Dieu, les apôtres de sa doctrine, les confesseurs de sa foi, la pureté des vierges et des saints, et le sang des martyrs pour relever le genre humain de cet état d'abaissement où il était tombé ; il ne pouvait se relever sans le secours divin et toujours il en sera de même. C'est par le sacrifice remporté sur soi-même, par la grâce divine en chacun de nous, que nous dompterons la nature. Il a fallu aussi les croyances à une vie meilleure pour élever les esprits au-dessus des sens, promener le glaive de l'esprit jusqu'au plus profond des entrailles pour dompter cette bête. Par un douloureux effort de sacrifice sur soi-même, arriver à reconquérir par la foi, la vérité révélée, notre dignité perdue de fils de Dieu. La grâce, don de Dieu à la nature créée, avait contribué à cette perfection, elle avait ajouté aux exigences de la nature des privilèges de surnature et s'était infusée dans toutes les facultés naturelles pour les surnaturaliser. Mais il a fallu l'avènement de l'Homme-Dieu promis et attendu depuis des siècles par les révélations divines, pour nous relever de notre déchéance, nous transformer en une vie meilleure.

Les misères de l'homme, ses souffrances, proviennent d'une double source, la nature et la société. Pour forcer la nature de satisfaire à ses besoins, pour obtenir d'elle les biens qui rendent progressivement meilleure sa condition terrestre, il lui faut lutter sans cesse contre elle. Celles qui dérivent de la société, de ses imperfections et de ses vices, ont la plupart pour origine l'abus de la force, l'abus du pouvoir. Mais quoiqu'en abusant du pouvoir et de la force, les puissances commettent un crime réel dont elles devraient un jour rendre compte au Juge suprême, elles n'en sont pas moins les ministres providentiels de la justice divine, les exécuteurs de la sentence qui originairement a condamné l'homme à l'inévitable châtiment qu'il doit subir pendant la durée de son existence présente.

Afin d'arriver sur une question qui a toujours si vivement préoccupé l'esprit humain à des conclusions que la conscience avoue et que le sens commun légitime, il faut distinguer dans l'ordre surnaturel, le sens théologique relatif à Dieu, l'autre à la Création. Car tout est de Dieu et vit de Dieu, de sorte qu'être uni à Dieu non simplement d'une union morale, mais d'une union radicalement effective et substantielle, est pour l'être contingent une nécessité première, absolue, inséparable de son existence.

De là deux lois universelles, relatives aux deux ordres nécessairement distincts, qui embrassent Dieu et la Création. Car pour que la Création subsiste, il faut que chaque être se conserve et se développe individuellement selon sa nature ; il faut qu'il demeure uni au tout dont il fait partie et au primitif principe d'où il tire nécessairement son être. D'où la loi d'unité et la loi d'individualité, auxquelles correspondent deux tendances diverses, l'une vers Dieu, l'autre vers soi, deux impulsions opposées. De leur combinaison naît l'ordre ou l'harmonie de l'univers.

Là où règne la nécessité, rien ne contrarie l'action de ces lois, jamais l'ordre ne peut éprouver d'altération. Il ne saurait être troublé que par la volonté efficace et déréglée d'un être libre. Et l'homme, être libre, peut troubler l'ordre dans une certaine mesure, non pas en altérant, chose impossible, les lois en elles-mêmes, mais en intervertissant leur relation harmonique.

La liberté naît avec l'intelligence, et l'intelligence ne peut naître sans que l'amour, qui lui correspond, ne naisse en même temps.

Mais qu'est-ce que l'intelligence ? L'intuition du Vrai ou la vision de Dieu, en qui le Verbe réside, et qui lui-même est le Vrai infini. Or, voir Dieu et le Vrai en Dieu, c'est être uni plus étroitement à Dieu, c'est avoir la conscience de cette union qu'il opère lui-même, car lui seul peut se manifester ou se communiquer à sa créature.

Et l'amour, qu'est-ce, sinon la tendance vers l'objet connu de l'intelligence, la tendance vers Dieu, l'impulsion qu'il imprime vers soi à l'être qui ne subsiste que par son union permanente avec lui ?

Sous ces deux formes générales de lumière et d'attrait, voilà la véritable grâce qui, dans la sphère supérieure de la Création, n'est encore que la condition première et universelle d'existence commune à tous les êtres créés. Et ainsi la grâce est dans la nature, puisque rien ne serait, si tout n'était pas rattaché au principe infini de l'être, par un lien nécessaire, un lien naturel qui ne se brise jamais.

Il suit de là, que la lutte contre le mal, c'est-à-dire, le légitime usage de la liberté, d'une manière conforme aux prescriptions de l'ordre, n'est que la tâche naturelle et perpétuelle de l'homme, avec le concours et l'action de Dieu qu'impliquent ces lois.

Quel que soit son état d'abaissement actuel, la liberté, quoique affaiblie, subsistant toujours, a en soi le pouvoir de se relever. Qu'il le veuille, de mauvais qu'il était, il redevient un être bon ; il a vaincu le mal en lui-même, en donnant à sa volonté une direction droite.

Le mal dans l'homme n'est que la prédominance du principe d'individualité qui a sa racine dans l'organisme. Or, à mesure que se développe l'intelligence, et l'amour qui lui correspond, et la liberté, à mesure que le progrès s'effectue, l'homme vit plus de la vie supérieure, il est plus affranchi de l'organisme et de ses influences.

CHAPITRE XIX

L'ÊTRE ORGANIQUE ET L'ÊTRE INTELLIGENT

L'homme est un être purement organique, avant de devenir intelligent et il continue d'être un être organique, après qu'il est devenu un être intelligent.

Ce qu'on remarque, c'est son corps, ou cet assemblage d'organes divers animés d'une vie commune et coopérant chacun dans un ordre, à une même fin de conservation et de développement.

Toute action véritable est immatérielle, bien que son résultat se manifeste sous les conditions de la matière et de l'étendue.

Qui se flatterait de connaître et de concevoir toutes les causes et tous les effets ? chacun, dans sa courte durée, apporte à la science qui ne meurt point, le résultat de ses efforts.

Chaque espèce est une par son type, multiple par les individus qui représentent ce type. Pour que l'espèce subsiste, il faut que les individus se conservent ; pour qu'elle se développe ou se propage, il faut qu'ils se reproduisent. L'homme doit se développer, se conserver, se propager, selon les lois de sa nature, être en un genre spécial de relation avec les objets extérieurs, et agir sur eux. A la fois actif et passif, le moi représente cette unité, elle réside en lui : C'est là que se réfléchissent et se concentrent toutes les impressions soit internes, soit externes, et c'est de là que part l'impulsion, production, et direction des actes.

L'être organique a la conscience de ce qui se passe en lui et hors de lui, et produit en général la sensation du bien-être ou du mal-être.

L'activité du moi implique des perceptions, et la nature des perceptions caractérise le genre et détermine le mode d'activité du moi. On peut percevoir l'Etre infini et, dans l'unité absolue de l'Etre infini, les idées, les types, les essences immuables qu'il renferme, le Vrai en un mot ; et la perception du Vrai, identique avec la perception de l'Etre infini, constitue proprement l'intelligence.

On peut percevoir l'univers, le monde extérieur, et, dans ce monde, les êtres divers qu'il contient, le Réel, et la perception du Réel, d'où naît la sensation. Les idées ne sont pas comme plusieurs se le figurent, des abstractions de l'esprit, elles sont dans l'être qui les perçoit, la vision de ce qui est essentiellement, nécessairement ; de ce qui renferme en soi les causes effectives et les lois de tout ce que l'Etre infini peut réaliser hors de soi sous les conditions du temps et de l'espace qui devient l'étendue actuelle par son actuelle détermination.

Le mélange des familles humaines, malgré ce qu'il peut avoir de défavorable, est certainement une loi de la nature, et l'indispensable moyen du progrès de l'espèce entière : car c'est lui qui, après les innombrables combinaisons et tous les développements effectifs par lesquels se manifestent les puissances virtuelles, renferme le type général, essentiel de l'homme.

Si l'homme, par une partie de lui-même, appartient à l'ordre des êtres organiques, il y a aussi en lui quelque chose qui l'élève sans mesure au-dessus d'eux ; car ceux-ci, incapables de percevoir le vrai, sont asservis à la nécessité, et il est libre et intelligent.

Or, être intelligent, c'est percevoir Dieu, et en lui les essences, les idées éternelles, absolues, nécessaires, comme les êtres inférieurs perçoivent l'univers, et dans l'univers, les réalités passagères, relatives, contingentes. La perception de l'univers et de tout ce qu'il renferme, n'est possible que par la lumière, moyen général de la vision, et la même lumière à un autre état, la lumière essentielle qui éclaire intérieurement l'Etre infini et le manifeste à lui-même, est aussi le moyen de la vision que nous avons de lui. Cette lumière informe de Dieu, laquelle n'est que la forme même en tant qu'intelligible, constitue en lui ce que, dans l'infirmité de notre langage, nous appelons une des Personnes ou des propriétés radicalement distinctes dont se compose sa triple-unité, et son nom est le Verbe. Ainsi, nulle intelligence que par la communication du Verbe, que par l'union avec le Verbe. De la perception des idées divines, des essences immuables que manifeste la lumière, résulte la connaissance du vrai. La connaissance produit l'amour qui a pour terme le Vrai connu. L'amour détermine la force à réaliser le Vrai ou le Bien, le Vrai et le Bien n'étant qu'une même chose considérée d'une part, comme objet de l'intelligence, et de l'autre, comme objet de l'amour.

Or, qui dit communication, dit deux termes, l'un qui donne, l'autre qui reçoit. Pour que l'homme participe à l'intelligence, à l'amour, à la puissance de l'Etre infini, il faut que déjà il soit. Ce fond premier et radical de l'être est la substance. C'est elle qui reçoit ce que l'Etre infini lui communique de soi, de ses propriétés essentielles, et c'est en elle que s'accomplit cette intime communication. La conscience de cette union forme le Moi intelligent, qui constitue la personnalité. Et comme la substance est simultanément unie au Verbe, à l'Amour, à la Puissance, le Moi est tout ensemble passif et actif; car dans la perception du Vrai, qui résulte de son union avec le Verbe, il est nécessairement passif, tandis que son union avec la Puissance oblige de le concevoir comme actif. L'action actuelle du Moi est la volonté, et la volonté, impliquant l'idée de comparaison et de choix, implique dès lors la liberté.

Tel est l'homme par ce qu'il a de plus élevé. Mais l'homme est un ; en devenant un être intelligent et libre, il ne cesse pas d'être organique. Comment ces deux modes si divers d'existence se combinent-ils et s'unissent-ils en lui ?

La substance où réside le Moi, qui est le Moi, en tant qu'elle a la conscience d'elle-même, renferme dans son unité tout ce qui constitue l'homme. Individualisé par la limite, il exprime, dans l'espace et le temps, le type un qui subsiste éternellement en Dieu, et qui ne peut être réalisé hors de Dieu qu'en s'incarnant.

Les éléments étendus, figurés, présents de l'organisme, l'établissent comme être organique dans un certain genre de rapports avec le monde inorganique. Les perceptions reçues dans le Moi, et les sensations qui s'y joignent, l'établissent dans un autre genre de rapports avec le monde organique ; en même temps que la parole correspondante à la pensée, l'établit en rapport avec le monde des intelligences, avec l'infini, avec Dieu. Il vit donc à la fois dans ces trois mondes, simultanément soumis aux lois de chacun d'eux, de telle sorte que les lois de l'ordre inférieur soient successivement modifiées par celles de l'ordre supérieur suivant une subordination harmonique. Ainsi les lois du monde inorganique, qui régissent les êtres inanimés, sont, bien que toujours subsistantes, subordonnées, dans l'être organique, à des lois d'un autre ordre, qui modifient les éléments étendus de l'organisme et les pénètrent d'une vie nouvelle. Subordonnées de la même manière aux lois de l'être intelligent, les lois de l'organisme sont également modifiées par elles, et l'organisme subit à son tour l'influence d'une vie plus élevée.

Il existe une union fondamentale, nécessaire, entre ce qui constitue l'être organique et ce qui constitue l'être intelligent, sans quoi l'homme ne serait pas un. Mais ces deux éléments de son être conservent en s'unissant leur caractère distinctif. La sensation l'avertit de l'état présent de l'organisme et de ses relations avec les objets extérieurs. Elle les lui manifeste dans leurs rapports avec sa nature propre, en ce qu'ils ont de relatif et de phénoménal. La pensée, au contraire, indépendante des phénomènes fugitifs et variables, lui montre ces mêmes objets dans leur type, leur idée éternellement subsistante en Dieu.

La connaissance de l'Etre infini et de tout ce qu'il renferme dans son unité, ou la science de Dieu considérée dans sa nature, ses propriétés, ses personnes nécessaires, forme l'indispensable fond de toute psychologie, puisque Dieu est le principe unique, la cause, la source, la raison première et dernière de ce qui subsiste hors de lui. Kant, ne voulant rien admettre de foi dans ses recherches philosophiques, se concentrant, comme Descartes, en lui-même, il a fallu examiner l'instrument général de la connaissance où la raison conçue abstraitement, laquelle n'était rien en soi, rien de positif, rien de vivant, ne peut être la matière que d'une science vide, négative et morte.

Le vice fondamental de la philosophie de Kant est également celui de presque toutes les autres philosophies. Au lieu de parler de l'Etre infini pour en déduire la science des êtres finis, au lieu de s'attacher à ce qu'ils ont de positif, pour arriver ensuite à la connaissance de leurs limites, elles prennent pour base de leurs conceptions ces limites mêmes, ou ce qu'il y a de négatif dans les êtres : méthode destructive de toute science réelle.

Isoler hypothétiquement l'homme de Dieu et de l'univers, pour l'établir en soi, dans sa nature interne, et fonder ensuite sur le résultat de cette investigation solitaire, l'édifice entier de la connaissance, ce n'est pas là une philosophie, mais l'absurdité la plus énorme qui jamais ait pu monter dans aucun esprit.

Qui ne voit que, pour procéder psychologiquement, pour s'étudier, s'observer soi-même, il faut être pensant ou connaissant ; qu'ainsi l'observation de soi ne peut être la base de la connaissance ? Ses vrais fondements ne se trouvent en aucun être fini, mais dans les nécessités inhérentes à l'Etre infini, qui ne serait pas, s'il n'était intelligible. Elle constitue à notre égard un fait primitif, mystérieux dans son origine immédiate, pour concevoir pleinement l'opération qui l'accomplit en un être créé, concevoir l'infini lui-même. Mais si la raison de la connaissance, l'efficace qui l'opère nous est incompréhensible sous ce rapport, sous un autre rapport nous en comprenons clairement les conditions, et c'est de ce côté accessible à notre esprit, que doivent être dirigées les recherches philosophiques.

Hors de Dieu et de l'univers, rien n'existe. Dieu et l'univers renferment tout ce qui peut être connu. En Dieu tout est immuable, absolu, nécessaire, éternel. Dans l'univers, tout est contingent, relatif, variable. Donc deux ordres de connaissance correspondant à ces deux types de tout ce qui est, de tout ce qui peut être.

Connaître, c'est voir, et la connaissance n'étant que la vision de ce qui est, le moyen général de la vision s'appelle lumière. Et pour que la lumière accomplisse sa fonction de manifester l'objet, il faut que l'être à qui elle se manifeste, soit en rapport avec elle, qu'il possède un organe propre à la recevoir une puissance interne inhérente à la nature de l'être, et l'organisation corporelle qu'elle suppose et qu'elle détermine.

Telles sont les conditions premières et universelles de la connaissance. Et puisqu'il existe pour les êtres finis deux ordres de connaissance, donc aussi dans l'ordre naturel deux ordres de révélations : la révélation de Dieu et de ce qu'il contient ; la révélation de l'univers et de ce qu'il renferme.

A cette double révélation, correspond, dans le sujet qui la reçoit passivement, qui ne peut s'empêcher de la recevoir, pas plus qu'il ne peut s'empêcher d'être, la conscience de ce qu'il voit, inséparablement lié à celle qu'il a de soi ; de sorte que, par une invincible nécessité, il affirme tout ensemble et lui-même et l'objet de ses visions. Cette affirmation interne, nécessaire, constitue la foi, et la foi est dès lors la forme première de la connaissance, qui a son origine dans la révélation.

Toute forme est intelligible, et a en soi une puissance de manifestation. Toute forme aussi est indéfiniment multipliable par la limite, sans cesser d'être une essentiellement.

La perception de l'infini ou la vision directe de l'Etre un qui renferme en soi, avec les éternels exemplaires des choses, leurs lois, leur raison, leur cause substantielle, est donc, encore une fois, le caractère de l'intelligence ; et cette vision implique, dans l'être qui en est l'objet, une lumière qui la rende possible, et, dans l'être voyant, une faculté spéciale en relation avec cette lumière. Et comme aucune créature ne saurait, par ses seuls efforts, s'élever au-dessus du fini, dans les limites duquel s'opère tout progrès dont le principe est en elle-même, il est nécessaire que l'infini se manifeste spontanément à elle pour qu'elle parvienne à cette vie supérieure propre aux êtres intelligents et libres. Par conséquent, nulle intelligence sans une véritable révélation, la pensée n'est en ce sens qu'une révélation permanente. La lumière incréée, la lumière essentielle en est le moyen. Mais qu'est-ce que cette lumière, et comment agit-elle ? Chaque acte de l'Etre infini dépend de ses lois en tant qu'infini, et cet acte échappant dès lors, en ce qu'il a d'intime et de primordial, à tout esprit limité, nous ne connaissons, nous ne pouvons connaître les opérations de Dieu en elles-mêmes. On conçoit simplement que Dieu se révélant à une intelligence finie, doit agir sur elle par son Verbe qui est en lui le principe de toute manifestation même interne et qu'il est ainsi rigoureusement vrai de dire qu'il parle à ses créatures. La parole, la lumière divine qui, selon la belle expression de S. Jean, *illumine tout homme venant en ce monde*, forme en lui cette parole interieure identique avec la pensée et d'où naît ensuite la parole extérieure et sensible. De ces deux paroles, la première ne saurait être l'œuvre de l'homme, le résultat de sa propre action, puisqu'elle n'est que la vision même de Dieu et du vrai en Dieu. Toute forme créée ou finie est un écoulement, une participation de la forme infinie. Toute forme finie, subsistante hors de Dieu, implique donc à la fois deux éléments, l'un positif, l'un spirituel ou inétendu qui est la forme même, l'autre étendu ou matériel qui est la limite.

Entre la lumière qui manifeste Dieu ou la forme infinie, et la lumière qui manifeste les formes finies, il y a cette différence que l'une est simple, immatérielle, comme l'Etre absolu qu'elle manifeste, et l'autre modifiée par un élément négatif, ou assujettie à des conditions matérielles.

La lumière physique ne diffère de la lumière divine immédiate que par l'élément négatif ou matériel qui la modifie ; elle n'est dans son essence, dans ce qu'elle a de positif, que cette lumière divine elle-même. Des êtres possédant au fond de leur nature la faculté de percevoir cette pure lumière, éternelle splendeur de l'Etre éternel, ont par elle la vision de Dieu, qui constitue l'intelligence.

CHAPITRE XX

L'INTELLIGENCE ET LA PAROLE

Le Moi, dans l'homme, est passif et actif ; l'intelligence aussi est passive et active. Lorsque le Verbe lui révèle Dieu, il agit sur lui, il s'unit à lui, à sa substance, d'une manière incompréhensible comme toute opération de l'Etre infini, et la substance évidemment est passive dans cette union qui, élevant l'homme au dessus de la sphère des êtres purement organiques, fait de lui un être intelligent. Une nouvelle lumière lui manifeste ce qui, sans elle, lui eût été à jamais invisible, l'immuable, le nécessaire, l'absolu, dans lequel subsistent les idées, types éternels de tout ce qui participe à l'être ; la perception des objets extérieurs, la vision des idées dont le Moi a conscience ; et c'est ainsi qu'il s'approprie, s'assimile les idées mêmes, ou se nourrit du Verbe.

Mais où trouver le vrai, l'idée immuable ? Là seulement où elle apparaît avec le caractère qui lui est essentiel d'unité, d'universalité, en dehors de toute individualité, et conséquemment dans la société des êtres intelligents, où elle se révèle par la parole commune.

L'intelligence doit être considérée sous deux points de vue, l'un relatif au vrai qui est son objet, l'autre à l'être individuel qui perçoit le vrai. Des lois propres du vrai résulte l'obligation d'adhérer à ce qui est un et universel, ou la nécessité de la foi : les lois de l'activité individuelle ou de la conception, qui nécessitent pour chaque être l'emploi libre de sa force intellectuelle : point d'intelligence possible sans le concours de ces deux choses, qui ne sont au fond que la conséquence des conditions nécessaires et universelles de l'existence des êtres créés.

L'idée d'un être quelconque renferme premièrement celle d'une substance radicale, invisible, incompréhensible, insensible, insaisissable en soi ; susceptible de plus ou de moins, ces propriétés peuvent croître ou décroître indéfiniment, la substance reste invariable. Ainsi l'individu humain demeure constamment le même, quels que soient le degré et le développement qu'aient atteint ses propriétés essentielles, ses facultés divines.

La foi que S. Paul appelle *la Substance des choses* auxquelles l'esprit aspire, les vérités qu'elle renferme en soi y sont invisibles, incompréhensibles, comme elle-même est insaisissable dans ce qu'elle a de primitif et d'invisible, ou dans l'acte premier qui la constitue ; probablement parce qu'il appartient à ce qu'il y a de radical dans la substance même.

Et comme la substance ne peut subsister sans des propriétés qui la déterminent et la manifestent, la foi non plus ne peut exister sans un commencement de conception qui détermine et manifeste son objet. Avant toute conception, la foi étant indéterminée, n'existe réellement qu'en puissance, non plus que l'amour.

La puissance, la force en ce par quoi l'être est, par quoi il agit, présente, comme l'intelligence et l'amour, quelque chose de primordial, d'invariable, d'indéterminé, ainsi que la substance même. Et puisque les actes par lesquels elle se détermine et se manifeste, dépendent primitivement de l'intelligence et de l'amour, elle est soumise aux mêmes conditions, au même mode de développement.

De ces conditions, il résulte qu'aucun être créé ne peut être conçu sans une certaine union du fini avec l'infini. La substance a sa raison en Dieu, est une avec la substance de Dieu, et tout ensemble subsiste hors de Dieu par la limite qui les circonscrit dans l'espace. Les propriétés participent à l'infini de la même manière, car elles ne sont que les propriétés mêmes de Dieu, infinies en lui, limitées ou finies dans ses créatures :

et c'est de l'union de ces deux choses, de l'infini et de sa limite, que dérivent leurs lois fondamentales.

Le moyen général par lequel l'intelligence naît et se développe, l'instrument nécessaire de toute connaissance, de toute opération de l'esprit, est le langage.

De même que l'intelligence infinie se manifeste par la parole incréée, par le Verbe qui la détermine en Dieu, toute intelligence est manifestée par une parole qui la détermine dans l'être intelligent. Et comme l'intelligence est une, ainsi que le vrai qui en est l'objet, la parole aussi est une dans son essence, et toute parole n'est qu'un écoulement, une participation de la parole infinie, du Verbe divin. Mais cette parole, reçue dans un être fini, n'y peut être que finie comme lui. Dans la parole des êtres créés, il y a donc deux choses, le Verbe divin qui seul éclaire par son efficace, et une limite relative à la nature des êtres auxquels il se communique, il s'incarne. Telle est en particulier la parole de l'homme, et l'être organique étant en lui la limite de l'être intelligent, par le Verbe qu'elle renferme, elle est relative à l'esprit dont elle est la lumière, tandis qu'elle est par sa limite relative aux sens.

On a montré précédemment que rien de ce qui est supérieur n'a sa raison, sa cause dans ce qui est inférieur. Aussi lorsque le simple son devient voix, ce changement s'opère dans des conditions physiques, par l'efficacité du principe constitutif de l'être vivant et sentant ; et la voix également devient parole non par le développement de ce qui en elle appartient à l'organisme, mais par l'action d'un nouveau principe qui s'y joint, et d'un principe infini en soi, puisqu'il produit l'immédiate vision de l'infini, qui constitue l'intelligence. Or, l'infini n'ayant et ne pouvant avoir d'autre manifestation que le Verbe, il s'ensuit que nulle intelligence n'est possible que par l'union avec le Verbe, que toute intelligence n'est possible que par l'union avec le Verbe ; que toute intelligence naît par la parole, la lumière qui lui révèle Dieu, et qu'ainsi la révélation est la condition nécessaire, l'origine de toute raison, de toute connaissance, de toute pensée.

La parole incarnée ou limitée : tel est le langage de l'homme, lequel n'est que le Verbe se manifestant sous les conditions de l'humanité. La parole est la manifestation de l'intelligence infinie et des idées qu'elle renferme, ou la manifestation du Vrai ; or, le Vrai est un, universel, identiquement le même pour tous les êtres capables de le percevoir. La parole est une, universelle comme le Vrai : toujours identiquement la même, elle ne varie que par sa limite relative à la nature des différents êtres créés. Il en est de même de la raison. La parole qui la manifeste a une relation essentielle à la loi.

La conscience des perceptions reçues dans le moi, forme la triple vision passive. L'entendement voit, l'attention regarde. Ici commence un nouvel ordre, qui complète l'existence intellectuelle. Le regard de l'esprit atteignant son objet est l'intuition, laquelle a un double rapport au moins passif et au moins actif, parce qu'elle comprend l'attention et la vision qu'elle produit. Ce mode d'activité, par lequel l'être saisit immédiatement le vrai, est le plus élevé et le plus parfait, car c'est par lui que s'effectue l'union la plus directe et la plus intime avec le Verbe. Mais l'intuition a divers degrés. Plus vive et plus étendue, on la nomme contemplation. Et lorsque l'intelligence se dégage de l'organisme, est, autant qu'elle le puisse, sortie de la région du variable et du contingent, laisse loin d'elle la sensation, et qu'elle nage et se dilate et se perd dans la pure lumière du Verbe, la contemplation se transforme en quelque chose de plus sublime et qui semble être comme l'essai momentané d'une autre vie, elle devient l'extase. Cependant l'extase implique un véhément amour.

CHAPITRE XXI

DE L'ERREUR

Le vrai, c'est l'être, en tant qu'objet de l'intelligence ; d'où il suit que l'erreur est, par sa nature, nécessairement négative. Mais considérée dans ses rapports avec les opérations de la raison humaine, elle se produit, sous deux formes différentes ; car on peut ou nier ce qui est, ou affirmer ce qui n'est pas. Lorsque, par ce simple regard de l'esprit, qui caractérise l'intuition pure, l'homme croit atteindre et percevoir le vrai, et affirme qu'il le perçoit, il peut arriver qu'il se trompe ou que cette affirmation ne soit pas légitime. Car pour qu'elle le soit, il faut que l'immuable, le nécessaire, l'absolu, qui constitue le vrai, ait été dégagé de tout mélange du variable, du contingent, du relatif, ou que l'idée, la notion perçue ne soit pas modifiée, altérée par quelque chose d'individuel ou par l'organisme. Or, le contraire a lieu souvent, et toutes les fausses notions n'ont pas d'autre origine. Par où l'on voit combien il est indispensable, pour éviter cette cause d'erreur, de comparer toujours les notions individuelles aux notions communes qui seules correspondent au vrai essentiellement un et universel.

Toute comparaison a pour but de découvrir les rapports qui existent entre deux termes antérieurement connus, et l'erreur ne peut être ou que l'affirmation d'un rapport qui n'existe pas, ou la négation d'un rapport réel. Elle n'a, dans aucun cas, rien de positif ; elle se résout dans la simple privation du vrai, affirme ce qu'il peut connaître, en affirmant ce qu'il sent.

Lorsque l'on compare la sensation à l'idée, l'affirmation qui sent peut être vraie ou fausse, parce que l'idée qui est invariable correspond au vrai, et que l'affirmation ne porte plus seulement sur l'état du Moi, mais sur une réalité extérieure.

De là de nombreuse causes d'erreurs, lesquelles se réduisent à deux. Premièrement l'organisme et l'intelligence concourent à former le même être identique ; l'idée et la sensation tendent à s'unir dans le même Moi : comme leurs principes sont unis dans l'être. Et les sensations qui se modifient incessamment les unes les autres, ainsi que les idées, sont encore modifiées, différemment en chacune, selon la différence des organisations dont pas une ne ressemble de tout point à une autre. Il doit donc souvent advenir que, confondant à quelque degré, le variable avec l'immuable, le contingent avec le nécessaire, le relatif avec l'absolu, on déduise des rapports faux de la comparaison de deux termes inexactement connus.

La seconde cause d'erreur dérive de la première : elle tient à l'essence du langage, qui tient elle-même à l'essence de l'homme. On a vu que le langage humain, en rapport à la fois avec l'organisme et l'intelligence, se compose de deux éléments, du Verbe qui est la lumière intellectuelle, et d'une enveloppe qui limite le Verbe Or, toutes les opérations de l'esprit n'ont lieu qu'à l'aide du langage, parce que le langage, qui seul détermine les idées dans le Moi, est dès lors aussi indispensable pour les combiner et les composer. D'où il résulte que toutes les causes d'erreur qui appartiennent à la nature de l'homme se retrouvent dans le langage, lequel correspond, pour ainsi dire, par tous les points, à cette même nature. Ainsi les mots peuvent être obscurs, vagues, équivoques comme les perceptions. Ils peuvent être l'expression d'une idée crue exacte, ou pure. Ils peuvent enfin, dans la signification que chaque homme y attache, être modifiés par le sens individuel et l'imperfection du langage, suite de l'imperfection naturelle de l'homme, dans tous ces cas, à des affirmations illégitimes.

Ces deux causes générales d'erreurs étendent aussi leur influence sur les affirmations résultant de la comparaison des dées entre elles, puisqu'on est constamment exposé à confondre des idées altérées de diverses manières avec les pures intentions de l'esprit. Ainsi la possibilité de l'erreur est pour chaque être individuel, la conséquence de la limite ou du mode d'existence essentiel à tous les êtres. Par la même raison, à mesure que les êtres deviennent moins limités, ils deviennent moins susceptibles d'erreur. Ceci fait comprendre comment les lois de la volonté ou les lois de la morale, qui prescrivent de s'affranchir de l'influence de l'organisme, sont aussi des lois de l'intelligence, qui ne vit et ne se perfectionne que par elles. J'ajoute quelques réflexions sur le raisonnement et la méthode.

Le raisonnement consiste dans la comparaison d'un nombre indéfini de termes ; c'est ce qui le distingue du simple jugement. Sous le point de vue le plus général, il est la manifestation par le langage des rapports des êtres.

Les formes générales du raisonnement correspondent aux divers états où les êtres subsistent dans la Création ; la méthode est relative aux lois qui les enchaînent les uns aux autres, les ramènent tous à l'unité. Elle n'est pas le raisonnement mais un principe premier qui le dirige dans la recherche du vrai. D'où il suit qu'en rapport direct avec l'intelligence active, elle relève de la conception, et doit varier suivant l'idée que l'on s'est faite de la raison humaine, de sa base et de ses lois.

La méthode est individuelle, ou universelle, c'est-à-dire qu'elle repose sur ce principe, que chaque individu doit arriver isolément par lui-même à la vérité, ou sur cet autre principe, qu'il n'y peut parvenir qu'avec l'aide de la société.

La méthode individuelle prise à la rigueur, loin de conduire à la vérité, l'exclut rigoureusement ; car elle se réduit à chercher l'immuable dans le variable, le nécessaire dans le contingent, l'absolu dans le relatif. L'homme ne vit, ne se développe que dans la société ; nulle pensée, nulle opération de l'esprit sans le langage, et nul langage individuel, radicalement séparé du vrai par sa méthode, tous ses efforts pour le produire ou pour réaliser l'universel, n'aboutissent qu'à créer des abstractions, une science vaine, stérile et purement verbale.

Ainsi, les uns partent du monde inorganique et de ses lois spéciales, s'efforcent d'y soumettre tout et de tout expliquer par elles, ne voyant dans l'univers que les corps, ou plutôt leurs limites, cherchant en eux la raison des phénomènes d'un autre ordre, de la sensation et de la pensée même. Or, la raison de ce qui est supérieur ne se trouvant ni ne pouvant se trouver dans ce qui est inférieur, il est clair que cette méthode mathématique transportée hors de sa sphère propre, outre les vices généraux de toute méthode individuelle, a encore de particulier qu'elle exclut le vrai sous de nouveaux rapports.

Plusieurs enfin, cherchant l'explication des choses hors du monde inorganique et du monde organique, dans les idées pures, sont conduits par leur méthode à mettre en doute et même à nier toute réalité extérieure, parce qu'il n'existe aucune liaison nécessaire entre l'idée d'un être et son existence actuelle, l'idéalisme en est la conséquence rigoureuse qu'on pourrait appeler la méthode logique. Quoiqu'elle ait son principe dans ce qui ne varie pas, elle n'offre aucun moyen de le discerner avec ce qui varie et même elle conduit à sa négation.

La méthode se présente sous deux formes déterminées par les mêmes lois du développement de la connaissance, identiques avec les lois du développement des êtres.

Ce qui a lieu pour l'univers a lieu également pour Dieu. Manifesté par la lumière du Verbe et par la splendeur de sa forme, on le voit d'abord dans son unité infinie ; à cette vue première correspond la foi fondamentale, invincible, en vertu de laquelle l'intelligence naissante prononce le mot *est*, qui implique la vision de l'être absolu et l'affirme en même temps. L'esprit ensuite, par l'activité qui lui est inhérente, pénétrant peu à peu dans cette unité infinie, y découvre ce qu'elle contient de divers, les idées éternelles qu'il distingue, sépare, individualise progressivement : et la foi devient connaissance, et la connaissance, en se développant, tend à reproduire l'unité de la foi par une conception toujours plus complète de son objet.

Tout étant renfermé dans la cause première et infinie, en

établissant les rapports des choses finies avec la cause première d'où elles dérivent, la foi les ramène toutes à son unité, elle correspond évidemment à la méthode universelle, et en est la forme propre.

CHAPITRE XXII

DE L'IMAGINATION

L'imagination est une faculté inverse du jugement ; car un jugement dont le vrai est l'objet direct, exige qu'on dégage l'idée de tout mélange de sensation, tandis que le propre de l'imagination est, au contraire, d'opérer l'union de la sensation et de l'idée, ou de joindre à l'idée une image qui lui correspond.

Elle est indispensable pour unir le vrai au réel, le variable, le relatif à l'absolu ; c'est uniquement par elle que l'homme est en rapport avec le fini, elle aide à saisir le vrai, en manifestant ses rapports avec notre nature particulière.

Le jugement, dans ce qu'il a de propre, transporte le réel dans le vrai. L'imagination tend, au contraire à transporter le vrai dans le réel ; d'où il suit qu'utile et même nécessaire à la connaissance des réalités contingentes, elle ne correspond pas directement au vrai, puisqu'elle dirige l'esprit, de l'infini vers le fini, et par conséquent, sous peine d'ébranler tous les fondements de la connaissance, elle doit être subordonnée aux facultés qui ont le Vrai pour objet direct.

Cependant, sous un autre point de vue, se manifeste dans l'homme une puissance merveilleuse, qu'à bon droit, on admire lorsqu'elle atteint un haut degré de développement. Elle devient le génie poétique, et même philosophique. Comme en créant, Dieu incarna sa pensée dans l'univers, le poète aussi incarne la science dans son œuvre ; il dit : Que cela soit ! et cela est. Il réalise par son Verbe, il anime de son souffle le monde dont le modèle est en lui.

A la source la plus élevée, la philosophie elle-même est une grande et sainte et magnifique poésie, la poésie eternelle de Dieu, de sa vie mystérieuse, infinie, de ses opérations et ses lois.

La même faculté qui fait le poète, fait également le philosophe, car le philosophe crée comme le poète ; comme lui il incarne sa pensée dans le monde des phénomènes.

Ainsi Képler traçait aux corps célestes leurs orbites et leur imposait des lois. Ces lois souveraines, antérieures à tout ce qui a commencé, indépendantes de tout ce qui passe, où les voyait-il ? en lui-même ; et lorsqu'ensuite il les appliquait aux réalités contingentes, il procédait comme le Créateur. Ainsi le géologue, le physicien, le chimiste, le physiologiste, etc., les plus grands, imaginent ou créent par l'esprit ce que l'œil n'a point vu, ce qu'il ne verra jamais, notre globe avant qu'il renfermât aucun être vivant, et chaque être vivant dans le germe caché où s'accomplit le travail de sa première formation. Les inventions de toute sorte dans les arts et dans les métiers, ne sont non plus que l'incarnation d'une pensée, d'un type idéal. Elles relèvent, sous ce rapport, de l'imagination, sans laquelle les idées, simple objet de contemplation par l'esprit et dépourvu de corps, ne passeraient jamais de l'entendement pur dans le domaine des faits extérieurs.

CHAPITRE XXIII

RAPPORTS DE L'HOMME AVEC L'ESPRIT OU L'AMOUR DIVIN

Il existe deux amours dans l'homme, l'amour inférieur ou individuel, qui, relatif à la sensation, a son principe dans l'organisme et se termine à l'homme même ; l'amour supérieur ou universel, relatif au vrai et au bien, et dont le terme extérieur à l'homme est Dieu. Le premier doit, par sa nature, être subordonné au second ; car c'est uniquement par celui-ci que l'homme peut atteindre sa fin. Et non seulement il doit lui être subordonné, mais encore tendre à se confondre entièrement avec lui, à s'absorber en lui, pour opérer l'union parfaite de l'individuel et de l'universel, du fini et de l'infini, notion qui constitue la fin des créatures intelligentes, destinées, selon la parole profonde de l'Evangile, à *être consommées dans l'unité* ; non pas que cette union absolue puisse être accomplie jamais, mais parce qu'elles doivent en approcher sans cesse par un progrès éternel.

Cette subordination n'est pas moins nécessaire, sous un autre rapport ; car c'est à elle qu'est attaché le développement de l'intelligence. Si l'amour sensitif, l'amour individuel domine, la pensée défaille proportionnellement, et cela de deux manières. La prédominance de la sensation obscurcit les idées, dérobe à l'esprit la vue du vrai, et le fixe, dans le variable, le relatif. La lumière intérieure du Verbe, enveloppée de plus en plus dans les éléments matériels, s'affaiblit et s'éteint comme une lampe au milieu de vapeurs épaisses. La sensation aveugle s'empare de tout l'homme. D'une autre part, avide de sentir, la volonté dirige toute sa force de ce côté, elle le concentre en lui-même, et le sépare toujours davantage de ce qui n'est pas lui, de ce qui est hors de lui, en un mot, du vrai un et universel. Sa liberté diminuant dans la même mesure, il passe sous les lois de l'ordre nécessitant, et des hauteurs de l'intelligence, d'où il découvrait Dieu au delà des limites de la Création, il tombe dans les ténèbres du monde inférieur, vaste solitude peuplée d'ombres, de fantômes, et où l'esprit éternellement ne voit que ce qui n'est pas.

L'homme n'est point ce qu'il sera, il n'a pas été ce qu'il est, car il avance, comme la Création entière, perpétuellement dans ses voies ; il se perfectionne d'âge en âge, et pendant la durée de son existence terrestre, il offrira constamment un mélange de bien et de mal, jusqu'à ce que le bien, croissant toujours, prévale définitivement. S'il avait été dès l'origine, s'il était maintenant ce qu'il est destiné à devenir, une parfaite harmonie régnant dans sa nature, il tendrait sans obstacle vers sa fin. Tout en lui serait ordonné selon les lois de la sagesse suprême. Aucun acte vicié dans sa source ne révélerait un désordre interne ; aucune difformité n'altérerait le type divin. L'amour sensitif ou individuel serait pleinement soumis à l'amour supérieur, qui, suivant d'un pas égal le progrès de l'intelligence, se développerait avec elle et par elle ; mais il n'en pouvait être ainsi. Il a fallu que le genre humain eût son enfance, comme il faut que chaque homme ait la sienne ; et ce que l'enfance est pour chaque homme, elle l'a été pour le genre humain. Or, à cette première époque de la vie, quoique déjà les hautes facultés qui se manifesteront plus tard existent virtuellement en lui, l'homme, à plusieurs égards, diffère par suite de sa chute, peu de l'animal. Il naît dans la servitude du principe d'individualité, dans la servitude de l'organisme, c'est-à-dire, avec des propensions qui l'éloignent du vrai et du bien, et tendant à le séparer de la société des intelligences. Fortifiées par l'habitude, ses facultés conservent une puissance funeste, et souvent même s'exaltent tellement, qu'à peine aperçoit-on quelque faible trace des instincts supérieurs. L'homme alors s'aime par dessus tout, il s'aime uniquement, et, devenu le terme de son amour, cet amour dès lors ne peut s'élever au-dessus du fini, des choses variables et contingentes, puisque l'homme ne trouve rien de plus en soi. Rompant, pour ainsi dire, l'unité de l'intelligence, c'est lui qu'il aime dans ses pensées, et non leur objet immuable et divin. Son amour ne sort pas du Moi ; et par cela même qu'il n'est au fond que l'amour individuel ou organique, il se concentre dans la sensation, n'aimant dans la vérité elle-même que la satisfaction de joie, de plaisir, de bien-être, qu'elle lui procure individuellement. De là cet opiniâtre attachement de l'homme à toute pensée, quelle qu'elle soit, vraie ou fausse, qui produit en lui un sentiment de ce genre, à toute pensée exclusivement sienne ; et la complaisance dans l'erreur, l'obstination dans son propre sens n'est qu'une manifestation de la prédominance du principe sensitif ou individuel.

Elle se manifeste encore, s'il est possible, plus visiblement dans la dépendance presque absolue où tant d'hommes sont de leurs sens. Ils ne vivent guère par leur amour que dans le monde des corps ; ils y cherchent avidement des sensations aveugles, soumettant les lois de leur nature intelligente et morale à la seule loi qu'ils semblent reconnaître habituellement, la loi du plaisir et de la douleur, ou la loi de la brute ; et celle-ci même ils la violent encore, en usant de la force intellectuelle pour tourmenter l'organisme et le détruire, en lui demandant au delà de ce qu'il peut donner, ou en cherchant l'infini dans la sensation. Ce désordre a frappé tous les moralistes, et c'est lui qui arrachait à Bossuet cette plainte amère : « Quoi ! le charme de sentir est-il si grand que nous ne puissions rien prévoir ? »

Tel est l'amour dans l'homme, soit encore à l'état d'imperfection native, soit dégradé par l'habitude de céder aux penchants inférieurs. L'être, néanmoins, à mesure que s'effectue son développement normal et le développement de l'espèce entière, s'efforce de s'établir et de se maintenir dans ses rapports naturels avec le Verbe et l'esprit divin en vertu de l'incessante communication qu'ils lui font d'eux-mêmes ; il peut embrasser le vrai, aimer le bien, et entrer ainsi dans la société éternelle des intelligences. Mais il faut pour cela qu'il s'affranchisse de la servitude de l'organisme et de la sensation : qu'il sorte de lui-même et s'identifie, par le sacrifice du principe individuel, en tant que dominant, à l'unité universelle ; il faut que cessant de poursuivre le plaisir comme sa fin, il sache s'abstenir et souffrir, pour atteindre ses hautes destinées ; que son amour, dégagé des sens, monte sans cesse vers Dieu, et qu'en s'unissant toujours davantage à l'Etre infini, immuable, il participe aussi toujours davantage à sa vie immuable et infinie.

On voit que toute philosophie qui cherche à déduire la science de l'homme de l'ensemble des faits observés sans reconnaître entre eux une différence radicale, fondement de la distinction du bien et du mal, conduit premièrement à identifier les lois de la nature avec les pures lois de l'organisme, ou avec les lois qui régissent les animaux, car il est évident que les lois de l'individualité qui en dérivent prévalent habituellement dans l'homme actuel sur les lois supérieures et les altèrent profondément ; secondement, à nier par cela même que l'homme soit naturellement un être social, et par conséquent à nier l'existence de toute loi morale et intellectuelle et de toute loi de perfectionnement, à nier même les subordinations essentielles de la sensation à la pensée ; troisièmement, à faire de la corruption même de l'homme, de son assujettissement aux convoitises sensuelles, la loi première de sa nature, ou à détruire jusqu'à l'idée de ce qu'on appelle justice morale, dans le langage universel.

L'amour étant ce qui opère l'union, il est partout nécessairement, quoique à divers états. Nulle existence n'est possible sans lui. Il est le lien qui unit la forme à la force qui la développe, les éléments de chaque être et tous les êtres entre eux. Il est le principe essentiel de vie.

Il existe aussi dans l'homme deux vies : la vie organique ou sensitive dans l'unité individuelle ; la vie de l'être intelligent et libre dans l'unité universelle.

Le terme de l'amour dans l'homme organique est la sensation ou le plaisir, quelque chose de purement individuel et par conséquent de relatif. Le terme dans l'homme intelligent est le vrai, ou le bien, quelque chose d'universel, d'infini, d'absolu.

En soi et dans le plan général des choses, ces deux tendances, quoique opposées, ne troublent point l'harmonie de l'homme, parce qu'en vertu des lois de sa nature, la perfection de l'être organique est liée au développement de l'être intelligent, et que la plus grande somme de bien-être total résulte de la loi même qui subordonne l'amour individuel à l'amour universel. Mais par une suite inévitable de son imperfection native, de son mode nécessaire de développement et de ses relations également nécessaires avec le monde extérieur, il existe pour chaque homme individuellement et pour le genre humain tout entier, une époque initiale, où l'intelligence faible encore, à peine naissante, ne saurait présenter à l'amour supérieur qui lui correspond, qu'un type confus et obscur du bien. A cette époque, l'amour aveugle, l'amour organique prédomine infailliblement ; d'où de nombreux désordres qui, altérant l'organisme, retardent de plusieurs manières le progrès ultérieur. Il rencontre encore un autre obstacle dans l'opposition passagère de l'ordre intellectuel et de l'ordre sensitif ; car bien qu'unis dans leur source commune et devant de nouveau s'unir finalement, néanmoins dans la vie présente, le plaisir et la douleur, le bien et le mal moral, au lieu d'être liés harmonieusement se trouvent en contradiction fréquente.

La prédominance de l'amour sensitif ou individuel a dès lors pour effet de détourner l'homme du bien, d'affaiblir l'amour supérieur, ou de le corrompre en l'attirant dans sa propre sphère. Quoique éloignée qu'elle soit du terme où elle tend avec tous les êtres, l'humanité se perfectionne d'âge en âge visiblement. Le lien qui en unit les fractions diverses, se resserre toujours plus. Le sens moral en s'épurant ouvre devant elle de nouveaux horizons brillants de lumière et d'espérance. Les peuples sont moins séparés. Les antipathies de races, les grandes inimitiés politiques et religieuses s'éteignent, et cela qu'est-ce, sinon l'expression de l'amour opposé à celui qui concentre l'individu en soi ? Effusion de l'Esprit qui anime Dieu, et qui de Dieu se répand au sein de son œuvre, cet amour infini, universel, unit, en une même société, toutes les intelligences auxquelles il se communique et forme cette vie universelle aussi infinie à laquelle elles participent dans l'unité sociale, qui se résout dans l'unité divine.

L'intelligence seule n'est pas la vie, car la simple vue de la vérité ne nous unit point à elle. C'est par l'amour qu'elle nous devient propre, qu'elle s'assimile et s'identifie à nous, que nous devenons un avec elle, avec les autres intelligences qui la possèdent comme nous et avec Dieu qui est la vérité substantielle elle-même. Et comme l'amour, l'Esprit et la vie, la participation à l'amour, à l'Esprit de Dieu qui se donne à nous avec le Verbe est aussi notre vie, vie infinie dans son essence et destinée dès lors à se développer sans fin.

La loi de l'amour supérieur, social, universel, est donc la loi de vie propre et véritable de la créature intelligente ; loi opposée à celle de l'amour organique et individuel, en tant que celui-ci, principe du mal, cause effective du désordre du péché, lorsqu'il prédomine, tend à séparer l'homme du bien universel par sa nature, en l'abaissant vers la sensualité, vers le relatif : et cette tendance à descendre des régions lumineuses du vrai immuable, absolu, dans les ténèbres de la sensation, est la loi de mort, puisqu'elle concentre l'homme dans ce qu'il a de mortel en lui, et le sépare du principe de toute vie *Spirituelle*, de la vie éternelle, infinie, à laquelle tous les êtres intelligents sont appelés à participer de la vie de Dieu.

Il suit de là que l'homme divisé en lui-même est en guerre contre lui-même, que l'homme organique est en guerre contre l'homme moral et intelligent, que la chair convoite contre l'esprit, et tend à se l'assujettir ; il tend à s'unir, à s'identifier à la création inférieure, en même temps que, par l'amour contraire, il tend à s'unir, en s'élevant toujours au principe infini de la Création,

Que si le premier de ces deux amours prévalait sur le second d'une manière absolue, si la chair parvenait pleinement à assujettir l'esprit, l'homme ne vivrait plus que de la vie de l'animal, et demeurerait sous les lois nécessitantes de cet ordre d'êtres, à jamais séparés de Dieu et de la véritable vie. En fortifiant l'amour supérieur, l'incessante effusion de l'Esprit divin lui rend la liberté, sans détruire le combat des deux amours, qui l'attirent simultanément en des directions différentes : seulement elle lui donne la faculté de déterminer librement le triomphe de l'un ou de l'autre.

Si bas qu'il soit volontairement tombé, comme il conserve toujours en soi à quelque degré, la lumière du vrai ; qu'une secrète puissance l'attire vers le bien, l'homme sous la loi de l'amour organique ne jouit pas, ne saurait jamais jouir de cette espèce de paix, de bien-être aveugle, qui est le partage de la brute. Plus il se rapproche d'elle ou plus il se dégrade, plus le principe supérieur de sa nature est en souffrance et réagit contre le principe inférieur ; de là cette angoisse inexorable, ce ver immortel qui habite au fond de tout être désordonné.

L'amour supérieur prévaut-il, au contraire, sur l'amour inférieur, il y a paix, contentement, parce que tout dans l'homme vit ordonné selon les lois immuables de sa nature ; et il y aura bonheur ou pleine jouissance du bien, lorsqu'après la dissolution de l'organisme actuel, un nouvel organisme plus en rappprt avec sa nature intelligente et morale, permettra que l'unité humaine reçoive sa consommation. Le combat encore aura cessé, mais par le triomphe final de l'ordre.

Balancé entre ces deux amours opposés, l'homme est ici bas évidemment dans un état d'épreuve et de passage, puisque sa tendance n'est pas fixée. La vie présente est comme le travail de sa formation, qui doit s'accomplir par son concours à l'action divine dans la loi génerale de l'amour, ou la domination de l'esprit sur la chair et ses convoitises, qui se résout dans la loi du sacrifice.

La vie de l'être intelligent n'étant qu'une participation de la vie universelle ou de la vie divine, le principe de vie ou l'amour imprime dès lors une tendance vers Dieu qui se manifeste dans l'intelligence par le besoin de connaître et de concevoir, dans l'amour par le besoin de posséder plus intimement l'objet de la connaissance. Car de même que le vrai n'est que Dieu connu, le bien n'est que Dieu possédé, et le sentiment de cette possession ou de l'union avec l'objet de l'amour, est le bonheur qui n'est que la plénitude de la vie.

Cette plénitude de vie ne saurait ici-bas appartenir à l'homme, elle ne sera que l'éternel objet de ses opérations, le but dont il approchera perpétuellement et qu'il n'atteindra jamais ; car posséder en soi la plénitude de la vie, la vie infinie, ce serait posséder Dieu pleinement, et le posséder pleinement ce serait être transformé, absorbé en lui. Il n'en est pas moins vrai que l'amour supérieur, au degré où il existe actuellement dans l'homme, tend nécessairement vers le bien, c'est-à-dire vers Dieu, afin d'unir à lui l'être qu'il aime, et c'est là son essence.

CHAPITRE XXIV

DES RAPPORTS DE L'AMOUR SUPÉRIEUR ET INFÉRIEUR DANS L'HOMME

L'amour organique est comme le support de l'amour supérieur qui, infini par son essence, n'a de limites ou ne peut devenir la vie propre d'aucune créature qu'autant qu'il se spécifie dans l'individualité, laquelle est le point de leur union. C'est là qu'entrent en rapport et se combinent, selon la nature de chaque être, le fini et l'infini, et cette union que la philosophie a cru inexplicable, est au contraire, le fait primitif qui explique tout, et celui même que l'intelligence conçoit le plus aisément par les rapports de l'idée absolue d'intelligence avec telle intelligence actuellement limitée. Malgré qu'ils sont opposés entre eux, loin d'altérer l'unité de l'être, cette union est une des conditions fondamentales de son existence comme être intelligent fini. Car sans la tendance vers Dieu, point d'intelligence, et sans la tendance vers l'organisme, point d'individualité. L'harmonie de l'être consiste dans la subordination de ces deux tendances ou de ces deux amours ; de sorte que l'amour individuel conserve et développe, au degré que le comporte la nature de l'être, la vie organique, tandis que l'amour supérieur conserve et développe la vie spirituelle, ou se développe lui-même en Dieu.

Excité, dirigé par le plaisir et la douleur, l'amour individuel soumis à des lois nécessaires, ne saurait les violer et s'écarter de sa fin. Il n'en est pas ainsi de l'amour supérieur, qui dépend en partie de la liberté, attribut essentiel des êtres intelligents. Son union avec l'amour inférieur dans l'individualité, produit l'amour de soi, relatif à l'intelligence. En vertu de cet amour, l'homme s'aime nécessairement selon tout ce qu'il est, il s'aime comme être organique, puisque sans l'organisme il n'existerait point individuellement, il s'aime comme être intelligent, en tant qu'il participe au Verbe divin ou possède le vrai ; et cet amour peut avoir pour dernier terme actuel, ou l'homme lui-même possédant le vrai, ou le vrai conçu en soi, c'est-à-dire Dieu se communiquant à l'homme et devenant ainsi immédiatement son bien.

De là, les divers états, soit ordonnés, soit désordonnés de l'amour éclairé et libre. Car il peut se porter vers l'organisme, non plus au degré que lui prescrivent les lois de l'ordre, mais en les violant, en confondant le bien avec le plaisir, ou la sensation, et la choisissant pour son terme, en abusant de la sensation même et la transformant en une cause destructive de la vie. Car le bien vers lequel il tend par son essence étant infini, il demande nécessairement quelque chose d'infini à la sensation essentiellement finie, et dès lors cessant d'être en harmonie avec l'organisme, qui ne comporte qu'un certain degré d'excitation et au delà s'épuise et se brise, il l'use rapidement, l'altère et le détruit.

L'amour de soi peut se fixer sur l'être même et s'arrêter en tant qu'il participe à l'intelligence : alors ce n'est pas le vrai que l'homme aime en soi, mais soi qu'il aime dans le vrai, comme l'avare s'aime dans son trésor.

Une autre conséquence de cet état de désordre est qu'il augmente par sa durée ; car l'amour inférieur prenant sans cesse plus de force, et l'amour supérieur s'affaiblissant, tend toujours davantage à abaisser l'homme vers la sensation, de manière que, à moins de violer les lois de l'ordre relatives à la vie présente, l'amour supérieur est obligé souvent de se détourner des plaisirs à cause de sa liaison passagère avec le mal, et de se porter vers la douleur, à cause de sa liaison également passagère avec le bien. C'est pourquoi Platon s'écriait : « Il est grand le combat, qui décide pour chacun s'il sera bon ou mauvais ! »

Les deux amours, inhérents à la double nature de l'homme,

sont presque toujours, à cause de leur union dans le même être personel, mélangés, se modifiant l'un l'autre, et c'est ce qu'on voit dans toutes les passions qui dépendent en partie de l'organisme, et en partie de l'intelligence.

Selon les lois de l'ordre relatif à l'union des deux natures organique et intelligente dans l'homme, l'amour supérieur doit élever l'amour inférieur en le modifiant, et le transporter dans l'ordre moral en s'unissant à lui. Ainsi l'instinct physique de la reproduction ou l'amour organique qui rapproche les sexes, mélangé de l'amour qui unit les intelligences, de l'amour social, prend un caractère nouveau, d'où dérivent les relations d'époux ou d'épouse, de père, de mère, d'enfant, relations fondamentales qui constituent la famille et par elle la société. Ainsi encore la sensation, modifiant le sentiment du bien et du mal moral, produit ces émotions en partie instinctives, en partie relatives à l'intelligence, que l'homme éprouve à la vue de l'injustice, du crime, de tout ce qu'il conçoit sous la notion de désordre. Or, les lois de l'amour, en cette circonstance, peuvent être violées de deux façons : premièrement, lorsque l'amour supérieur, se détachant de son objet propre, est incliné contre sa nature, par l'amour inférieur, vers ce qui en soi n'est pas le bien, lorsque les impressions organiques l'abusent sur le juste et l'injuste ; secondement quand, alors même qu'il se porte, sans se méprendre, vers le bien, l'amour inférieur prédomine et altère ainsi la liberté. Toutes les fois que ces deux amours sont mélangés dans l'homme, il en résulte cette espèce de trouble sensitif et de mouvement interne qu'on appelle passions. Au contraire, lorsque l'amour supérieur, totalement dégagé de l'amour organique, atteint son plus haut degré d'énergie, un calme parfait l'accompagne, parce que, dans la sphère élevée où il se dilate sans entrave, il ne s'y mêle plus rien d'individuel, et tel est l'amour pur de Dieu, comme quelques âmes privilégiées l'éprouvent par intervalle.

La nature de l'homme étant donné, non seulement la nature de l'homme, mais celle de toute créature intelligente, puisqu'il n'en est aucune qui ne soit nécessairement individualisée par un organisme, ou que les passions en général soient une conséquence de cette condition fondamentale de l'existence des êtres créés, et que leur caractère, en tant que bonnes ou mauvaises, utiles ou nuisibles, ordonnées ou désordonnées, dépend de leur conformité ou de leur opposition aux lois qui président à l'amour de deux amours divers. L'amour universel attiré vers le bien qui est son objet ; et l'amour sensitif, en individualisant l'amour universel dans l'être organique, rend propre ce même bien indivisible par son essence, le sentiment moral unit sans les confondre le monde intellectuel, nécessaire, absolu, et le monde physiologique des réalités variables et contingentes. Soumises à l'esprit et dirigées par lui, les énergies aveugles coopèrent à des fins étrangères à l'organisme, comme les forces brutes de la nature, asservies à l'intelligence, coopèrent au but qu'elle s'est préparé.

A raison même de leur liaison essentielle avec l'organisme, les passions témoignent de l'infirmité de la condition humaine, et généralement de la condition de toutes les créatures. Mais elles témoignent aussi de sa grandeur, car dans sa complexité, elles impliquent et le mouvement vers Dieu et l'obstacle qui sépare de lui. Seul il est sans passion, parce que seul il est sans limite ; et, à mesure que les êtres réalisés par la puissance se rapprochent de lui, s'unissent à lui, progressivement dégagés de l'élément, relatif au corps, la passion devient plus semblable à l'amour universel qui forme la vie éternelle, immuable, indivisible de l'Etre infini.

Si la raison existant pleine, entière, dans toute sa vigueur propre, l'amour n'est pas proportionnellement développé dans l'homme, privé d'un élément de la pensée humaine, un ordre immense de réalités se dérobe à sa compréhension. L'éloquence, la poésie, les arts sont pour lui comme s'ils n'étaient pas : le Beau lui échappe.

Le monde moral lui est également voilé ; il manque de cette intelligence du cœur, dont la philosophie biblique sentait si vivement l'importance, et qui seul révèle les mystères intimes de la vie. Celui qui n'aime pas : que sait-il de tout ce qui est le plus utile de savoir, de tout ce qui intéresse le plus profondément l'humanité, et lui apparaît avec le plus de grandeur? Que saisit-il jamais aussi avidement que les vérités évangéliques? Quelle doctrine influe jamais au même degré sur ses destinées, lui imprime une impulsion égale dans toutes les voies de perfectionnement? Et qu'est-ce que l'Evangile, sinon la plus magnifique, la plus sublime inspiration de l'amour !

Il est le lien qui unit chaque être à la société universelle des intelligences, à la société divine, éternelle, infinie : donc sans lui, nul moyen de participer à ce qui ne se trouve qu'en elle, ou de se développer perpétuellement dans le Vrai. Conséquemment quiconque se sépare de cette société, hors de laquelle nul progrès possible, pose au développement de sa vie une limite contre nature. Et comme le développement qu'il arrête est infini par son essence, il y a, dans cette créature désordonnée, privation infinie de vie, et mort en ce sens.

CHAPITRE XXV

LA FORCE DANS SES RAPPORTS

La force n'est qu'une communication de la Puissance infinie. Elle soutient et développe toutes les existences ; quelle que soit la variété de ses fonctions, elle est, quant à son essence dans chaque être fini, ce qu'elle est dans l'Être infini. Les modes divers de ses manifestations résultent de la diversité des formes auxquelles elle est unie par l'amour. Dans l'homme, elle se divise en force organique et force intellectuelle.

La force dirigée par l'instinct tend à la conservation et au développement de l'être organique, ainsi qu'à la propagation de l'espèce.

La force dirigée par l'intelligence et l'amour supérieur, tend à la conservation et au développement de l'être intelligent dans l'unité sociale et divine.

L'une a pour terme l'individu, l'autre a Dieu.

La force est, par sa nature, indéterminée ; pour qu'elle agisse, il faut quelque chose qui la détermine, c'est l'intelligence et l'amour à l'état où ils existent, soit dans les êtres organiques où ils prennent les noms distincts, soit dans l'ordre supérieur des êtres pensants et libres, le Moi actif, c'est-à-dire la substance à laquelle la force, l'intelligence et l'amour sont simultanément inhérents, détermine son action : et cet acte premier de la substance ou de l'être complet, selon sa nature, est la volonté.

La volonté est pour l'être intelligent ce qu'est l'instinct pour l'être organique. Or, il arrive souvent que l'instinct domine la volonté, ou que la volonté pervertie se détourne de sa fin véritable, pour se porter vers la fin purement individuelle de l'instinct. Et ce désordre passager est inévitable ; car le progrès indéfini qui ne s'accomplit que dans la synthèse supérieure de l'être, doit avoir pour résultat la parfaite subordination de l'instinct à la volonté. Que si la volonté succombe momentanément dans cette lutte, elle s'affaiblit et passe plus ou moins sous l'empire des lois nécessitantes de l'organisme. Elle en deviendrait l'esclave si, par l'influx divin de l'amour supérieur, l'être ne conservait la puissance de résister à l'amour organique. Et puisque le but ici-bas proposé à l'homme est de parvenir à la perfection et que cette perfection se résume dans l'union harmonique de la volonté et de l'instinct, ou dans la pleine subordination de l'instinct à la volonté, la loi générale de la force est qu'elle tend sans cesse à affranchir l'homme de la tyrannie de l'organisme par le concours de l'influx divin et du libre arbitre.

L'homme est en relation avec ce qui l'entoure, avec les êtres inorganiques, organiques et intelligents, lesquels agissent sur lui, et sur lesquels il réagit. Il n'est point isolé, il fait partie d'un tout à l'harmonie duquel il doit concourir librement. La force première ou infinie, la toute-puissance, réalise incessamment et développe sans fin, selon les lois de l'ordre et de l'amour, le type éternel de la Création, qui réside dans le Verbe, et toutes les forces finies, écoulement de cette force première, inépuisable, coopère librement dans les êtres libres, selon les mêmes lois de l'ordre et de l'amour, destinées à régler l'action des êtres finis, comme elles règlent l'action de Dieu.

En vertu des lois immuables, l'homme doit d'abord connaître l'ordre, qui est tout ensemble le vrai et le bien, et il doit l'aimer. Mais l'ordre impliquant l'unité parfaite, l'amour de l'ordre implique le sacrifice de tout ce qui sépare, divise, isole, de cette unité tout à la fois primitive et finale, ou le sacrifice de l'individualité, que la force doit accomplir par la volonté libre.

En effet, toute perfection, tout développement est là. dans la loi qui, subordonnant l'individu au tout, l'unit à ce tout et le dilate en lui. Le sacrifice ou la soumission de la raison individuelle à la raison commune ou universelle assure à l'être intelligent la possession du vrai, comme le sacrifice de l'amour individuel à l'amour social ou universel lui assure la possession du bien, et l'être intelligent avance en quelque sorte dans le vrai et le bien à proportion que sa volonté effectue ce sacrifice nécessaire, et l'on conçoit que s'il était possible que la création se sacrifiât complètement elle-même en se dépouillant du principe négatif qu'implique l'individualité des êtres contingents, elle cesserait d'être finie, elle rentrerait en Dieu et se confondrait dans son unité avec le Vrai et le Bien essentiels et sans bornes.

Les hommes ont toujours eu l'intuition de cette vérité, c'est pourquoi il n'y eut jamais de religion sans sacrifice. Sans doute, ils ont souvent faussé dans l'application cette grande loi qu'ils comprenaient mal, mais dont le sentiment les dominait avec une irrésistible puissance, et la nécessité du sacrifice dans ses rapports fondamentaux avec le Créateur et la conservation des choses exprimées par des actes symboliques, par l'offrande des prémisses et leur destruction, par l'immolation sanglante de certaines victimes consacrées, avait encore, dans ses rapports particuliers avec l'homme social, une autre expression non moins universelle, nous voulons dire les préceptes de la morale, qui ne sont tous que des prescriptions de dévouement, de sacrifice de soi aux autres.

Et il n'en pouvait être autrement, dès qu'on avait conçu la religion comme moyen d'union, et, comme la législation immuable, éternelle de l'unité suprême ou de la suprême vie. Car rien ne vit, rien ne subsiste que par l'union, rien ne se développe que par la fusion d'unités premières qui, en se pénétrant, forment une unité. Cela est visible dans le monde physique, et non moins visible dans le monde supérieur. Qu'est-ce que sentir, qu'est-ce que percevoir intellectuellement, sinon être uni d'une certaine manière à l'objet de la sensation et de la perception? Il devient nous, et nous devenons lui; et par conséquent il y a eu un don, un sacrifice réciproque, car se sacrifier, c'est se donner. Et c'est pourquoi la Création implique, si j'ose ainsi dire, un sacrifice perpétuel de Dieu, s'épandant, se donnant selon tout ce qu'il est, s'absorbant dans son œuvre ; comme la même Création implique un sacrifice, un don perpétuel d'elle-même, identique avec le moyen nécessaire de son existence et de son développement dont le dernier terme serait le sacrifice de ce qui l'individualise hors de Dieu : l'union infinie avec Dieu.

CHAPITRE XXVI

L'ÉTAT NORMAL ET L'ÉTAT ANORMAL DANS L'HOMME

L'homme, à la fois être organique et être intelligent, a dès lors un double mode d'existence, les lois de l'une diffèrent des lois de l'autre ; dans notre état présent, elles sont même souvent opposées. La chair convoite contre l'esprit, l'esprit résiste à la chair et doit la soumettre, la dominer, pour que l'ordre existe dans l'homme, pour qu'il se développe selon sa nature et que ses destinées s'accomplissent. Car la chair, l'organisme n'a de rapport qu'au temps, mesure de tout ce qui passe, tandis qu'en rapport avec l'infini, la nature intelligente parcourt, dans son développement, un cycle éternel. Et l'organisme néanmoins, étant inséparable de tout être fini, puisqu'il constitue l'individualité, fondement nécessaire de la personne, il est clair que ses lois, quoique essentiellement différentes de celles de l'être intelligent, ont cependant avec elles un rapport également essentiel, rapport de subordination parfaite, et le même, à certains égards, que celui qui unit et soumet la création à Dieu. Comme, en effet, la création se rapproche de Dieu sans cesse par des transformations successives, pour que Dieu soit de plus en plus manifesté dans l'univers ; ainsi, selon le dessin primitif du Créateur, l'organisme humain doit, par de successives transformations, suivre le développement perpétuel et sans fin de la nature humaine intelligente, et la manifester en quelque sorte dans toutes les phases de sa croissance, comme le monde des phénomènes manifeste le monde des esprits.

Mais le mal qui sépare l'homme de Dieu, du principe de sa

vie véritable et de son développement éternel, le precipite par là même dans la création inférieure, sous les lois de laquelle il retombe selon le degré de son abaissement, englouti dans la nature ; dans le variable de ce ténébreux abîme, domaine propre du temps, ou mourir est la condition de naître. La vie supérieure, qui se développe par un progrès ininterrompu, étant le principe efficace, des transformations successives que l'organisme doit subir pour se perpétuer lui-même comme l'être intelligent qu'il individualise, l'affaiblissement de cette vie supérieure ramène proportionnellement l'organisme sous l'empire exclusif de ses propres lois : d'où la mort sous sa forme actuelle, avec ses angoisses, sa nuit effrayante. Qu'est-elle en soi ? Un passage désirable d'un état imparfait à un autre état plus parfait, une transformation ascendante. Mais, sous notre mode présent d'existence, nous ne voyons, nous ne sentons, nous ne pouvons voir ni sentir que ce qui appartient à ce mode d'existence, ce qui dépérit s'en va, ce que nous laissons derrière nous comme un vêtement usé, et non pas ce que nous retrouvons, non pas le vêtement nouveau, plus léger, plus brillant, plus selon la nature supérieure de notre être. La mort a une double face ; elle est destructive, elle est reproductive, et l'une de ces deux faces nous est voilée ; de ce côté du sépulcre, nous ne découvrons que la destruction, tandis que la reproduction apparaît seule de l'autre.

Jusqu'à ce que s'accomplisse cette nécessaire transformation, il y a lutte dans l'homme, lutte des deux principes qui se disputent en lui la domination, le principe du bien et le principe du mal, l'amour individuel qui le concentre en soi, l'amour universel qui l'unit au tout en l'attirant vers Dieu ; et selon que l'un ou l'autre prévaut, selon que, par sa volonté libre, il détermine en soi le triomphe de l'un ou de l'autre, il en résulte deux états fondamentalement opposés, dans lesquels on doit le considérer pour le bien connaître, l'état normal et l'état anormal.

Il existe, quant à leur origine, une différence profonde entre les désordres purement organiques et les désordres qui, dans l'homme, affectent sa nature intelligente et morale. Ainsi, dans l'ordre organique, le désordre qui constitue la maladie, n'est en général qu'une conséquence inévitable de l'imperfection ou de la limitation essentielle des êtres créés: il ne dépend d'eux en aucune façon. Dans l'ordre moral, au contraire, le désordre ou la maladie est toujours originairement volontaire ; il a pour principe effectif un abus de liberté dont l'un des effets est d'aggraver et de multiplier les désordres de l'organisme.

Un esprit peut être faible sans être vicié, et tous sont faibles à certains égards, tous n'ont pas tous les dons et au même degré. Originairement ces différences dépendent de l'organisme ; car il n'est pas une seule manifestation, si élevée qu'elle soit, des puissances naturelles de l'être, qui n'ait ses conditions organiques.

Pour l'être spirituel, comme pour l'être organique, la maladie, c'est le mal. Or, le mal spirituel, le mal moral n'est que la prédominance du principe d'individualité sur le principe social, qui doit unir les êtres entre eux en les unissant à Dieu. En soi donc il consiste dans une direction mauvaise de la volonté libre, qui concentre en lui-même l'individu et le sépare de tout.

La tendance dominante à tout ramener à soi, à tout concentrer en soi, abaisse l'homme vers le monde inférieur, le monde des uns ou des phenomènes, des réalités contingentes. Il s'y enfonce, et rien ne le relève, et s'y absorbe tellement qu'il ne voit plus que lui, ne comprend plus que lui, volontairement banni du monde spirituel, du monde des causes, du Vrai immuable et nécessaire, dont il finit par nier l'existence, par en douter au moins, parce que l'œil interne obscurci n'en perçoit plus l'éternelle splendeur, on ne la perçoit que comme une lueur indécise. Et comme le Vrai est l'objet propre de l'intelligence, le terme et le moyen de toute conception, l'intelligence, qui se détache de lui, descend peu à peu de ses hauteurs et va se perdre dans la sensation.

Tel est le caractère de l'état anormal dans l'être intelligent état qui se particularise dans une multitude de maladies qui se manifestent dans un profond désordre. Un affaiblissement de la pensée, de plus en plus incapable de saisir ce qui ne frappe point les sens, ce qui ne saurait être découvert que par le regard interne de l'esprit dans l'éternelle lumière de Dieu. Ainsi les réalités spirituelles, invisibles à l œil de chair, les idées absolues et nécessaires, le monde divin, la Création typique lui échappe ; il est pour lui comme s'il n'était pas, renfermé dans son être individuel ; n'envisageant les choses que dans leurs relations directes avec lui, ne les jugeant que d'après leurs rapports à lui, il n'a d'autre règle d'appréciation que l'impression qu'elles font sur lui, que la sensation ou finalement, le plaisir et la douleur : ce qui constitue un état maladif, un état d'abaissement et de profonde dégradation de l'intelligence. Ne comprenant plus les vraies relations des êtres entre eux, leur subordination nécessaire, elle ne comprend plus le devoir, ni par conséquent l'ordre universel, la loi première de la vie et de chaque partie du tout. L'Être ainsi dégradé, végète sourdement au sein des ténèbres, habitant solitaire du monde fantastique qu'il s'est fait et dont il est le centre.

Ce grand désordre se manifeste d'une manière plus frappante, lorsqu'en se généralisant, il représente l'état même de l'esprit humain. Vivant plus de la vie organique que de la vie supérieure, il lui faut lutter sans cesse pour se dégager de ses liens ; l'homme alors est surtout préoccupé de la puissance infinie des forces mystérieuses dont il se sent enveloppé et y cherchant la raison cachée des phénomènes, il se forme en lui des croyances vagues et sombres, empreintes du sentiment de la fatalité, car en effet la fatalité règne souverainement dans le domaine propre de la nature ou de l'univers phénoménal.

Mais quand, plus tard, après que l'esprit s'est élevé à la claire connaissance de la Cause suprême, infinie, éternelle, il redescend systématiquement dans les régions infinies de ce qui varie et passe pour y construire l'édifice sacré de la religion, de la philosophie et de la science ; ce funeste abaissement, cette violation des lois qui président au progrès de l'humanité, indique une secrète maladie de l'être moral, une direction vicieuse imprimée à l'intelligence par la volonté antérieurement soumise à l'influence prépondérante de l'amour organique ou individuel. De là, en religion, le fanatisme aveugle et atroce, l'idiote superstition et l'impiété plus idiote encore ; en philosophie, les systèmes qui bannissent Dieu de son œuvre, les systèmes destructifs de la liberté, les théories sensualistes, égoïstes, qui sapent la base du devoir, en faisant de l'amour exclusif de soi ou de l'individuel, le mobile unique des actions humaines ; dans la science enfin, réduite à la simple observation des phénomènes, la loi qu'elle s'impose de les séparer de leurs causes réelles, en s'arrêtant là où les uns s'arrêtent, ou à détourner la vue de l'esprit de l'élément positif des choses, pour n'en considérer que l'élément matériel ou la limite : ce qui forme son point de liaison avec les théories philosophiques qui, ramenant tout à l'individu, demandent aussi, nécessairement, à l'organisme la raison de tout.

La prédominance du principe d'individualité, engendre, à l'égard de l'amour, les mêmes conséquences qu'à l'égard de l'intelligence. Elle l'abaisse, le détache du Bien, identique avec le Vrai, de sorte que, lui aussi, se dégradant sans cesse, va se perdre dans la sensation. Les maladies particulières, provenant de cette cause générale, constituent les passions mauvaises ou viciées, car il y a plusieurs sortes de passions ; et les passions en soi sont bonnes et nécessaires, puisque étant, dans l'être moral, l'expression de l'énergie essentielle et propre de l'amour, aucun acte de la volonté ne serait possible sans elles. Or l'amour peut être vicié, ou ses lois peuvent être altérées, violées de diverses manières.

Toutes les passions mauvaises, quelle qu'en soit la source immédiate, se combinant entre elles et présentant des multitudes de nuances, forment l'objet spécial des études du moraliste, comme les innombrables modifications que présente l'état de maladie dans l'homme organique, forment l'objet spécial des études du médecin.

Quand l'amour se dégrade chez un peuple d'une puissante organisation, on voit ce peuple chercher d'abord dans la conquête et la rapine une double jouissance d'orgueil et d'avarice, une sorte de rassasiement de la faim qui le tourmente, de l'insatiable convoitise de dominer et de posséder, et bientôt après se plonger dans une volupté molle, paresseuse, cruelle, dans une dissolution sans bases comme sans frein, dont une philosophie sensuelle et athée justifie le principe. Plus de vigueur politique ni guerrière, plus de vertus civiles ni de famille, plus de force d'aucun genre ; les arts languissent et se dépravent, la pensée même s'éteint. Ce qui reste n'est plus un peuple, mais je ne sais quelle masse en putréfaction. D'infectes vapeurs s'exhalent du fond de cette pourriture. Alors viennent des peuples sains, qui, pour préserver le monde de la contagion, enterrent le cadavre.

A mesure que l'homme perd le Vrai et le Bien, il perd aussi la liberté ; car la liberté est le fruit de l'intelligence et de l'amour, de l'amour supérieur qui l'unit au tout en l'unissant à Dieu.

La décadence morale de l'individu, comme celle des nations, cette lamentable chute de l'homme, tombé de sa sphère propre dans celle des êtres purement organiques, le désordre qu'il y entraîne avec lui, enfantent des douleurs inouïes et d'une misère inénarrable. Voyez l'empire romain, à partir des premiers Césars. Ainsi quand, se dépouillant de ses mâles vertus, le peuple roi se coucha sur le monde asservi comme sur un lit de prostituée, le stoïcisme réagit contre les doctrines sensuelles et les mœurs voluptueuses. Toutefois, fataliste dans ses dogmes, il ne possédait pas une vraie puissance de régénération ; car l'homme ne se régénère que par la liberté, par la foi en ses propres forces soutenues de la force infinie de Dieu. Le christianisme unit ces deux vues, ces deux éléments de l'ordre et de la vie : de là sortit le salut. Il opposa au mal une résistance active et commune, une résistance sociale, tandis que le stoïcisme n'y opposait qu'une résistance individuelle entièrement passive. Envisagés uniquement sous le rapport du secours qu'ils prêtent à chacun contre les maux qu'engendre la corruption publique et privée, de leur efficacité respective pour en alléger le poids, dix-neuf siècles d'expérience ont constaté l'immense supériorité du christianisme sur la philosophie du Portique.

Combien en est-il qui, obéissant à un penchant aveugle, à un attrait auquel ils pourraient résister, ne sauraient s'affranchir ensuite d'un attachement indigne, d'une passion qu'ils condamnent, qui les dégrade, les humilie, et dont peu à peu ils se sont rendus esclaves? Combien d'autres, par un abus analogue du libre arbitre, en voulant ce que l'ordre leur défendait, ont perdu l'empire sur leur volonté? Toute habitude vicieuse, devenue insurmontable, est une vraie folie, car il y a tout ensemble désordre et privation de liberté.

C'est ainsi que, de proche en proche, en déclinant toujours, quiconque abuse de sa liberté l'affaiblit graduellement et passe sous l'empire de la nécessité. Il existe donc une étroite liaison entre l'ordre purement intellectuel et l'ordre moral, entre ces deux ordres et l'ordre organique. Car l'ordre moral ne saurait être troublé, sans qu'il en résulte un abaissement intellectuel, sans que la faute engendre sa punition; et cette double perturbation intellectuelle et morale a pour effet inévitable une perturbation organique. Conséquemment le désordre, le mal peut être combattu de deux manières, par l'intelligence et l'amour, agissant directement sur la volonté; et une partie considérable des préceptes religieux, tendent à la fois à diminuer la résistance que l'organisme oppose à la volonté intelligente ou réglée par les lois de la nature supérieure.

C'est abuser des lois physiques que de nier les phénomènes qu'on ne sait pas accorder avec ces lois. Elles sont inaltérables, mais il en existe d'un autre ordre, qui en modifient l'action et par conséquent les effets. Appliquons cela à la vision. On ne voit pas sans lumière : voilà la loi la plus générale. Qui ne voit pas qu'au-dessus des lois physiologiques, il existe encore d'autres lois, qui s'élevant toujours, deviennent les lois de la pensée même ou de la pure vision, de la vision intellectuelle.

Ainsi les êtres considérés soit dans leur nature distinctive, soit dans leur évolution, ne sauraient croître en perfection, qu'en se rapprochant du mode d'être de Dieu, participant plus abondamment à la durée qui lui est propre, à son éternité, comme dans leur rapport avec l'espace, ils participent aussi à son immensité ; car la sphère de connaissance, et la sphère d'action est une réelle extension de l'être. Questions importantes et fondamentales en philosophie, de reculer les bornes arbitraires dans lesquelles on s'efforce trop de circonscrire la science ; de réprimer l'orgueil qui croit avoir embrassé la nature ; quand à peine a-t-il entrevu les bords de son vêtement, et, en ouvrant à la pensée de plus vastes perspectives qui ne sont elles-mêmes, qu'un point dans la Création, d'élever l'homme jusqu'à une hauteur d'où il puisse contempler, avec une admiration sans cesse plus profonde, la grandeur merveilleuse et la magnificence de l'œuvre de Dieu.

CHAPITRE XXVII

DES PUISSANCES ACTIVES DE L'HOMME

A mesure que l'on découvre plus clairement l'unité de la Création et la simplicité des lois qui la régissent, on éprouve une joie aussi vive que pure, une de ces joies intellectuelles qui sont comme le sentiment de la possession intime du Vrai, de notre union, au sein de l'éternelle lumière, avec l'Etre immuable, nécessaire, infini

Agir, c'est se développer, c'est étendre son être, c'est manifester dans l'ordre des réalités effectives, car tout développement implique l'exercice des énergies inhérentes à l'être. Sitôt que l'homme commence d'être, il commence d'agir. Purement physiologique, son action première s'exerce sur le milieu où il est plongé, où s'opère sa croissance, et qu'il assujettit à ses lois.

Car la lutte persiste après sa naissance et s'agrandit indéfiniment. La nature entière agit sur lui pour l'absorber en soi, et il réagit sur la nature pour se soustraire à ses dévorantes étreintes, pour la dominer, pour la contraindre de satisfaire à ses besoins, puis à ses désirs de toute sorte, à son insatiable avidité de jouissance nouvelle. Victorieux dans ce combat d'esclave, il devient maître ; il commande aux puissances aveugles qui le retenaient, effrayé, tremblant, sous leur joug fatal ; il les transforme en instrument de sa propre puissance et en se développant lui-même, il concourt par sa volonté libre, au développement de l'univers, il s'associe à l'action de Dieu, coopère à son œuvre.

La satisfaction des besoins physiques cesse d'être le but exclusif de l'activité de cet être, en qui la vue du Vrai, confusément aperçu dans sa source, a éveillé le sentiment de l'ordre, de l'harmonie, du Beau. S'il ne la découvrait pas sous sa forme infinie, s'il n'en avait plus l'aperception directe, il ne pourrait jamais le reconnaître dans ses reflets, dans les imparfaites et fugitives images qui le manifestent au sein de l'espace et du temps. Mais quand il voit Dieu d'une vue immédiate, il le voudrait voir encore médiatement dans la Création ; il l'y voit dans ses relations avec son œuvre, expression de sa pensée, de sa puissance et de son amour, expression finie, et par là même plus accessible aux esprits finis. Le Beau à ses yeux rayonne de toutes parts sous l'enveloppe matérielle qui le voile, et ravi de cette splendeur qui lui révèle comme un autre univers, il cherche à reproduire dans ses propres œuvres, ce sublime caractère de l'œuvre divine. La sphère de son activité s'élargit ; l'Art, en naissant, ouvre à ses regards des perspectives illimitées.

Dans le développement de l'homme, de ses puissances actives, cette apparition de l'Art marque le commencement de la vie qui l'élève au-dessus des êtres inférieurs, son entrée dans une sphère sans bornes où il devra se dilater éternellement. L'Art précède la Science, puisqu'il n'implique que la simple vision du Vrai, dont la Science implique de plus la connaissance intime ou la conception. A cette époque de son développement, l'homme vit dans une double sphère ; il vit au sein de la pure lumière qui émane de Dieu et qui est Dieu même ; il se sent en lui, mais il se sent aussi dans la Nature, en partie dégagé, séparé d'elle, en partie plongé, absorbé en elle. Et cette période est celle de l'Art : car l'Art n'est que l'incarnation du monde typique dans le monde phénoménal. Car si la connaissance des phénomènes s'acquiert par les sens, il faut encore acquérir par l'esprit la connaissance des causes et de leurs lois, sans laquelle point de science véritable. C'est la science qui fournit à l'homme des armes pour vaincre la nature ; ce sont les pures conceptions de l'esprit qui dégagent de son obscure enveloppe, le modèle que l'Art s'efforce de reproduire, le Beau infini, éternel.

Eritis sicut dii scientes, voilà le but assigné aux êtres intelligents. Ils aspirent à connaître d'une connaissance parfaite, d'une connaissance divine, à remonter vers les sources, vers le principe au sein duquel ils ont leur racine ; ils puisent leur sève vitale, à se dilater en lui, à s'identifier à lui, sans cesser d'être eux-mêmes ; car tout ce qui est veut être, et veut être soi. De là, les lois de leur activité. L'homme se développe en se séparant toujours plus de la création inférieure, en même temps qu'il s'unit toujours plus à la création supérieure, et finalement à Dieu qui est le terme de sa tendance. L'esprit n'est actif que de cette manière. Lorsqu'il entrevoit des vérités nouvelles, il ne fait autre chose que discerner, individualiser ce qui auparavant était absorbé dans la vision uniforme du tout. Il y a là une image de la Création. Dieu a créé et continue de créer le monde en réalisant hors de soi les êtres dont les types ou les idées spécifiques sont renfermées dans son entendement, dans son être infini. L'homme, qui connaît Dieu, a pareillement un monde, le même monde à réaliser par sa pensée : il est aussi créateur en ce sens. La Création n'a d'être en effet, de réalité, pour lui, qu'autant qu'il la connaît, et au degré où il la connaît.

L'intelligence, mariée au Verbe, conçoit et enfante ce qu'elle a conçu, et l'individualisation des pensées diverses dans l'unité de l'intelligence qui voit Dieu, n'est qu'une tendance à reproduire l'intelligence divine elle-même, dont l'éternelle manifestation est le Verbe infini.

Par cela même, l'intelligence tend à se rapprocher du mode d'être de Dieu, à s'affranchir des conditions du temps et de l'espace. Voilà pourquoi l'esprit humain, à mesure qu'il avance dans ces voies, connaît mieux l'avenir et le passé devenus pour lui le présent, un présent qui se dilate sans cesse. On fait aujourd'hui l'histoire de la terre, l'histoire des peuples primitifs, l'histoire de ce qui n'est connu par aucun document. Avec un fragment d'os, Cuvier reconstituait un animal d'un genre perdu. C'est l'image de la science actuelle, elle ira encore plus loin : un jour le fragment d'os ne lui sera même pas nécessaire.

L'homme victorieux de la Nature, dégagé de ses liens, et la Nature élevée jusqu'à l'homme par son obéissance, par son entier assujettissement à l'être qui la gouvernant selon les lois d'un ordre supérieur, l'associant à ses fonctions propres, l'associe par là même à ses perfections. Admirez l'unité de la Création et la simplicité des lois qui la régissent. Cette sublime action de l'homme sur le monde inférieur, de l'homme attirant à soi la Nature, l'informe en quelque manière par une réelle expansion de lui-même, et l'élève avec soi dans son mouvement ascensionnel et perpétuel vers Dieu. En effet, à mesure que les corps apparurent originairement, les plus complexes élevèrent jusqu'à eux les formes inférieures, et c'est ainsi que, d'une masse gazeuse, flottante dans l'espace, notre globe devient ce qu'il était lorsqu'un commencement de végétation put s'y établir. Modifiant à leur tour les gaz et les corps inertes, les absorbant, les combinant, se les assimilant, les rendant de la sorte participants de leur perfection, les végétaux aussi les élevèrent jusqu'à eux. Ce qu'ils avaient fait à l'égard des corps inorganiques, les animaux ensuite le firent à leur égard. Ils les absorberont en soi, les identifieront à soi, élevant ainsi de nouveau la Nature jusqu'à eux. On connaît par là les origines de l'homme. Sous ce rapport, il en est de l'humanité entière comme des individus successifs dont elle se compose. A cet égard, on en est réduit à de simples conjectures, à ce que l'esprit peut déduire de quelques observations indirectes et surtout de la connaissance des causes et des lois générales. C'est ce que les hommes ont toujours fait, ce qu'ils feront toujours, leur nature les y porte invinciblement. Voilà pourquoi l'enfant rapporte naturellement à Dieu tous les effets qui le frappent ; voilà pourquoi encore le genre humain, près de son origine, voyait en toutes choses comme l'enfant l'action de Dieu et son intervention directe. Il ne se trompait pas quant au fond, et même lorsqu'il multipliait les divinités pour qu'elles correspondissent à la multiplicité des effets observés, ne faisait-il qu'individualiser les causes particulières dans la cause générale ? La science, même aujourd'hui, ne fait pas autre chose : seulement, tandis que les anciens, ne considérant les causes particulières que dans leur rapport radical avec la cause universelle, la science les conçoit ou cherche à les concevoir dans ce qui les spécifie ou dans leur caractère distinctif. En cela consiste toute la différence. Mais comme il faut toujours chercher en Dieu ou dans la Cause universelle l'origine et la raison de la cause dérivée, la science fait donc au fond la même réponse que les anciens ; la même réponse que le petit enfant. Cependant, sous un autre point de vue, sa réponse marque un progrès immense. Ainsi à mesure que l'intelligence se développe, elle spécifie un plus grand nombre de causes particulières ; c'est-à-dire que découvrant les relations spéciales de la cause une et universelle aux phénomènes divers, elle arrive à reconnaître les causes immédiates, leurs lois propres, et par là à exercer sur le monde extérieur une action qui n'est physiquement que celle de ces causes mêmes dirigées à de certaines fins.

Plus l'homme avance dans cette connaissance, plus s'élargit le cercle des problèmes qui ont pour lui une solution réelle ou scientifique.

L'homme dans son intégrité organique constitue l'une de ses fonctions naturelles, nécessaires, la nutrition, la respiration. Il exprime ses rapports avec le monde phénoménal, et sa nature comme être animé, doué d'instinct et de la faculté de sentir.

Mais l'univers n'est pas le seul objet de sa vision. S'il perçoit la lumière physique par les sens qui lui sont communs avec les animaux, il perçoit encore intérieurement la pure lumière qui manifeste ce que les sens ne peuvent atteindre, la lumière essentielle, identique avec la Parole, le Verbe infini, et dans cette lumière, il voit Dieu, et en Dieu, l'immuable, le nécessaire, le Vrai, les idées, les causes éternelles. La vision de Dieu et du vrai en Dieu implique, comme la vision de l'univers et de ses phénomènes, une modification de l'être qu'elle affecte, de l'être voyant, c'est-à-dire qu'elle implique une condition organique, qui se manifeste extérieurement par la voix.

La parole coexiste avec la pensée ; elle en est le rayonnement, la splendeur ; et la pensée, la vision du Vrai étant naturelle à l'homme, la parole lui est naturelle aussi. Il voit Dieu et le vrai en Dieu, comme il voit l'univers et ses phénomènes.

Le langage suit les progrès de l'intelligence ; son évolution correspond à l'évolution de l'esprit dans la connaissance et, sous ce rapport, toute langue est l'expression d'un système d'idées et de connaissances acquises, le fruit du travail commun d'une longue suite de générations.

Le langage, dans sa constitution intime, représentait Dieu et l'univers, leurs relations, leurs lois fondamentales et nécessaires. Mais le langage humain est, en outre, une manifestation spéciale et permanente de la nature de l'homme. Il correspond à tout ce qu'elle renferme, il l'exprime tout entière, sensation, passion, idées, et les rapports mutuels de ces choses, d'où naissent, dans la sphère du pur entendement, les formes grammaticales et logiques des langues, et, dans la sphère dépendante de la faculté de sentir, leur nombre, leur rhythme, leur mélodie.

Quand on compare l'état primitif de l'homme à son état présent, sa faiblesse native et la puissance qu'il a successivement acquise, le dur vasselage où le retenait originairement la Nature et la domination qu'il exerce maintenant sur elle, on contemple avec étonnement un si merveilleux progrès. Multipliant à volonté et variant indéfiniment les combinaisons des corps, il les fera tous servir à la satisfaction de ses besoins, à la conservation de sa vie, au développement de son être. La pensée de tous et l'action de tous, affranchie en partie des conditions de distance, seront, en quelque sorte, présentes à la fois partout. Alors achèvera de s'opérer la transformation de la Nature, coordonnée à l'homme, associée à ses fonctions, devenue comme l'extension de son propre organisme ; et s'élevant avec lui, d'un mouvement éternel, vers le terme désiré, l'Unité infinie où tendent tous les êtres.

CHAPITRE XXVIII

DE L'ART

Le développement de l'activité humaine dont l'Art est l'expression suppose le développement des facultés de l'être organique en relations avec le monde phénoménal ; nous percevons le réel, et des facultés propres de l'être intelligent, en relations avec le monde des essences, nous percevons le Vrai. Car l'Art implique le Beau essentiel, immuable, infini, identique avec le Vrai dont il est l'éternelle manifestation, et quelque chose qui le rende accessible à nos sens, qui le détermine au sein de la création contingente ; et comme le Vrai ou l'être infini est, dans son unité, la source d'où dérive l'inépuisable variété des êtres finis qui le manifestent dans l'univers, le Beau infini est la source d'où dérive le Beau créé, ou la variété inépuisable des formes limitées qui le manifestent dans l'espace et le temps.

Puisque le Beau n'est dans son essence, que la manifestation du Vrai, et que rien ne saurait être manifesté que par la forme qui détermine et spécifie l'être ; il s'ensuit que le Beau est l'être même en tant que doué de forme, et qu'ainsi la forme est l'objet propre de l'Art, non pas simplement la forme nécessaire, immatérielle, éternelle de l'idée pure, mais cette même forme réalisée sous les conditions de l'étendue dans le monde contingent des phénomènes et conséquemment l'Art implique deux éléments inséparables, l'élément spirituel ou idéal dont le type premier est infini, l'élément matériel dont le type premier est le fini. L'un correspond à l'unité primordiale absolue, et se résout en elle ; l'autre aux manifestations limitées, partielles, diverses, de cette unité première, et se résout en elle. Le rapport naturel de ces deux éléments, l'unité et la variété, constitue l'harmonie essentielle à l'Art.

Le Beau infini est le Verbe ou le replendissement, la manifestation de la forme infinie qui contient dans son unité toutes les formes individuelles finies.

Plus une forme finie s'en rapproche ou plus elle implique dans son unité relative de formes diverses harmoniquement liées, plus elle a de beauté ou plus elle participe au Beau infini, éternel.

Supposez une forme de l'ordre le plus élevé réalisée dans l'univers, cette forme incarnée constituera un être individuel, et cet être dont la forme est impérissable, pourra être bon ou mauvais, selon la diversité des rapports dans lesquels l'être est avec Dieu, selon que son amour tend vers lui ou vers soi. Appliquons ceci aux croyances chrétiennes.

Au point de vue du christianisme, le Beau essentiel, en tant qu'objet de l'Art, manifesté sous les conditions de la limite ou de l'organisme, est le Christ, en qui l'idéal existe à son plus haut degré. « Qu'est-ce, en effet, que le Christ ? *Le Verbe fait chair, le Dieu-Homme*, l'être en qui l'amour substantiel a consommé l'union du fini et de l'infini, et qu'il pénètre, qu'il anime, comme il anime Dieu même. » Le Verbe est descendu jusqu'à l'humanité, l'humanité s'est élevée jusqu'au Verbe. Sous cette forme sensible, expression de notre nature resplendit la forme incréée, inaccessible aux sens, en qui se contemple le Souverain Etre et par laquelle il se connaît. Le Créateur et la Création que l'homme résume en soi, sont là tout ensemble distincts, celui-là incorporé dans son œuvre, celle-ci spiritualisée dans son exemplaire éternel. C'est le Beau complet, le Beau dans ses rapports avec le Vrai et le Bien.

Le Beau dans ses rapports avec le faux et le mal, le Beau séparé de Dieu ou correspondant à l'individualité pure, a son type dans Satan, la plus parfaite des natures créées, mais la plus éloignée de Dieu, la plus perverse, la plus souffrante. La forme reste avec sa beauté essentielle impérissable, et l'on frémit en la voyant. Le mal est là, l'idéal du mal incarné dans cette forme. Les ténèbres rayonnent de cette face, la haine scintille dans ces yeux, l'orgueil inflexible siège sur ce front. Cette forme ravissante, isolée du Créateur, isolée de la Création, est suspendue dans le vide comme un météore effrayant.

Il y a donc deux genres de beauté, la beauté matérielle ou individuelle de la forme ; et la beauté idéale de cette même forme où resplendit le Beau infini de qui elle découle et auquel elle demeure unie. De l'union de ces beautés résulte la Beauté suprême, sous le point de vue de l'Art.

La beauté déchue, concentrée en soi et dès lors en rapport inverse avec le Beau infini, est encore beauté en ce sens qu'elle exprime la nature essentielle de l'être, son type idéal, éternel ; mais cette beauté même, modifiée par l'état désordonné de l'être ou exprimant aussi cet état, s'empreint d'un caractère qui repousse et glace, comme une manifestation du mal.

Le laid est une forme qui nous répugne, par une secrète disconvenance avec notre mode particulier de sentir, mais celui-ci n'est que relatif, une disproportion marquée dans une forme naturelle, une violation de ses lois harmoniques, c'est le laid absolu. La laideur, néanmoins, à travers laquelle reluit le Beau idéal dans ses relations avec le Vrai et le Bien, peut occuper dans l'Art un rang plus élevé, plaire davantage, toucher, émouvoir plus profondément que la simple beauté physique.

Dès que la vision du Vrai et le sentiment du Beau apparaît dans l'homme, il se manifeste dans ses œuvres où commence à briller la lumière nouvelle qui l'illumine intérieurement. Comme les rayons réfractés par l'atmosphère dissipent peu à peu les ténèbres de la nuit et annoncent le lever de l'astre ; cac héencore sous l'horizon, l'Art annonce le lever de la science dont il est l'éclatante aurore. Car tout se tient, tout s'enchaîne ; aucun progrès ne s'opère brusquement, ne s'accomplit dans une sphère isolée. Ce qui a précédé l'art, ce qui le suit, en est inséparable. Le Beau en est l'immuable objet, mais l'esprit l'aperçoit sous des aspects divers ; ce qu'il importe d'observer, c'est qu'à mesure que la conception s'agrandit et se rapproche de son terme, le Vrai infini, l'Art aussi s'agrandit et se rapproche de son terme, du Beau également infini. Par où l'on voit que l'Art est, ainsi que la science, indéfiniment progressif, qu'il est absurde de supposer qu'il existe pour lui une limite dernière, éternellement infranchissable. On dit, bien entendu, que le progrès continu dans le genre humain perpétuellement jeune, ne l'est pas dans chaque peuple qui vieillit et meurt comme l'individu. Mais pendant que s'opère l'enfantement d'une société nouvelle, pendant que s'élabore au fond de l'intelligence générale la conception au type futur du Beau, l'Art sommeil ? ou ne présente que des reproductions altérées, une suite de vue, lointaine et confuse du modèle que peu à peu le temps dévoilera.

Qu'est-ce en effet, que l'univers ? la manifestation finie de l'Etre infini, la réalisation extérieure et sensible des types immatériels qui subsistent distinctement dans son unité. Ainsi, Dieu étant lui-même le modèle qu'il reproduit au dehors en le créant, l'artiste divin s'exprime dans son œuvre, s'incarne en lui, se révèle par lui, et son œuvre dès lors manifestant, sous les conditions de la limite essentielle à la Création, l'Etre ou le Vrai infini, manifesté en quelque sorte, brisé, dispersé par l'épais milieu du monde des phénomènes, comme le rayon solaire se livre et se décompose dans le prisme.

Les lois de l'Art ne sont donc que les lois mêmes de la Création, sous une autre face, et cela doit être puisque le Beau, objet propre de l'Art, n'est que le Vrai identique lui-même avec l'Etre.

Le sentiment du Beau naît pour nous du spectacle de l'univers, lorsque par la vision des idées, nous livrons aux formes contingentes leurs types nécessaires ; lorsqu'à travers l'enveloppe matérielle visible à l'œil de chair, l'esprit découvre l'invisible essence.

La Création alors prend un nouvel aspect, elle s'anime, se spiritualise ; tout un monde, voilé jusque-là, vit et palpite au sein du monde phénoménal. Sous chaque forme passagère en chaque être fugitif, reluit l'exemplaire éternel ; et comme Dieu se contemple en soi, dans les idées qui le manifestent à ses propres regards selon tout ce qu'il est, l'homme le contemple dans ces mêmes idées réalisées extérieurement. Incarnées au dehors de lui par la puissance créatrice elles deviennent les êtres réels dont l'ensemble forme l'univers ; et Dieu, présent à tout ce qui est, puisque tout ce qui est tire de lui son être, est une effusion de son unité inépuisable et inaltérable. Dieu habite aussi, remplit de soi l'univers ; et l'univers, dès lors, selon la belle pensée des anciens, est vraiment le Temple de Dieu, le sanctuaire enveloppé d'une mystérieuse lumière, où il réside visible et caché.

Connaître, comprendre l'œuvre divine, voilà la Science ; le reproduire, sous des conditions matérielles ou sensibles, voilà l'Art et ainsi l'Art entier se résume dans l'édification du Temple, image imparfaite et finie du monde infini en Dieu, de la Création progressive. La Création est le temple que Dieu s'est construit, la demeure qu'il s'est faite au sein de l'espace, et où resplendit dans ses innombrables reflets le Beau absolu ; le Temple construit des mains de l'homme représente pour lui la Création telle qu'il la connaît et la conçoit dans sa cause première et dans ses effets, de cette cause continuellement féconde, dans son unité et ses variétés, dans ses lois de tout ordre, dans ses relations avec les puissances, l'intelligence, l'amour, qui réalisent incessamment. Il est l'expression la plus complète de la conception qu'il a du Vrai, du sentiment qu'il a du Beau, le centre où aboutissent, où se combinent et s'unissent dans un harmonieux ensemble les manifestations de sa nature intellectuelle et morale.

La Création émane de Dieu et tend à le reproduire par une évolution sans terme qui la dilate indéfiniment dans l'espace ; et, en se dilatant, elle se réfléchit vers son éternel principe, gravite vers lui, aspire à s'unir à lui, à s'absorber en lui.

Le Temple aussi émane de la divinité qui le remplit de soi ; il est l'évolution plastique de l'idée que l'homme a d'elle, de sa nature et de son action manifestée dans l'univers ; elle en est tout ensemble et la puissance génératrice, et la forme typique et la vie. Du sanctuaire qu'elle habite invisiblement, le Temple rayonne au dehors, se dilate dans l'espace, toutes les parties étroitement liées convergent vers le sanctuaire, gravitent vers le point central où réside leur principe, aspirent à se pénétrer, à se confondre en lui, pour accomplir l'union parfaite du fini et de l'infini.

Le caractère du Temple étant déterminé par une conception précédente de Dieu et de son œuvre, et des lois de son œuvre, évidemment il se modifie suivant la différence des conceptions philosophiques et religieuses ; d'où les diversités que l'esprit présente chez les divers peuples, et quelquefois chez le même peuple à des époques diverses, considéré tel qu'il se produit et se développe dans le temple chrétien.

Selon les dogmes du christianisme, le monde a été donné pour demeure à l'homme, qui déchu de l'état d'innocence où Dieu l'avait créé et ayant entraîné la nature dans sa chute, accomplit sur la terre une vie d'épreuves et d'expiation, vie passagère dont le terme doit être l'éternelle possession de Dieu avec lequel le Verbe incarné, le Dieu-Homme, le second Adam, chef et sauveur de l'humanité qu'il résume en soi, l'a réconcilié par le volontaire sacrifice de lui-même. L'homme donc, voyageur ici-bas, sacrifié à ses devoirs, aspire à sa vraie patrie, s'avance vers elle souffrant, se sacrifiant et pleurant, jusqu'à ce que, ayant déposé sa dépouille périssable, il aille attendre, au sein des joies promises à ceux qui auront cru, espéré, aimé, le jour formidable aux pécheurs, glorieux pour les justes, où revêtant de nouveau son enveloppe corporelle, mais spiritualisé, impassible, immortel désormais, il se transfigurera, et avec lui la nature entière, comme le Christ sur le Thabor.

Le Temple chrétien représente cette conception de Dieu et de son œuvre, il représente la Création dans son état présent et dans ses rapports avec l'état, les lois et les futures destinées de l'homme. Symbole de la divine architectonique, le corps de l'édifice sensible, ainsi que le modèle dont il reproduit le type idéal, se dilate indéfiniment, et, sous ses voûtes élevées qui s'arrondissent comme celle des cieux, il exprime par ses fortes ombres et la tristesse de ses demi-jours, la défaillance de l'univers obscurci depuis la chute. Une douleur mystérieuse vous saisit au seuil de cette sombre enceinte, où la crainte, l'espérance, la vie, la mort, exhalées de toutes parts, forment, par leur mélange indéfinissable, une sorte d'atmosphère silencieuse, qui calme, assouplit les sens, et à travers laquelle se révèle, enveloppé d'une lueur vague, le monde invisible. Une secrète puissance vous attire, là où réside, voilé, le Dieu rédempteur de l'homme et réparateur de la Création, et d'où émane la vertu plastique qui imprime au Temple sa forme. Dans ses axes croisés, il offre l'image de l'instrument du salut universel ; le Temple entier exprime aux yeux l'aspiration naturelle, éternelle, de la créature vers Dieu, son principe et son terme.

Tel est le commencement de l'Art, sa manifestation première dans ses relations avec l'idée chrétienne. Il élève une demeure à Dieu sur le modèle de celle que Dieu s'est faite lui-même, et Dieu remplit de soi le temple, image symbolique de la Création, comme il remplit de soi l'univers. Tous les arts sortiront de cet Art initial par un développement semblable à celui de la Création même.

Le christianisme pour qui la Nature n'est que la voie qui conduit à Dieu, préoccupé principalement de la régénération spirituelle de l'homme, a aussi ses chœurs, dont les mystiques évolutions expriment le mouvement final de la créature vers Dieu, dans ses relations avec les mystères de la foi chrétienne, et, avec le Dieu-Homme, le Verbe incarné, invisible et présent sous les voiles du sanctuaire.

Des profondeurs du Temple sort une voix qui monte dans les airs et se propage au loin. Solennelle aussi, mystérieuse, et comme l'écho d'un monde invisible, elle remue les secrètes puissances de l'homme. C'est la cloche avec sa voix retentissante qui fait vibrer toutes les puissances de l'âme. Lorsqu'au milieu de ce monde, vibre soudain la voix majestueuse, douce, sévère de l'orgue ; qu'elle remplit de ses accords infiniment variés les voûtes frémissantes, ne dirait-on pas la voix de tous ces êtres dont la création vient de s'opérer sous vos yeux. Qu'à la voix des êtres inférieurs l'homme mêle sa voix, sa parole et son Verbe, sublime manifestation de l'intelligence qui le distingue d'eux, aussitôt toute cette création s'agrandit, se dilate par ses chants, resplendit d'une lumière nouvelle ; un lien plus étroit unit les deux mondes, le monde des phénomènes et le monde idéal. Destiné lui-même à se développer indéfiniment, le Verbe humain, à sa naissance, lorsque sortant du sein de la nature organique, il apparut au dehors tel qu'une fleur à demi éclose et revêtue encore de ses premières enveloppes, est ce qu'on nomme Poésie. La Poésie, c'est l'univers et, dans l'univers, Dieu, vu, senti, saisi à la fois par toutes les puissances de l'être. Ainsi par elle s'opère dans une région plus élevée, l'union du réel et du Vrai, de la pensée et de la sensation, de la Nature et de son type éternel.

En mariant sa voix à la voix des êtres inférieurs, qui du sein du Temple, monte vers les cieux comme l'hymne universel de la Création, l'homme exprime ses conceptions du Temple et du Dieu qui l'habite. Il dit en ses chants ce qu'est ce Dieu ; il dit quels sont les liens qui l'unissent à ses créatures.

En se spiritualisant, l'Art prend un de ses caractères, il tend à se transformer en pure science, la pensée se dégageant toujours plus de ses corporelles enveloppes, et se rapprochant par son expression du Vrai immatériel. En effet, l'homme occupe dans la Création divine une place fixée par ses rapports avec la Création et avec son Auteur. Or, pour obéir à ces lois, il faut qu'il les connaisse, il faut qu'il connaisse Dieu et l'œuvre de Dieu. Dans le langage religieux, cette connaissance prend les noms de dogme et de morale. La morale et le dogme doivent avoir leur manifestation dans le Temple ; et la voix encore en est le moyen, car elle s'opère par la parole qui communique la pensée, l'idée, qui révèle, enseigne.

Au milieu des solennités du Temple, l'orgue se tait, les chants s'interrompent. Vers un lieu qui s'élève entre les voûtes et le pavé, on voit s'avancer le ministre de la parole. Ses vêtements symboliques, sa lente démarche, son front grave et sévère inspirent le recueillement. Debout, immobile, il promène ses regards sur la multitude en attente. Puis de ses lèvres commence à couler, tel qu'un fleuve de vie et de lumière, l'enseignement qui éclaire et nourrit l'esprit. Il dit ce que Dieu est en lui-même, ce que peut exprimer le langage humain des mystères de sa trinité. Il raconte les merveilles de sa puissance dans la Création, ses bienfaits envers l'homme, l'ingratitude de celui-ci, sa révolte, le premier péché, ses suites lamentables, l'incarnation du Verbe, son passage sur la terre, ses souffrances, sa mort, pour accomplir la rédemption du genre humain. Le ministre de Dieu épanche sur les hommes, avec les flots de sa suave parole, toutes les espérances de la foi, toutes les joies de l'amour. A travers les travaux de l'exil, les épreuves, les fatigues de cette route mystérieuse où l'on trouve à chaque pas les divines traces du Fils de l'homme, il conduit le juste vers la patrie où s'évanouissent toutes les douleurs dans une félicité ici-bas incompréhensible, dans l'immuable possession du Vrai, du Bien, du Beau infini, là où par l'union réelle et mystique des créatures avec le Christ, du Christ avec son Père, toutes choses seront à jamais consommées dans l'unité.

Le Christianisme s'est, en quelque sorte, implanté dans la vie terrestre, et chaque jour il y pousse de plus nombreuses racines, chaque jour ses branches s'abaissent pour abriter le voyageur insouciant et distrait. Enfin le caractère de la vieille cathédrale disparaît entièrement. L'art païen a envahi le Temple, et ce Temple, qui n'est plus l'expression de l'univers et de Dieu qui le remplit de sa gloire, sera Saint-Pierre de Rome ; le symbole imposant d'une autre grandeur et d'une autre puissance de la puissance et de la grandeur de la Papauté qui l'élèvera près des palais superbes d'où elle commande au monde.

Jusqu'à l'invasion des peuples du nord, l'architecture civile des nations chrétiennes, du moins en Occident, fut comme leur architecture religieuse, exclusivement romaine. Puis l'art s'affaissa sous les ruines de l'empire, mais pour renaître avec un caractere nouveau. Il se résume tout entier en deux édifices, l'église et le château, auxquels en pourrait joindre le couvent.

A cette époque de violence et de désordre, celui-ci recueillait, au fond des forêts et des vallons incultes, à l'ombre de la croix protectrice du faible, ceux qui portant avec douceur le poids de la société, ou d'eux-mêmes, cherchant dans le travail du corps le repos de l'esprit, la paix dans le sacrifice de soi, la liberté dans l'obéissance, les joies intimes de l'homme intérieur dans la contemplation de Dieu et des mystères de la vie future. A mesure que ce détachement devient une source de richesse et de pouvoir, le monastère s'agrandit. Le château féodal se dresse comme le spectre de la guerre sur un roc isolé et nu. Le monastère recherche le silence et l'ombre des bois, le calme des eaux tranquilles. L'église champêtre s'élève sur la pente du coteau, au-dessus des cabanes du pauvre pour le bénir et le protéger. Partout vous trouverez de semblables harmonies. Elles associent la pensée de l'homme à la pensée de Dieu, et sa vie passagère à la vie perpétuelle de la Création ; elles opèrent la mystique union de la nature à la Nature universelle de ses œuvres et de l'œuvre divine, dont il aspire, par un puissant intérêt qui révèle sa grandeur, à reproduire le type éternel.

Toute philosophie est dans l'Art, parce que tout Art doit être dans la vraie philosophie, et c'est pourquoi ils se vérifient l'un par l'autre. Otez Dieu de la Création, le Beau n'a plus de type essentiel, l'Art manque de raison, de vie, il n'en reste que le cadavre. Otez à la Création sa réalité, faites-en comme l'Inde antique, un simple rêve de Dieu, le Beau n'a plus de formes sensibles, et l'Art, impuissant à le manifester, s'évanouit au sein de l'unité incompréhensible.

Le christianisme n'absorbe point Dieu dans l'homme comme le Grec ; il n'absorbe pas non plus l'homme en Dieu, comme les religions orientales ; mais la nature divine et la nature humaine subsistant distinctes, il les suppose unies d'une union infinie dans le type de l'humanité, le Christ, l'Homme-Dieu ; et tout homme doit tendre à s'unir à Dieu, par le Christ et dans le Christ, de la même union infinie. Jusqu'à ce que cette union s'opère, l'homme infirme, souffrant, gémit dans l'obscure prison de ce corps périssable dont il sortira pour revêtir un autre corps plus délié, plus parfait, plus spiritualisé, *corpus spiritale*, suivent l'expression même de S. Paul.

En se faisant homme afin de régénérer l'humanité, le Verbe divin voulut, selon la foi chrétienne, s'assujettir, quoique exempt de péché, aux misères, aux souffrances, lamentable apanage de cette vie terrestre, et enfin à la mort dépouillée par lui, non de son caractère pénal, mais de la puissance absolue qui auparavant lui soumettait l'homme. Ce sacrifice accompli, les voiles s'effacent, l'enveloppe mortelle se transforme, et du Christ glorifié rayonnent de toutes parts le Beau infini et la suprême béatitude.

Tel est pour l'art chrétien, le type idéal dont le caractère doit se trouver, en tout homme uni spirituellement au Christ, par la disposition dominante de sa volonté, à partir du moment où la grâce prédomine, on arrive par une série de nuances successives à un dernier terme qui est le Saint, pleinement uni au Christ, uni à Dieu ou au Bien infini.

CHAPITRE XXIX

LE BEAU DANS L'ART

Dieu se manifeste dans ses œuvres, puisqu'il est le type de la Création. Or le Beau n'étant par son essence que la manifestation du Vrai, ou de l'Etre, il s'ensuit que la Création en est l'expression finie, comme le Verbe, par lequel l'Etre absolu se manifeste à lui-même selon tout ce qu'il est, en est l'expression infinie.

Mais l'Art est la reproduction du Beau sous une forme extérieure qui affecte les sens. L'œuvre de Dieu réunit toutes les conditions de l'Art ; il est l'Art divin dans lequel il faut considérer deux choses : le type éternel, infini qui est Dieu même ; ce même type incarné dans des formes sensibles, qui, en les limitant lui imprime un caractère fini.

De cet art primordial, progressif comme la Création, dérive l'Art humain lequel n'est que l'action de l'homme incarnant dans son œuvre le type du Beau, tel qu'il le perçoit. Et puisque le Beau infini est identique avec l'Etre absolu, avec Dieu, et le Beau fini avec l'univers où il revêt une forme sensible, le Beau, tel que l'homme peut le reproduire dans ses œuvres, a une nécessaire relation avec ses conceptions de l'univers et de Dieu.

La musique, ainsi que le disent formellement Platon et les poëtes épiques et tragiques, était, pour l'antiquité, l'expression de l'ordre en toutes choses.

Aux époques primitives, les doctrines religieuses, les lois, les préceptes, les traditions, se transmettaient sans l'écriture, au moyen du chant, qui les gravait dans la mémoire des hommes, et ce chant n'était que l'expression naturelle de la voix, ramenée à certaines règles déduites de l'observation.

La puissance de la musique a sa raison dans l'essence même du son qui, manifestant ce que les êtres ont de plus intime, agit aussi sur ce qu'ont de plus intime ceux qui perçoivent cette manifestation.

> « Hors le seul être existant par lui-même,
> Il n'y a rien de beau que ce qui n'est pas. »

Ainsi la musique n'imite point, elle crée, elle concourt à réaliser le monde immatériel où l'esprit se dilate sans fin. Par elle aussi l'homme exprime ses conceptions, progressives comme loi de Dieu et de l'univers ; il s'exprime lui-même, dans ses rapports avec la cause suprême, avec ses semblables, avec la nature, en manifestant le sentiment lié à l'idée. Ainsi l'expression dérive des lois morales, des lois de l'intelligence et de l'amour ; car l'idée, c'est l'intelligence et le sentiment, c'est de plus l'amour. Tout chant doit donc être expressif, il doit parler, il doit émouvoir, ou il n'est qu'un vain assemblage de sons morts.

La mélodie des instruments dérive de la voix, en est une imitation, comme l'harmonie des voix se rapporte aux accords donnés par les instruments.

La voix de l'homme correspondant à ce que l'art a de plus sublime, étant le lien qui l'unit au Beau infini, toutes les autres doivent se grouper, s'ordonner autour d'elle, l'accompagner selon le sens aussi juste que profond du mot.

La cloche est cette voix de la nature indéfiniment variée, rigoureusement une. Elle ne rend pas seulement un son : chaque particule de métal rend, selon sa nature, ses connexions, son intensité, un son particulier. De là ses merveilleux effets. Lorsqu'elle vient à vibrer, les corps bruts, les êtres animés semblent avoir une voix ; quelque chose frémit et s'émeut dans les entrailles de l'homme, ravi hors de lui-même, emporté, en des espaces illimités par les ondes sonores qui se déploient comme une mer sans rivages.

L'orgue décompose et ramène sous l'empire des lois musicales le son indéfiniment complexe de la cloche : il est la voix de l'église chrétienne, et comme l'écho du monde invisible qu'elle manifeste symboliquement. Il provoque le recueillement et la contemplation par une harmonie voilée, mystérieuse ; tantôt il émeut d'une tristesse sainte, ou enflamme, mugit comme le temple sous les voûtes tremblantes ; quelquefois on dirait les soupirs des esprits.

Parmi les organes que l'art s'est créés, aucun ne saurait être comparé à l'orgue : il les domine tous des hauteurs de sa royauté solitaire.

Le plain-chant consista pendant longtemps, comme toutes les musiques primitives, uniquement dans une suite de sons mélodiques, accentués, expressifs ou inséparablement unis. Puis soudain la vie apparaît. Un chant qui germait dans l'harmonie, se dégage de ses enveloppes. D'autres voix répondent à cette première voix, elles se mêlent, s'entrelacent, quelquefois éclatent toutes ensemble, comme si de la profonde et forte poitrine de l'orchestre, sortait la voix même de la Création.

L'architecture est une poésie, la poésie du monde des corps, des formes inanimées ; la sculpture, la peinture, sont une poésie, la poésie du monde organique, des formes vivantes et des couleurs ; la musique aussi est une poésie, la poésie des sens, qu'expriment la forme intime, invisible des êtres, leur nature, et dans les plus élevés, les sentiments qu'excitent en eux les types éternels que l'esprit contemple, et les choses extérieures que perçoivent les sens.

Ainsi la poésie, expression directe de l'homme intelligent et moral, fut d'abord un élan vers le Créateur, une voix d'adoration, de reconnaissance et d'amour. Les anciens *Védas* ne sont qu'un recueil d'hymnes et les chants conservés dans les sanctuaires de l'antique Grèce sont répétés de siècle en siècle dans les cérémonies des mystères. Le mouvement instinctif vers le principe infini de l'être est dans la sphère de ce qui sent et pense, la manifestation de la loi nécessaire selon laquelle les êtres de tous ordres gravitent vers le Centre éternel, vers la Cause suprême, raison de leur origine et terme de leur tendance. La puissante attraction qui lie les mondes jusqu'aux dernières limites de l'espace n'est qu'une branche de cette loi souveraine et universelle. Au moment où elle naît à l'intelligence, une impulsion interne, naturelle, porte la créature à chercher la vie à sa source même, à l'aspirer en soi, à se désaltérer à la mamelle divine, comme l'enfant à celle de sa mère. Ses désirs, son amour montant d'eux-mêmes, perpétuellement, elle voudrait se plonger, se perdre dans cet immense océan du Vrai, du Bien, du Beau dont elle découvre à peine une ombre, s'y dilater sans fin, s'y abreuver de la lumière vivante, pur aliment de l'esprit, absorber en elle, devenir un avec ce qui est tout. Ces désirs, cet amour incarnés dans la voix s'exhalent en accents mélodiques : telle est la première poésie.

Bientôt après, le besoin de savoir développant la pensée, l'homme essaya de s'expliquer les phénomènes qui frappaient ses regards, de s'expliquer lui-même ; il se demanda ce qu'il était, comment il était, pourquoi il était, il interrogea sa raison sur la cause nécessaire et sur les effets contingents, sur Dieu, sur l'univers. Il commençait là une tâche laborieuse et grande, la tâche incessante de l'humanité, continuée toujours, jamais accomplie. Ses premières vues toutes instinctives, toutes d'intuition immédiate et d'illumination soudaine, marqueront à la fois la naissance de la religion en tant que dogmatique, car elle avait comme sentiment, une origine antérieure ; et celle de la philosophie qui a sa racine dans la religion. Alors parurent les poèmes théologiques et cosmogoniques qui coïncident chez tous les peuples avec l'époque sacerdotale, et dont se composent principalement leurs livres appelés sacrés, parce qu'ils contenaient, selon la croyance reçue, la parole inspirée, divine. De l'idée sous laquelle on concevait Dieu, dérivait celle qu'on se formait de son œuvre ; car on ne pouvait qu'appliquer à l'être contingent l'idée antérieure de l'être nécessaire, et la cosmologie n'était en réalité que l'incarnation de la théologie. Ainsi la Genèse s'ouvre par le récit de la création, récit du génie antique, qui étonne notre science, se produit sous des formes sublimes de implicite, et d'une majesté surhumaine.

Plus tard, quand l'esprit sophistique, le doute, la corruption eurent détruit les croyances et épaissi la matérielle enveloppe à travers laquelle rayonnait le Beau idéal, il se fit comme un retour de la poésie vers la nature ; lorsque la foi mourante n'éclaire plus les âmes, ne les échauffe plus, l'art décline et ne conserve de la poésie que sa sèche enveloppe. Tel fut son destin dans la Grèce après Alexandre, à Rome sous les empereurs, en France vers la fin du dix-huitième siècle. A ces époques de décadence, la poésie privée d'aliment, fatiguée, vieillie, cherche à se retremper dans la Nature perpétuellement jeune. Mais cette poésie de la Nature prend deux caractères différents selon les sources d'où elle émane, aride et sans vie, toute de formes vides d'artifices, de phrases et de mots, lorsqu'elle se rattache au matérialisme. S'élève-t-elle, au contraire, par une foi même vague, mais réelle, dans les pures régions du spiritualisme, l'inspiration renaît avec le sentiment de l'infini, avec l'obscure et flottante vision du vrai mystérieux et de la beauté idéale. Telle est la poésie de Chateaubriand, de Bernardin-de-Saint-Pierre.

Cette poésie de transition ferme une ère et en ouvre une autre. On dirait qu'elle descend des hauteurs éthérées pour répandre un parfum céleste et de douces lueurs sur la route ténébreuse par laquelle, aux temps où tout change dans le monde, la Providence conduit les peuples à la demeure nouvelle qu'elle leur a préparée. Elle lie le passé à l'avenir, la foi ancienne à la foi future, l'art qui fut à celui qui sera et n'est pas encore. Prêtresse d'une religion que l'on ne saurait nommer, elle s'avance à travers les ruines, portant en ses mains les symboles voilés d'un Dieu inconnu, peut-être simplement oublié.

L'Art consiste à attirer par le charme du Beau, les hommes vers le Vrai qui aussi le Bien, à le leur faire aimer, et à concourir ainsi au but final de la Création, en l'unissant toujours plus à Dieu.

L'Art oratoire comprend le discours et l'action, le discours qui parle à l'esprit, l'action qui parle aux sens.

L'éloquence dans l'antiquité se confondait avec la poésie.

Dans l'antiquité, les philosophes dogmatisèrent de vive voix dans leurs écoles, ou par écrit dans des ouvrages accessibles seulement aux classes lettrées: il était bien défendu de les révéler au vulgaire profane. Des prêtres n'étaient point les ministres de la parole. Point d'instruction destinée au peuple : un sacerdoce muet. L'éloquence religieuse n'existait pas avant le le christianisme. Elle naquit sur les bords du lac de Génésareth et dans les montagnes de la Judée, avec la prédication de Jésus-Christ, laquelle en est le plus beau modèle. Cette grande prédication, qui devait renouveler le monde, continuée par les disciples du Fils de l'homme, se propagea dans l'empire romain et au delà chez les barbares, avec une rapidité sans exemple : *Currit verbum,* disait S. Paul étonné lui-même de ce merveilleux mouvement. L'enseignement du dogme et des devoirs n'a pas un moment cessé depuis ; étroitement lié au culte, il constitua dès l'origine l'une des plus hautes fonctions du sacerdoce, et c'est à l'influence de cet enseignement oral qu'est principalement dû le développement intellectuel et moral des peuples chrétiens et leur civilisation supérieure. Il leur est exclusivement propre ; car, en imitant cette magnifique institution, le mahométisme n'en a conservé que l'ombre, et le vice de la doctrine, son incurable imperfection, l'y a rendue à peu près stérile.

Les monuments de l'éloquence chrétienne, des Apôtres jusqu'à nos jours, offrent de nombreux points de dissemblance. Ils ont aussi un caractère commun et d'autant plus remarquable qu'il contraste davantage avec tout ce que le monde avait connu auparavant : de la prééminence de l'esprit sur la chair du mépris des choses de la terre, lesquelles passent si vite, et de l'ardente aspiration aux biens éternels ; mais surtout de cet amour sublime, immense de Dieu et des hommes, appelé charité, d'où sortit peu à peu une société nouvelle fondée sur un droit nouveau, sur le principe sacré de l'égalité et de la fraternité humaine qui, progressivement mieux compris, devait briser les chaînes du peuple et les régénérer. Pendant dix-huit siècles, des voix innombrables répètent une même parole, et cette parole est une protestation tacitement inflexible contre l'abus de la puissance, contre la brutalité de la force égoïste, une solennelle réclamation en faveur du faible, du pauvre, des opprimés, des exhérédés de la famille universelle, au nom du Père qui est dans les cieux. Rien n'égale l'énergie du langage des Pères et la hardiesse de leur pensée, lorsque rappelant aux grands et aux riches les devoirs qu'ils oublient, ils traitent avec une liberté dont ils semblent ne pas soupçonner la généreuse audace, les fondamentales questions que l'on croit si neuves de notre temps, et les résolvent sans hésiter par les maximes évangéliques d'égalité et de fraternité ; lorsque, du haut de la chaire chrétienne, ils font descendre sur l'injustice, la dureté avide, l'indifférence meurtrière, les malédictions prononcées contre elles et l'anathème du souverain juge. Puis, à leurs menaces prophétiques, à leur pieuse douleur, viennent bientôt se mêler des sentiments plus doux. Ils consolent ceux qui souffrent, relèvent les humbles, les délaissés, leur montrant, au delà de cette vie si courte, la réparation due à leurs tribulations passagères, la récompense certaine de leur patience à les supporter, de leur victoire contre les tentations qu'excitent en eux les maux sous lesquels ils gémissent, l'iniquité dont ils sont victimes, de leur fidélité enfin à la loi du devoir qui oblige tous les hommes également. De là un genre de pathétique plein de chaleur et de vives émotions, mais qui jamais ne remue les passions violentes et envieuses, cachées dans les basses régions de l'âme. Dérivé de l'amour divin, il en a la pureté, et comme l'huile s'imbibe dans les plis d'un vêtement, il s'ouvre jusqu'au fond du cœur de secrètes voies par cette sorte de douceur pénétrante qu'on a nommée onction, et qui distingue la parole chrétienne de toute autre parole.

Le christianisme a aussi ses dogmes sévères et terribles, l'originelle dégradation de l'homme, son impuissance à peu près absolue pour le bien, d'où la nécessité d'une grâce surnaturelle, distribuée gratuitement sans égard aux mérites, accordée aux uns, refusée aux autres dans la mesure qui sauve rait certainement la prédestination à des supplices sans fin, ou à l'éternelle gloire, selon d'immuables décrets devant lesquels doivent s'anéantir la raison et la conscience humaine. Là où ces doctrines effrayantes ont prédominé dans toute leur rigueur, elles ont éteint l'amour, la volonté, l'action ; car que pouvait faire l'homme affaissé sous le poids d'une destinée fatale ? Plus de mouvement, plus de vie, plus d'éloquence, et voilà pourquoi le protestantisme s'est montré si stérile en grands auteurs. La parole compassée, froide et sèche ne s'anime un peu que sous l'impression de la haine et de la colère. Complètement dépourvue d'onction, elle devient sitôt qu'elle la recherche, cette espèce de jargon piétiste, dévotement guindé, affecté, creux et fade, qui est pour le cœur ce qu'est pour l'oreille un son faux.

Un des caractères du christianisme est de tendre sans relâche au perfectionnement moral, et rien de plus profond que sa manière de procéder pour atteindre cette fin. Pénétrant tout jusqu'à la racine des actes, il a voulu que l'homme, attentif aux secrètes impulsions qui les provoquent et les déterminent, réprimant dès l'origine, avant qu'elles aient produit leur effet, celles dont il reconnaît la mauvaise direction, fît de cette réforme intérieure, toujours nécessaire jamais achevée, le premier de ses soins. Tel est le but principal de la vie monastique. Le religieux au fond de sa cellule, où nulle autre pensée ne le distrait de la pensée du souverain être vers lequel s'élèvent tous ses désirs, le contemple dans sa pureté, sa beauté ineffable, et se comparant à ce divin modèle, travaille incessamment à détruire en soi tout ce qui peut le séparer de lui. On ne sait point assez jusqu'où cette continuelle application à s'observer soi-même, à surprendre le mal à sa naissance sous ses formes les plus déliées et les plus fugitives, jointe à une aspiration véhémente au Bien infini, au Beau substantiel qui est Dieu même, développèrent, dans les siècles de foi, en certaines âmes d'élites, la délicatesse du sentiment et la sagacité du regard interne. Il ne faut pas chercher ailleurs la raison de cette merveilleuse connaissance de l'homme qu'on ne se lasse point d'admirer dans les moralistes et les orateurs chrétiens. Le mysticisme des cloîtres, réagissant sur les mœurs publiques et privées, spiritualisa les passions mêmes, y fit découvrir d'innombrables nuances, inaperçues auparavant. Le moyen âge lui doit la chevalerie fondée sur deux choses également étrangères au monde ancien, l'honneur et cet amour à la fois exalté et naïf, ardent et pur, qui, chez les nations modernes, a modifié si profondément le théâtre et le roman.

Les orateurs chrétiens exercèrent encore, pendant la longue période de la barbarie féodale, et plus tard à l'époque des pouvoirs absolus, une éminente fonction. Lorsque tout se taisait devant la force brutalement enivrée d'elle-même, une seule voix, celle du prêtre, s'élevant du pied de l'autel pour apprendre à ses maîtres superbes qu'au-dessus d'eux existait un maître plus puissant, juge sévère de leurs actes, pour leur rappeler les devoirs dont, sans cela, l'idée même se serait bientôt perdue, pour menacer le crime, flétrir le vice, défendre au nom de Dieu le faible et l'opprimé. Ainsi se conserva, quoique violée souvent, la loi morale, ainsi se perpétuèrent les saintes maximes destinées à devenir, chez les peuples affranchis, la base du droit public. Otez la chaire chrétienne et ses enseignements et ses protestations incessantes, qu'aurait été la société dans les temps féodaux ou sous le despotisme de Louis XIV ? ce qu'elle a été partout où le christianisme n'a point pénétré. Il la sauva d'une ruine certaine, il y déposa le germe de la civilisation future, il en prépara le développement, tel qu'on l'a vu s'opérer depuis. Jamais la parole fit-elle rien de plus grand ? Elle vainquit à la fois et l'ignorance et la violence, elle brisa toutes les tyrannies, elle ouvrit à l'humanité ce magnifique avenir dont pleine d'une joie sainte, elle contemple les magnifiques perspectives. Avec son instinct infaillible, le peuple ne s'y trompe point ; dans sa misère et son abaissement, il la sentit passer sur lui comme la brise qui ranime le voyageur épuisé, haletant, comme le souffle même de la vie. En aucun temps, en aucuns lieux, l'éloquence ne remua si profondément les masses, ne produisit de si merveilleux efforts. Voilà que l'Europe entière se lève ; monarques, princes, sujets, tous entraînés par la même force et, comme possédés du même esprit, oubliant tout à coup le sol natal et se précipitant vers l'Orient, en poussant ce cri : Dieu le veut ! D'où part cette impulsion puissante ? de la chaire chrétienne ? Qui a suscité ce prodigieux mouvement ? un simple ermite et un moine de Clairvaux.

Mais alors c'était l'âge de foi, et de la foi passionnée, naïve, qui ne s'était encore, en tressaillant, repliée sur elle-même au contact d'aucun doute. La religion absorbait en soi tous les éléments spirituels de la société, le droit, le devoir, l'art, la la science. Lorsqu'ensuite elle rentra peu à peu dans le sanctuaire, lorsqu'une autre action vint limiter la sienne, la sphère de l'éloquence religieuse se rétrécit, elle devient purement dogmatique et morale. Cette forme imposée est loin d'être favorable à l'art qu'elle matérialise, à qui elle ôte la vie et la parole. Cependant il s'est rencontré, en France surtout, des créateurs dont le génie a su triompher de cet absurde géant, des orateurs qui planant avec majesté dans les hauteurs du dogme, tantôt saisissant les passions qui fuyaient en vain, les dépouillant de leurs voiles et les jetant nues devant l'auditoire effrayé, faisant palpiter au fond de ses entrailles les plus vives, les plus tendres émotions, ont trouvé des accents aussi élevés que pathétiques ; et les noms de Bossuet et de Massillon restèrent à jamais grands parmi les plus grands noms de l'éloquence.

L'existence seule d'une parole indépendante chez les orateurs chrétiens était pour l'humanité un immense bienfait, car elle maintenait, sous des gouvernements émanés de la force, le droit de l'intelligence, et il était très remarquable que toutes les religions antiques, quelles qu'elles fussent, n'ont été non plus que des réactions contre la force brute dans l'organisation de la société humaine. Et quand ces religions, se corrompant, ont voulu tourner à leur profit le principe même qu'elles avaient originairement combattu, se l'incorporer, s'allier avec lui, elles ont promptement perdu leur pouvoir, et une réaction semblable à celle qu'elles avaient d'abord opéré, une réaction, selon les temps, religieuse ou philosophique, s'est aussitôt manifestée contre elles. Ce fait est sans exception.

En général, on peut juger de la civilisation d'un peuple qui a passé le premier âge, par le degré de liberté spirituelle dont il jouit, car nul progrès n'est possible que par cette liberté. Les plus brillantes époques de l'Art coïncident constamment avec celle que caractérise un grand mouvement de l'intelligence. L'éloquence politique implique des assemblées où se discutent et se décident les questions relatives à l'intérêt commun. L'orateur gouvernait réellement, car il disposait du souverain par la persuation, le dominait par l'ascendant victorieux de la parole.

Ainsi l'éloquence politique, instrument du bien ou du mal, suivant les fins que se propose l'orateur, trop souvent inspiré par des vues personnelles, ne tend point d'elle-même au perfectionnement moral des hommes. Elle a bien plus pour objet les intérêts que les devoirs, quoiqu'elle puisse quelquefois s'élever jusqu'à une sorte de sacerdoce, soit qu'elle se fasse le soutien du faible et le défenseur des droits outragés, soit que réveillant au fond des âmes l'amour de la patrie, elle y ranime le dévouement qui enfante les actions sublimes, ou qu'elle oppose à l'emportement des passions aveugles les saintes lois de la justice et de l'humanité.

L'art périt, parce que le principe moral qui en est l'âme s'est éteint. On n'a plus le sentiment du Beau, parce qu'on n'a plus le sentiment du Juste et du Vrai : L'esprit s'est obscurci et le cœur s'est glacé sous l'influence d'un matérialisme abject. Entrez dans ces cavernes où se sont retranchés tous les intérêts égoïstes, que voyez-vous ? Des esprits qui repoussent, des fronts marqués du signe de la déchéance morale, les restes attardés sur la terre de cette race qu'a peinte le poète de l'enfer, de la race dégradée, maudite, de ceux qui ont perdu le bien de l'intelligence. Qu'entendez-vous ? Le bruit strident de la colère brutale et de l'ardente convoitise, ou le murmure monotone de l'imbécillité, le tintement creux de têtes idiotes, gonflées de suffisance et de pédantisme, une parole sèche et froide qui engourdit, ou une parole subtile et rusée qui rampe comme le serpent, se glissant comme l'animal lâche pour surprendre sa proie. De passions élevées, sympathiques, nulle trace. Plus même de haines d'hommes, de ces haines sublimes qui ont leur source dans un grand amour ; mais la haine ignoble de la bête qui gronde en serrant dans ses griffes le lambeau de chair qu'elle craint qu'on lui ôte.

Réduite à sa pure limite, la forme s'obscurcit et s'évanouit dans les ténèbres de la matière. Et comme la loi du Vrai, du Bien et du Beau se confond dans une même unité avec les lois morales et intellectuelles, l'élément spirituel venant à s'affaiblir, il y a dépérissement dans la vie sociale.

De même que la grâce élève l'homme à Dieu auquel il s'unit par le Christ, la concupiscence lui imprime une direction contraire, le rapproche de Satan, l'unit à Satan, type du mal, de la souffrance et de l'extrême dégradation. Or la concupiscence ou l'amour désordonné de soi, a deux branches relatives à la double nature de l'homme ; elle est orgueil et volupté : De l'orgueil naissent les passions de l'esprit, de la volupté les passions sensuelles ; elles ne sont les unes et les autres, quant à leur manifestation extérieure, que des modifications du type absolu du mal, type de Satan.

Au type du damné appartient l'orgueil, la colère, l'envie, l'ironie méchante, la stupidité brutale, et toujours la haine avec un fond de souffrance incurable. Le type du saint se caractérise par je ne sais quoi d'humble et de sublime dans sa suavité ravissante, un amour ardent et calme, par l'expression des puissances internes et le repos de la béatitude. Avec le saint vous vous élevez à de pures régions, où l'homme uni à Dieu se dilate à jamais au sein d'une félicité mystérieuse, immense.

En recherchant les types divers que présente l'art avant le Christianisme, on trouve, chez les anciens, le type de la femme sous ses différentes modifications d'épouse, de mère et de jeune fille ; mais celui de la Vierge-mère né du dogme chrétien, leur est totalement étranger. Sainte comme le Christ qui a pris en elle notre nature afin de la régénérer, elle est la femme selon l'esprit, comme la Vénus antique était la femme selon la chair. Telle qu'une fleur aérienne, elle flotte au milieu d'une limpide lumière qui semble, en la révélant, la voiler encore. Un parfum exquis d'innocence s'exhale d'elle et l'enveloppe comme un vêtement. Sur son front serein et où cependant apparaît déjà le germe d'une douleur immense, pressentie et pleinement acceptée, sur ses lèvres qui sourient à l'enfant divin, dans son regard virginal et maternel, dans la pureté de ses traits pleins d'une grâce céleste, on reconnaît tout ensemble et la simple naïveté de la fille des hommes, et l'auguste grandeur et l'ineffable sainteté de celle en qui le Verbe éternel s'est incarné pour le salut du monde. Voilà la femme selon le christianisme, la seconde Eve réparatrice de l'humanité ruinée par la première.

La préoccupation de l'existence future unie à une doctrine éminemment spirituelle et à la croyance en la résurrection des corps, dut à la fois inspirer aux chrétiens une révérence particulière pour les derniers restes de l'homme, et empreindre leurs tombeaux d'un caractère distinctif. Le simple cimetière est peut-être le plus touchant, à cause de sa simplicité. Cette égalité de la mort dans une espérance et une foi communes, cette terre où germe invisiblement la moisson des élus, ce monde endormi de l'intelligence, abrité pendant son sommeil au sein de la Nature toujours jeune et toujours féconde, cette foule pressée qui se lèvera un jour pour prendre possession de l'avenir infini dont la séparent quelques touffes de gazon, ces croix et ces fleurs éparses, ce mélange de ce qu'il y a de plus doux et de plus formidable, des mystères de la vie et de ceux du trépas : quelle source de graves pensées et d'émotions profondes !

S'étant créé son lieu, l'art va le remplir de ses œuvres, que l'architecture, la sculpture, la peinture, concourront à réaliser. Ce qu'il doit reproduire, c'est un monde à part conçu par le christianisme. Et d'abord la pensée du Christ dominera toutes les autres. Une croix monte du point central où convergent toutes les lignes. Autour s'étend la terre des morts, et quand l'œil se relevant cherche l'horizon de cette terre mystique, il ne rencontre que le ciel. Dans ses hauteurs où le regard se perd, est le séjour vers lequel prendront leur essor au signal qu'ils attendent, le peuple innombrable des trépassés ; ce monde mystérieux qui apparaît comme une indécise aurore entre le temps et l'éternité.

Jamais, la sculpture antique ne représenta la mort comme l'on conçue les sculpteurs chrétiens. Pour eux, ce n'est point l'absence, la cessation de la vie ; ce n'est point non plus le sommeil ; c'est la translation dans une autre sphère, dans un autre monde d'existence ; c'est sous l'enveloppe du corps, qui se dissout, mais pour renaître, la vision interne d'un monde nouveau, de réalités jusque-là voilées de mystères doux et formidables. Ces yeux fermés contemplent quelque chose intérieurement. Un calme sévère règne dans ses traits fixes, sur cette face immobile et transparente. Ce que la mort a atteint, c'est la chair ; mais au-dessus apparaît la vie, elle rayonne de ce front à travers la matérielle écorce qui recouvre l'essence spirituelle et impérissable.

Les temps font les hommes, et les hommes réagissent sur leur temps. Il y a des siècles où l'humanité, par un travail interne, par l'impulsion irrésistible des secrètes puissances qu'elle recèle en soi, semble s'élever au-dessus d'elle-même, où l'on dirait que, dans son voyage éternel vers Dieu, pénétrée d'une nouvelle effusion de vie, elle passe d'un monde dans un autre.

Après Louis XIV, il s'opéra, au sein d'une société que dissolvait le matérialisme des idées et des mœurs, une dégénération si rapide et si complète de l'art, qu'on ne saurait même sans le profaner, appliquer ce nom aux productions de cette époque honteuse.

Lasse du stérile matérialisme qui menaçait l'art d'une complète extinction, l'Allemagne a tenté de le régénérer, en remontant jusqu'au moyen âge. Mais où trouver la foi fervente et naïve de ces temps anciens, la vie poétique et mystique qui pénètrent les nations chrétiennes dans la vigueur de leur jeune croissance ?

Le vieux monde se dissout, les vieilles doctrines s'éteignent mais au milieu d'un travail confus, d'un désordre apparent, on voit poindre des doctrines nouvelles, s'organiser un monde nouveau ; la religion de l'avenir projette ses premières lueurs sur le genre humain en attente, et sur ses futures destinées : l'artiste en doit être le prophète.

CHAPITRE XXX

CONSIDÉRATIONS SUR LA SCIENCE

Qu'on se reporte par la pensée à l'instant où, dans le sein de la mère, s'accomplit la fécondation de la molécule organisée qui sera l'homme un jour; qu'on se représente les phases successives de l'évolution de ce germe où l'être futur existe invisiblement.

Et cependant, qu'est-ce que l'homme au moment de sa naissance, près de ce qu'il deviendra par un progrès nouveau, continu, qui n'ayant d'autre terme que l'infini, se plonge sans jamais rencontrer de limites, de sphères en sphères toujours plus élevées, au delà de son existence terrestre ?

Nous l'avons vu, s'essayant, dès son berceau, à une lutte gigantesque, combattre la nature, la dompter, et par l'empire qu'il exerce sur elle, l'assimiler à son propre organisme.

A travers le voile transparent des phénomènes que les sens perçoivent, l'esprit contemple les types divins, les immuables exemplaires des choses. L'homme s'efforcera de les reproduire. L'âme, à son tour, réclame son aliment intellectuel. Elle aspire au Vrai infini, elle le cherche avidement sous les formes sensibles qui en offrent la vague image, qui en sont comme le rayonnement extérieur, car le Beau, en effet, est le rayonnement du Vrai, l'atmosphère lumineuse qui tout ensemble révèle et cache l'astre qu'elle enveloppe.

Savoir, c'est voir : la Science parfaite est la parfaite vision des choses en elles-mêmes et dans leurs rapports. Ainsi, en se voyant, l'Être infini voit tout ce qui est et tout ce qui peut être, et le voit avec un degré de perfection infini, dans la lumière infinie qui l'illumine intérieurement et qui est lui-même. Seul il possède la science absolue, sans limites et sans ombre ; et la science accessible à ses créatures, faible image de la sienne, n'en est qu'une participation, déterminée dans son étendue et dans sa forme par la nature de chacune d'elles.

En ce qui touche l'homme, la Science a pour objet tout ce qui est, par conséquent Dieu et l'Univers ; et comme l'Univers ne saurait être séparé de Dieu, dans lequel il a son origine, son principe, sa raison, la science de l'Univers ne saurait être séparée de la science de Dieu, cause première, essentielle, nécessaire, infinie. Aussi, qu'il le veuille ou non, qu'il le sache ou non, l'esprit, dans ses recherches, part toujours d'une notion quelconque, plus ou moins explicite, de cette cause nécessaire de laquelle dérivent toutes les autres. L'athée même a son Dieu. Son erreur ne consiste pas dans la négation impossible de l'Etre éternellement subsistant par soi-même, mais dans la conception qu'il s'en forme.

Ainsi, la Science descend de Dieu pour remonter vers lui. A l'instant où se produit la vision de l'Etre absolu et de l'être relatif, l'intelligence naît ; car être intelligent, c'est percevoir ce qui est, en avoir conscience, l'énoncer, l'affirmer intérieurement. Passive d'abord, puisqu'on ne peut agir avant d'être, elle n'est pas plutôt qu'elle devient active ; elle s'efforce de connaître, d'une connaissance toujours plus parfaite, de concevoir ce que renferme la foi primitive, invincible. Tel est son travail éternel et l'éternelle évolution de la science, qui doit s'opérer dans les deux ordres distincts et unis, l'infini et le fini, dont la vision simultanée constitue l'intelligence même.

Science de Dieu, science de l'Univers, science des idées, science des phénomènes : voilà donc toute la Science.

La Science même, toujours bornée, mais toujours progressive, car le progrès est une des lois fondamentales de la Création, qui se développant sans cesse, n'est jamais achevée, et ne saurait être complètement connue, puisqu'on ne peut connaître ce qui n'est pas encore, ni par la pensée qui en contemple, au sein de Dieu, le type idéal, l'exemplaire éternel, puisque cet exemplaire, ce type, c'est l'Etre infini qui ne peut être embrassé que par lui-même.

Au point de vue de l'observation, ce que l'Univers offre de plus élémentaire, ce sont les amas d'une matière diffuse lumineuse par elle-même, dispersés dans l'espace, qu'on a nommés nébuleuses. Elles ouvrent la série des formations cosmiques car elles représentent le premier état, auquel ont subsisté les astres innombrables dont est peuplé le firmament. Dans cette matière phosphorescente, d'une ténuité extrême, s'établissent des centres d'attraction autour desquels elle se précipite, se condense toujours plus, jusqu'à ce que, sous des conditions différentes du temps et de masse, il en résulte des noyaux d'une densité croissante, destinés à devenir des globes semblables à ceux que nous nommons étoiles, lesquels, isolés, ou liés en groupes binaires, ternaires, etc., constituent autant de systèmes particuliers dans le système général de la Création.

Telle est la Genèse des mondes : perpétuellement ils naissent et se développent dans les plaines éthérées qu'ils émaillent, comme des fleurs célestes, de couleurs variées.

L'analogie conduit à présumer que chacun de ces astres, en cela semblable à notre soleil, est environné de corps opaques, qui, retenus dans sa sphère d'attraction et doués d'un mouvement propre, accomplissent, ainsi que lui-même, autour de leur centre de gravité, des révolutions périodiques, en même temps qu'éclairés de sa lumière, échauffés de ses feux, la vie s'épanouit à la surface sous des formes indéfiniment diverses.

On ne saurait douter que la vie ne soit répandue au sein de la Création entière. Elle n'est certainement pas l'attribut exclusif de notre planète imperceptible. Le souffle divin remplit l'Univers, et partout il s'y manifeste en des multitudes d'êtres qui s'élèvent de l'organisation la plus rudimentaire, au sentiment et à la pensée progressive elle-même sans fin.

L'astronomie est parvenue dans ses merveilleux progrès, outre ces phénomènes dont l'espace entier est le milieu, à en constater de plus complexes, de plus rapprochés de ceux au milieu desquels nous vivons, sur la constitution physique des planètes et du soleil.

Lorsque la terre cessa de former un simple amas de gaz, unis par une faible attraction ; que ces gaz, en se condensant, engendrèrent un nombre croissant d'agrégats divers, liquides ou solides, certaines conditions de densité et de température variable, et qu'elle se revêtit de l'enveloppe compacte qui la recouvre, de nouvelles énergies, de nouvelles lois se révélèrent dans des phénomènes nouveaux.

Aux concrétions qui forment la première couche de l'écorce terrestre, se superposent d'autres concrétions de plus en plus variées. Elles servent de base aux eaux, à mesure qu'elles se condensent par le refroidissement qui sépare la superficie du foyer interne d'ignition ; car il y a lieu de penser qu'à une profondeur relativement peu considérable, la chaleur est telle que tous les corps y doivent être en fusion. L'atmosphère aussi se condense au-dessus de la planète dont elle fécondera la surface. Elle devient le théâtre de phénomènes dans l'économie générale des globes. L'action des fluides primitifs qui la pénètrent, celle des gaz dont l'enveloppe solide contrarie la libre expression, agitent ces masses, les soulèvent, les brisent, modifient de mille manières les positions qu'elles durent prendre originairement. Ramenées, en partie par le calorique à l'état de vapeur, ou dissoutes par les eaux, leurs éléments constitutifs, établis entre eux et avec les gaz émanés du foyer intérieur, ou un genre de contact intime, produisirent, en se combinant, de nouveaux agrégats plus complexes, au sein desquels l'électricité, la lumière, la chaleur, engendrent des mouvements moléculaires d'où résultent de nombreux changements.

A ce développement correspond un développement semblable de la physique qui a pour objet les phénomènes généraux des corps et de la chimie, qui descend dans les profondeurs de ces corps pour y découvrir les propriétés qui les caractérisent. De ces deux sciences fondamentales sortent les sciences secondaires, que le progrès de la Création multipliera indéfiniment. Quelle variété de phénomènes ! Quel enchaînement et quelle harmonie ! Les puissances qui animent la masse entière du globe naissant, en font un vaste laboratoire où se prépare et s'accomplit, suivant les lois aussi simples que fécondes, l'enfantement de tout ce qui doit être.

Avant qu'apparussent les êtres doués d'une organisation qui les constitue dans l'unité individuelle, il fallait que les conditions de leur existence fussent réalisées. La terre, maintenant prête à les recevoir, leur fournira et le support qui leur est nécessaire, et les aliments indispensables à leur conservation comme à leur développement. Les roches superficielles et leur détritus se couvrent peu à peu, sous l'influence des gaz atmosphériques, d'une végétation appropriée à ce premier sol. D'autres productions de même genre se multiplient dans les milieux liquides, où bientôt aussi pullulent les infusoires. La vie se manifeste sous ces deux formes générales, qu'unit un lien secret, car si le végétal et l'animal se séparent l'un de l'autre par des différences caractéristiques, ils ont aussi des lois communes et de nombreux points de contact.

A mesure que la surface terrestre se modifie, ainsi que l'atmosphère dans ses compositions et ses températures, de nouvelles espèces viennent progressivement enrichir les deux règnes supérieurs qui se développent parallèlement et s'impliquent l'un l'autre ; en ce sens, que la plante appelle l'animal dont elle est l'aliment, et que l'animal suppose la plante sans laquelle il ne pourrait subsister.

Ce développement ne saurait s'opérer sans qu'en même temps il ne s'opère de notables changements dans le milieu où s'accomplit ce travail d'incessante création. Et comme les changements sont dans les conditions générales de la vie, les primitives espèces s'éteignent par un effet inévitable des modifications. Leurs débris inertes, déposés dans les couches d'origine purement minérale, mêlés avec elles, augmentent la variété de cette classe de corps, et étendant le domaine de la géologie, lui fournissent les indices certains des divers états par lequel notre globe a passé.

A mesure qu'il se produit de nouveaux êtres, ils ont, non pas leur cause spécifique efficiente, mais leur racine dans les êtres antérieurs, et les résument en ce sens que leur forme d'un ordre plus élevé implique les formes inférieures qu'elle s'approprie en les modifiant par son énergie essentielle ; de sorte qu'un triple lien unit constamment les termes successifs de la série ascendante des êtres, chaque essence, chaque nature enfermant d'une certaine manière : 1° les natures, les essences, les formes plus simples qui l'ont précédée dans l'évolution génésiaque des choses ; 2° leurs lois subordonnées aux siennes ; 3° leurs éléments étendus qu'elle s'assimile, sans quoi elle demeurerait éternellement une pure idée, et qui sont dès lors une condition nécessaire de sa réalisation effective dans l'espace et le temps.

Des temps où notre globe n'était encore qu'une masse gazeuse, jusqu'à ceux où l'action continue des énergies physiques et chimiques ayant peu à peu opéré la condensation de ces gaz diffus, sa surface se couvre d'une innombrable variété d'êtres végétant et vivant, qui paraissent, disparaissent, se succédant les uns aux autres suivant un ordre de perfection successivement croissante : Quelle immesurable distance ! Quelle prodigue effusion des richesses cachées dans les profondeurs infinies de l'Etre qui renferme en soi le principe à jamais inépuisable de tant de merveilles ! Et encore que découvrons-nous de ces œuvres ? Un seul point presqu'indiscernable dans leur immensité.

Dernière production de la Puissance Créatrice sur notre terre, l'homme vient enfin les résumer et les dominer toutes. Comme être organique, il appartient à la série zoologique dont il forme le terme extrême : même origine, mêmes lois, mêmes conditions de la vie aux différences près qui résultent de sa nature propre plus parfaite. Mais si, dans cette sphère, il ne se distingue des êtres inférieurs que par de simples modifications, il s'en sépare par quelque chose de radicalement divers, l'intelligence et la liberté, qui, dans une autre sphère, ouvrent devant lui les voies d'un progrès sans limites.

Immuable au fond, puisqu'elle n'est que l'expression de choses vues par l'esprit qui les enchaîne et les ordonne selon leur dépendance mutuelle, au moyen des notions de cause et d'effet, la Science distingue celle de l'homme ou de ses relations avec l'Univers et son auteur.

En effet, des rapports de l'homme avec le monde matériel, ou phénoménal, qui n'a d'existence que dans l'espace et le temps, naissent la cosmologie, astronomie et géologie, la géographie la chronologie, les sciences physiques, chimiques et physiologiques.

De ses rapports avec le monde spirituel des essences, causes premières et nécessaires naissent la théologie, la métaphysique, puis les sciences logiques et celles du langage, en ce qu'il a d'universel et de permanent.

De la combinaison des lois physiques, chimiques, physiologiques, et des lois éternelles des êtres, identiques avec celles de Dieu, naissent la science des droits et des devoirs, ainsi que la science économique.

Du fait de son propre développement, naît l'histoire qui, en constatant l'évolution de l'espèce et le mode de cette évolution, révèle l'ensemble de ses lois que l'évolution de l'individu ne manifeste que partiellement.

La Science donc, embrassant l'Etre infini et l'être fini, les comprend tous deux dans son objet radicalement un, bien qu'il subsiste simultanément sous deux modes exclusifs l'un de l'autre dans le même être individuel ; subjectivement, elle n'est, quant à l'homme, que son instruction progressive à la connaissance de Dieu et de son œuvre inséparablement unies, éternellement distinctes, un lien plus intime avec lui, une pénétration plus profonde en lui.

L'action créatrice ne s'arrêtant jamais, notre planète est sans doute destinée à subir, à des époques inconnues de nous, des transformations nouvelles, liées à des transformations analogues dans les diverses parties du grand Tout, dont les bornes fuient sans cesse, qui se dilate perpétuellement, se rapprochant toujours de son type divin, de l'Etre absolu, infini qui se reproduit en lui sous les conditions du fini, par une éternelle probation de ce que renferme son unité seule incommunicable. Et l'homme aussi, suivant sa nature, associé à ce progrès, voit indéfiniment s'élargir la sphère de sa pensée, de son amour, de sa puissance, modifiant de plus en plus, par l'effet naturel de son propre développement, le milieu terrestre où s'accomplit la première phase de son existence.

Et à mesure que croît l'Univers, la Science croît comme l'objet auquel elle correspond, qu'elle représente intellectuellement, et croît encore dans sa relation avec l'esprit qui se nourrit d'elle, qui en découvrant le Vrai, en se l'appropriant par une sorte d'union substantielle s'assimile Dieu même incarné selon tout ce qui est, bien qu'à divers degrés, dans chacune de ses créatures.

Ce qui est vrai des êtres, est vrai aussi de la Science une comme Dieu, une comme l'Univers et variée comme lui. Aucune science particulière, simple élément de la Science générale, ne se suffit à elle-même, ne saurait subsister isolée des autres ; et toutes ont leur racine dans la Science de l'Etre infini, seul principe des choses, leur raison première et dernière, en qui et par qui le contingent s'unit au nécessaire, le relatif à l'absolu, y trouve sa possibilité d'être et les lois de son être. Car tout ce qui existe hors de Dieu, n'est qu'une participation de Dieu, de sa substance et des propriétés, des énergies radicales, essentielles, inhérentes à sa substance, et dès lors, non seulement a en lui sa cause effective, mais encore est un avec lui par la limite qui l'en sépare.

L'Univers n'a point ce caractère de nécessité : tout y est relatif, contingent. L'Univers n'a donc pas en soi sa raison, et conséquemment la science de l'Univers dépend d'une science antécédente, qui a pour objet, non ce qui commence et finit, ce qui varie, ce qui peut être et ne pas être, mais ce qui subsiste de soi-même immuablement, ce que l'esprit conçoit comme nécessaire et absolu.

L'absolu, le nécessaire enferme en soi l'idée d'unité et d'infinité. Toute science du fini a donc sa racine dans la science de l'Etre infini, comme tout être fini a en lui sa raison, son origine et sa fin. Hors de là, il n'existe, en ce qui touche les causes véritables, que de pures hypothèses qu'on peut admettre ou rejeter, n'étant point démontrables.

Rien ne pouvant être qui ne renferme en soi les conditions

essentielles de l'Etre, tout être créé implique un fond substantiel, lequel n'est qu'une communication, une participation de la substance une et infinie.

L'acte par lequel Dieu crée ou se reproduit lui-même par une limitation effective de son être, n'est pas compréhensible en soi, parce qu'étant un acte immédiat de Dieu, un acte infini, un acte simple de la toute-puissance séparée de ce qui la rend intelligible, la forme, il échappe, à la pensée qui ne peut comprendre l'infini, et, dans le fini même, ne comprend rien qui ne soit déterminé par la forme.

La Création offre d'abord l'idée primordiale de substance, mais quel que soit le mode, fini ou infini, sous lequel existe la substance, toujours renferme-t-elle les trois propriétés essentielles et distinctes qu'on a reconnu être inséparables de la notion que nous avons d'elle. La substance créée a donc en soi, comme la substance incréée dont elle ne diffère que par la limite, certaines énergies nécessaires, un principe de force, un principe de forme et un principe d'union.

La substance limitée, qui est ce que l'on conçoit de premier dans la Création, remplit nécessairement tout l'espace. Le rien n'est pas un lieu, et le vrai lieu des êtres est la substance sous ses deux modes, infini à Dieu, fini hors de Dieu. C'est en elle que se produit tout ce qui peut être produit, et ce qui se produit est le fond de tout être, et chaque être, selon sa nature distinctive, n'en est qu'une modification déterminée.

On appelle éther, la substance qui remplit l'espace, qui est l'espace même, et l'éther sera le fluide primitif, universel, au sein duquel se réalisent tous les phénomènes de la Création.

Rien ne serait, s'il n'était substantiellement. L'idée de substance est donc la première qui nécessairement se conçoive dans l'éther ou dans le fluide universel, que la Science nomme électricité, lumière, calorique, ces trois énergies inhérentes à l'éther ou au fluide universel.

L'électricité, la lumière, et le calorique ne sont, par leur essence, que ces propriétés mêmes inhérentes à l'éther, dans l'unité duquel l'électricité se spécifie par l'idée de force ou de principe de détermination, le calorique par l'idée d'union ou de principe.

Au commencement Dieu était. En limitant sa propre substance, il créa ; car créer pour lui, c'est se reproduire sous la seule condition où cette reproduction soit possible, sous la condition du fini, et l'être fini ne diffère de l'Etre infini que par la limite, qui éternellement le sépare de lui, restant d'ailleurs uni à lui, un avec lui par tout ce qu'il possède de positif en qualité d'être ou de perfection effective.

Il n'existait d'abord que l'éther, c'est-à-dire la substance douée des propriétés, des énergies ; et tout ce qui peut être, tout ce qu'a produit, tout ce que produira l'évolution perpétuelle des êtres, était primitivement renfermé dans cette matrice universelle : car tous les mouvements existent en virtualité dans le principe du mouvement, toutes les formes dans le principe de la forme, toutes les manifestations de la vie dans le principe de la vie.

S'il n'est point de forme particulière qui n'existe virtuellement, et comment le nier ? dans le principe de la forme ; et que la lumière soit dans le monde physique le principe de la forme, elle renferme les germes de toutes les formes qui ont dû et qui devront successivement se développer.

Chaque milieu, a dû maintes fois se modifier ou subir des changements qui nécessitaient la production successive des êtres. Le premier milieu n'a pu être que l'éther ou la substance finie, telle qu'avant le travail de génération qui s'opère en elle et s'y continue incessamment, elle subsistait avec ses propriétés essentielles, le principe du mouvement, le principe de forme, le principe de vie.

Rien jamais n'eût été si ce milieu primitif n'avait pas suffi à l'évolution initiale de la forme. Il dut donc se produire des combinaisons premières, en vertu des affinités internes, qui, dans le fluide de la forme, principe de toute variété, ovaire universel, dans la lumière constituent l'action des formes particulières, dont elle contient les germes destinés à se développer progressivement : ces productions premières ne sauraient être conçues que sous la notion de gaz. Quels sont ces gaz ? Seraient-ce les gaz jusqu'ici indécomposables qui exercent les fonctions si générales et si importantes dans l'économie de notre planète, l'oxigène, l'hydrogène, l'azote ?

La production des premiers gaz connus ou inconnus, exige comme toute production, le concours des trois énergies inhérentes à l'éther. La forme ou la lumière contient le germe, la force ou l'électricité le développe, le calorique effectue l'intime union de ces deux énergies.

Toute production commence en un point, autour duquel elle rayonne en se développant. Un noyau se forme, grossit et le corps de l'astre s'achève, comme s'achève le corps de l'être organique. Chaque astre a sa sphère propre d'attraction dont il est le centre, le limite individuellement, mais ces centres particuliers peuvent dépendre, par rapport à une sphère plus grande, d'un centre principal, avec lequel ils constituent un système, dont les diverses parties, réciproquement solitaires, exercent l'une sur l'autre une mutuelle action, d'où résulte l'ordre de leurs mouvements ; nul doute que tous les systèmes ne soient entre eux dans le même genre de relations, n'exercent, au sein de l'immensité, les uns sur les autres, une pareille action. La pensée se perd dans la complication presque infinie de ces rapports dont l'harmonie opère l'unité de la Création, qui se résout dans l'unité de la cause créatrice

Nul corps concret n'engendre de soi-même, des phénomènes d'électricité, de lumière et de calorique. C'est pourquoi les corps planétaires ne sont point lumineux par eux-mêmes, et le soleil n'offre pas une exception réelle à cette loi, car ce n'est pas de lui, de son noyau solide qu'émanent les effluves d'électricité, de lumière et de calorique qui portent la vie dans ses satellites, mais d'une atmosphère extérieure à lui, et par atmosphère, nous entendons un certain milieu éthéré, lequel, dans le système auquel notre planète appartient, est le centre d'activité et comme le foyer où se concentre l'action propre de l'éther et de ses énergies essentielles.

Existe-t-il un point central autour duquel s'ordonne l'innombrable multitude des systèmes déjà formés et de ceux qui se forment incessamment dans l'espace ? On ne saurait douter qu'il ne règne entre les corps, un ordre déterminé par les lois de leur formation. Plongés dans l'éther, leur lieu commun, les énergies qui leur donnèrent naissance, établissent entre eux des communications effectives, en même temps que l'attraction les enchaîne l'un à l'autre, soit que tous ensemble ils gravitent vers un centre physique qui serait celui de la Création, soit que toujours inachevée, puisqu'elle se développe toujours, elle n'ait d'autre centre réel et permanent que l'Etre infini, dont l'unité est le centre absolu de tout ce qui est, de tout ce que sa volonté toute-puissante a réalisé hors de lui.

La Science varie comme l'Univers, est une comme lui, une comme l'Etre infini qui se reproduit sous les conditions du fini, dans la Création progressive.

La terre en tournant sur elle-même, accomplit autour du soleil, comme centre, un mouvement de translation. Elle a donc en soi une force propre qui opère ce mouvement de sa masse auquel toutes ses molécules participent ; et cette force générale est la somme de toutes les forces des molécules, comme sa direction est la résultante de toutes leurs directions.

Il y a donc une direction générale du fluide électrique dans le sens du mouvement général et commun de toutes les molécules, ou un courant de ce fluide selon l'axe déterminé par la résultante de toutes les directions.

Il existe aussi à la surface de la terre et dans son sein, des mouvements particuliers indéfiniment variés, mouvements qui ne peuvent être produits que par la force inhérente à chaque molécule.

Cependant tout ce qui se meut a en soi un principe moteur, et ce qui communique le mouvement communique le principe producteur du mouvement, et comme le mouvement qui jamais ne s'arrête dans l'Univers, y est aussi communiqué.

Cette action apparaît à son plus haut degré de simplicité possible dans l'éther, et se complique dès qu'il y développe des formes particulières ou que commence le travail de la formation des êtres. La force qui opère ce développement et devient elle-même un des éléments du corps qu'elle a contribué à réaliser, y subsiste à l'état statique ou latent, dans la proportion que la nature du corps détermine.

Mais le corps, plongé dans l'éther, en est de toutes parts environné ; ce qui est vrai de la masse du corps est vrai de chacune de ses molécules ; il existe des milieux dont on ignore la constitution intime, qui probablement par l'effet d'un travail chimique dont on ne peut connaitre les conditions et la nature, forment des centres d'où rayonnent au loin des effluves d'électricité, de lumière et de calorique. Telle est l'atmosphère extérieure solaire, qui peut-être n'est à l'astre que ce qu'est à chaque molécule des corps l'atmosphère éthérée qui l'entoure, qui agit sur elle, sur laquelle elle réagit, et dont l'action s'étend au système entier des molécules environnantes, suivant les lois mathématiques de la propagation du mouvement. Quoi qu'il en soit, il est certain que le rayon solaire, à la fois électrique, lumineux et calorique, est l'agent principal des phénomènes physiques, chimiques, physiologiques, qui se produisent sur notre globe, et c'est par eux surtout que s'y manifeste, l'action des énergies nécessaires et primordiales inhérentes à l'éther, source première de toute force, de toute forme, de toute vie : matrice des êtres et leur aliment commun.

Le fluide universel ou l'éther n'étant que la substance finie douée des propriétés sans lesquelles on ne la concevrait en aucune façon, si dans le fluide universel, on considère chacune de ses propriétés diverses, elles se présenteront à l'esprit sous la notion de trois fluides divers, le fluide de la force, le fluide de la forme, le fluide de la vie, identiques à ceux que la physique nomme électricité, lumière, calorique ; il sera également vrai de dire que tous les corps plongés dans le fluide universel ne sont radicalement qu'une combinaison d'électricité, de lumière et de calorique, de l'éther concret ou organisé.

Avant qu'aucun être particulier ou déterminé existât, l'Univers était ténébreux, selon le langage profond des cosmogonies antiques ; il était ce qu'est l'éther, l'espace, que nous pouvons nous représenter qu'il serait si tous les corps célestes, tous les astres, soleils, planètes, nébuleuses, venaient tout d'un coup à s'évanouir au sein de cet immense abîme. Rien n'était que l'abîme même, l'espace, l'éther, rien ne s'y manifestait. Ce que nous appelons lumière ne serait que la forme à l'état virtuel ou au plus haut degré de limitation possible, c'est-à-dire le principe physique renfermant en soi tous les germes susceptibles de se développer à mesure que les combinaisons des premiers éléments des choses réaliseraient les conditions nécessaires à leur développement.

La lumière telle qu'on la conçoit diffuse dans l'espace comme l'éther, dont elle constitue l'une des propriétés essentielles, correspond à la manifestation de la forme indéterminée, c'est-à-dire à l'état qui précède le développement de toute forme particulière ; de sorte que l'organe de la vision, affecté par elle, transmettrait au sensorium commun, une sensation simple, unique indéterminée. C'est ce que dans le langage de nos sens, nous nommons le blanc pur, dont le type dans un ordre infiniment plus élevé, est la lumière mère, sans bornes, la lumière infinie qui éclaire Dieu même, l'éternelle splendeur de l'Etre éternel.

Le terme opposé à la lumière est donc le terme opposé à l'être, en tant qu'il a aussi sa manifestation. Or le terme opposé à l'être est la limite ou la matière, et la manifestation propre de la limite, essentiellement négative comme elle, est l'absence de toute couleur, les ténèbres.

Et comme dans l'Univers tout est limité, et que le fluide lumineux n'existe lui-même que sous les conditions de la limite, le blanc pur ou la lumière pure n'existe point dans la Création. Sa pureté est relative et non absolue. Le mélange infini dans ses degrés, de l'être et de la limite, du principe positif et du principe négatif des choses constitue les nuances, infinies aussi, par lesquelles on descend du blanc pur au noir pur, de la lumière pure aux ténèbres pures ; néanmoins en un sens relatif, il n'existe pas plus dans l'Univers de ténèbres pures que de lumière pure.

La lumieie blanche qui manifeste la forme générale ou la substance une, devant aussi manifester distinctement, à mesure qu'elles se réalisent, toutes les formes particulières que renferme en puissance la forme générale, contient dès-lors toutes les couleurs avec toutes leurs nuances infinies en nombre.

CHAPITRE XXXI

DES CORPS

Les corps les plus compacts, considérés dans l'ensemble des choses, ont passé, pour devenir ce qu'ils sont, par trois états : l'état fluide, l'état liquide et l'état solide.

Cette progression représente la marche naturelle des phénomènes, tels que la déterminent les lois générales du monde.

On peut se représenter l'Univers comme un laboratoire immense dans lequel, par une continuelle élaboration des éléments primitifs, s'accomplit l'œuvre progressive de la création des êtres.

Ce laboratoire est l'espace rempli par l'éther qui, dans son unité substantielle, implique les trois fluides primordiaux de la force, de la forme et de la vie.

Tout corps n'est qu'une substance limitée et douée des propriétés sans lesquelles la substance ne saurait être conçue, c'est-à-dire de force, de forme et de vie.

L'atome n'est que le type premier, le corps idéal essentiel non limité, non divisible, et par conséquent, il échappe à tous les moyens physiques d'investigation. En lui seul néanmoins résident les propriétés réelles du corps. Les essences diverses ne sont que les formes diverses actuellement inhérentes à la substance qu'elles déterminent, et autant il existe de formes primitivement différentes, autant il existe d'atomes différents. Leurs combinaisons qui s'opèrent selon les lois de l'affinité, lesquelles ne sont que les lois générales de la forme, produisent la variété qu'on observe dans les corps.

L'idée d'atome impliquant celle de substance, et la substance étant distincte de ses propriétés, les propriétés de l'être abstractivement considérées en soi, excluent l'idée d'atome. On ne saurait comprendre un atome de force, un atome de forme, un atome de vie. Cependant les propriétés sont communicables. On donne et on reçoit de la force, de la vie, et la forme aussi se reçoit et se donne.

La force, la forme, la vie inétendue en soi, n'ont aucune relation naturelle avec l'espace, ni avec le temps. Elles ne sont qu'accidentellement soumises aux conditions du temps et de l'espace, mais jamais elles n'en sont affectées radicalement : la raison en est que, par elles-mêmes, elles sont nécessaires, absolues, tandis que l'espace déterminé, ainsi que le temps, est purement relatif et phénoménal.

Tout corps dans ce qu'il a de positif est simple et indivisible ; multiple ou divisible dans ce qu'il a de négatif. Il existe donc de vrais atomes, mais saisissables seulement par la pensée comme la substance et les propriétés qui y sont inhérentes ; insaisissables aux sens qui ne perçoivent rien que dans ses rapports avec l'étendue. L'atome en un mot est le type immuable, inaltérable du corps, essentiel, participable, non divisible, comme tout ce qui est un, et, dans le monde physique ; indéfiniment multiple au moyen de la limite, qui a, pour expression unique et propre le nombre.

Tout l'Univers est animé, et ainsi tout y est dans une activité perpétuelle. Cette activité générale affecte chaque molécule aussi bien que la masse. Il s'opère donc, aperçus ou non, des changements continuels dans les corps, et selon le genre de ces changements, les corps varient de volume. On voit que la dilatation comme tout changement qui survient dans les corps, n'est dans ses rapports avec l'espace, qu'un phénomène du mouvement. Le mouvement n'est que l'action de la force.

Puisqu'il existe un Etre Infini et que dès lors cet être a sa forme propre, il existe une forme infinie. Si cette forme peut être limitée, elle peut l'être d'une infinité de manières diverses ; elle contient donc en soi une infinité de formes diverses, liées par des relations essentielles, nécessaires, et ayant une tendance également nécessaire à s'ordonner entre elles comme elles le sont dans l'unité de la forme infinie qui les comprend toutes. Les lois de cette tendance sont les lois de la forme, qui constitue l'ordre.

La tendance naturelle et nécessaire des formes diverses à s'ordonner et à se combiner selon l'ordre des relations qui existent entre elles dans l'unité de la forme infinie, constitue cette cause première, génératrice des faits chimiques que l'on nomme affinité, et l'affinité est l'action propre de la forme de classer les corps en espèces définies, d'après l'ensemble de leurs propriétés respectives.

Toute forme a une affinité radicale et nécessaire par l'électricité, la lumière et le calorique, sans lesquels aucune forme ne peut se développer, aucun être ne peut exister dans l'ordre des réalités finies ou contingentes.

« La manifestation de l'affinité chimique, dit Berzélius, est une tendance vers le repos, après une activité plus ou moins prolongée, etc... Si l'on parvenait à réunir tous les corps en un même point, et qu'ils fussent tous en état de manifester leur affinité, ils commenceraient à se combiner les uns avec les autres, et la masse entrerait dans une activité qui durerait plus ou moins longtemps, et se terminerait par un repos éternel. La masse se présenterait alors, en vertu de la force de cohésion, en forme d'une agrégation mécanique de corps indifférents. »

Selon cette pensée, l'Univers tendrait au repos par le mouvement ; les corps seraient comme les fragments séparés d'un tout qui cherchent à se rejoindre ; il y aurait dans la Création comme une aspiration vers une grande unité où tout serait dans tout, et un perpétuel effort pour l'atteindre, c'est-à-dire que la Création tendrait incessamment à reproduire Dieu d'où elle est sortie.

Dans le monde des corps, la forme est une idée réalisée extérieurement sous les conditions de l'étendue ; dans le monde des essences, le monde intellectuel, l'idée est le type éternel d'une forme réalisable, où la forme idéale indépendante du temps et de l'espace, ce que la Création tout entière est en Dieu.

Lorsque rien n'existait que l'éther, et dans l'éther, les trois énergies inséparables de la substance, tout ce qui devait être, tout ce qui peut être, y subsistait en germe, à l'état qui précède tout commencement d'évolution.

Ces premières formations eussent été impossibles, s'il n'avait contenu virtuellement ce qui devait se produire.

Quels étaient ces corps primitifs ? Nous l'ignorons, plongés que nous sommes en un milieu dont ils ont été les éléments nécessaires, éléments indiscernables pour nous dans leurs combinaisons successives.

Dans le milieu éthéré, se forment d'autres milieux, de nouveaux germes s'éveillant, apparut une croissante variété de corps rendus possibles par la réalisation antérieure de corps plus simples qui avaient dû nécessairement les précéder, parce qu'ils en étaient les éléments indispensables. Les phénomènes d'électricité, de lumière et de chaleur se multipliant, diversifiés de plus en plus, à mesure que ces corps développaient leur affinité réciproque ; car, dans la nature, rien ne s'opère que par l'action simultanée de ces fluides universels.

Le mouvement est la manifestation propre de l'électricité ou de la force ; la lueur qui produit la vision, est la manifestation propre de la lumière ou de la forme ; la chaleur est la manifestation du calorique ou de la vie. Le feu est la manifestation composée de la lumière et du calorique. L'étincelle électrique est la manifestation composée de l'électricité, de la lumière et du calorique.

Parmi les corps indécomposés, il en est plusieurs qui, s'ils ne sont pas les premiers qui se soient développés dans l'éther, tiennent de bien près à ces formations primitives. On reconnaît l'oxygène, l'hydrogène et l'azote, auxquels peut-être faut-il joindre le carbone.

L'oxygène a une relation spéciale au calorique, est principalement une combinaison où le calorique domine, y subsistant à l'état latent ; l'hydrogène a une relation semblable à la lumière, et l'azote à l'électricité.

Le phénomène universel et permanent de la combustion,

est une des faces, la plus générale, du phénomène de la vie. Quoique l'oxygène, comme tous les corps, contienne de la lumière, ce n'est pourtant pas elle qui détermine son caractère, et tout indique qu'il résulte fondamentalement de la combinaison d'une forme première avec le calorique, qui, devenu concret ou latent, acquiert par son union avec cette forme, une pesanteur, et par conséquent, un volume appréciable. On pourrait, suivant cette idée, considérer la masse entière d'oxygène existante sur notre globe et dans son intérieur, comme un grand réservoir de vie, d'où elle se distribue à tous les êtres, selon les lois de l'affinité qui sont les lois de la forme, les lois de l'organisation, les lois de l'ordre.

On voit que la combustion, en réalisant des formes nouvelles par la combinaison de l'oxygène avec les corps auxquels il s'unit, a pour effet d'entretenir la vie et de la propager. Brûler, c'est s'animer, et cette fonction de l'oxygène devient plus évidente à mesure qu'on s'élève dans l'échelle des êtres.

L'hydrogène est à la lumière ce que l'oxygène est au calorique. Ces deux gaz, dont l'un représente, parmi les fluides secondaires, la forme et l'autre la vie.

L'eau, produit de la combinaison de l'oxygène et de l'hydrogène ; l'air, produit du mélange de l'oxygène et de l'azote, sont, à une certaine époque, l'évolution générale des êtres, les deux agents les plus nécessaires de cette évolution.

Ainsi, selon cette idée incontestable en soi, contestable dans ses applications aux faits observés, l'hydrogène, résultat de la combinaison de la lumière, serait le fluide secondaire de la forme ; l'oxygène, résultat de la combinaison du calorique, le fluide secondaire de la vie ; l'azote, résultat de la combinaison de l'électricité, le fluide secondaire de la force, c'est-à-dire, qu'agents principaux de toutes les formations, ces fluides seraient les moyens par lesquels la force, la forme, la vie, étant reçues et communiquées, tout naît, tout subsiste et se développe au sein de l'Univers physique. Car il faut, bien entendu, que ce développement ne s'opère que par une progressive détermination des causes générales et premières, en vertu de laquelle se produisent d'innombrables effets particuliers.

Ce qui, dans ce vaste tout, produit la variété et la manifeste, appartient à la forme seule. Et comme la forme intime des corps est indépendante de leur masse, qu'elle subsiste complète en chacune de leurs molécules, son action, dans le monde matériel, est une action moléculaire.

Qu'on se reporte au moment où la Création, à l'origine des temps, n'était qu'un fluide unique, remplissant l'espace et possédant en soi trois énergies distinctes à la substance finie, comme à la substance infinie ; de ce moment l'action continue de ces énergies et ses résultats successifs, depuis les premières nébuleuses jusqu'à cette multitude de corps gazeux, liquides, solides, dont se compose, pour ne parler que d'elle, notre planète et son atmosphère, qui ne serait confondu de ces merveilles ? Qui n'admirerait avec ravissement une si riche variété contenue dans des causes si simples en apparence, agissant selon des ois simples comme elles, et comme elles aussi, indéfiniment fécondes ?

S'il y avait un terme, ce terme serait l'Etre infini dont toutes les formes limitées, en s'unissant, se pénètrent par une tendance vers cette unité absolue.

La grandeur de l'homme, dernier né des êtres terrestres et qui les résume tous, est de suivre par la pensée cette évolution magnifique, d'en observer les phases, d'en rechercher les lois, de reproduire en soi, dans son type al, l'œuvre de Dieu dont il fait partie, et c'est ainsi que la science devient tout ensemble une philosophie et une hymne, l'expression du Vrai et du Bien, qui se révèle par l'ordre, l'aliment divin de l'intelligence et de l'amour.

CHAPITRE XXXII

DES CORPS COMPOSÉS

En se combinant, en se condensant, les gaz dont se composait la masse de notre planète à l'état liquide, la surface peu à peu se solidifie par le refroidissement. Lorsque cette surface solide a acquis un certain degré d'épaisseur, elle emprisonne la chaleur qui maintient au-dessous d'elle les corps en fusion, tandis que la température de la superficie, fixée désormais ne variera, pendant de longs siècles, qu'en des limites très rapprochées, sous les mêmes latitudes. Les eaux s'accumulent dans leurs bassins, s'élèvent en vapeurs dans l'atmosphère qui enveloppe le globe, redescendent en pluies, en neige ; source des fleuves qui les rendent, par un perpétuel mouvement de circulation, d'où dépend la vie, aux réservoirs qui les ont fournies.

La terre est préparée pour les créations qui devront suivre. Alors, sous l'influence de l'électricité générale, de la lumière et de la chaleur, les fluides secondaires donnent naissance à de nouveaux êtres, qui se développent selon deux séries parallèles, les végétaux et les animaux. Notre globe s'anime pour ainsi parler. Toute sa surface solide, humectée par les eaux, environnée de toutes parts des gaz élémentaires, de nouveaux êtres apparurent, qui, puisant ces gaz soit dans l'atmosphère, soit dans le sol, se les assimilant, les modifiant, élargirent la sphère de la Création antérieure, en y introduisant des séries nombreuses de formes plus parfaites indéfiniment variées, et, soumises à des lois dépendantes de leur essence. Ces êtres, dont les débris accroissent journellement les richesses du règne inorganique, les végétaux ont dans l'économie de la nature, pour but spécial d'élaborer les gaz atmosphériques, de les transformer propres à servir d'aliment à une autre classe d'êtres supérieurs encore, les animaux qui, décomposant ce que les végétaux avaient composé, résidant au milieu où ils vivent tous les éléments de cette vie, laquelle, quant aux moyens de sa conservation, tourne éternellement en un cercle de production réelle et de destruction apparentes, car rien ne périt. Les primitifs éléments des choses, engagés en des multitudes de combinaisons variables, d'où ils ressortent à l'état libre pour y rentrer encore, subsistent inaltérables en ce qui fait leur essence. La forme accomplit son évolution : les êtres s'enchaînent aux êtres, manifestent, au dehors de lui-même, l'Etre infini, selon des degrés de perfection progressive marqués, en ce point de l'Univers, par la différence qui sépare une molécule gazeuse, de l'homme.

Tout être en ce qui le constitue physiquement, n'est que de l'éther condensé.

La chimie dit : en ce qui touche leurs éléments vraiment organiques, les plantes, les animaux, dérivent de l'air, ne sont que l'air condensé.

Ainsi, du règne animal considéré dans son ensemble, s'échappe constamment de l'acide carbonique, de la vapeur d'eau, de l'azote et de l'oxyde d'ammonium, matière simple, dont la formation se rattache étroitement à celle de l'air.

Si les animaux produisent sans cesse de l'acide carbonique, de l'eau, de l'azote, de l'oxyde d'ammonium, les plantes consomment donc sans cesse de l'oxyde d'ammonium, de l'azote, de l'eau, de l'acide carbonique. Ce que les uns donnent à l'air, les autres le reprennent à l'air.

S'il était possible, jusqu'à son dernier terme, ce travail d'analyse chimique, ramenant la Création à son point de départ, offrirait, tous les corps ayant disparu, pour résultat final, l'éther pur.

On ne peut concevoir l'unité première sans la concevoir absolue et infinie ; la science du fini appelle la science de l'infini, la science de l'Univers celle de Dieu ; car le contingent a sa raison dans le nécessaire, et, séparé de lui, n'est plus qu'un fleuve sans source.

En ce qui touche l'unité, la science des phénomènes ou du monde physique, isolée de celle du monde spirituel, et systématiquement réduite aux seuls principes déduits de l'expérience acquise par les sens, n'admet de réel que ce qui subsiste sous les conditions de l'étendue, considérant tout le reste comme de pures abstractions dépourvues de réalité objective. Dès lors, pour elle, l'idée de substance se résout dans l'idée de matière, d'un je ne sais quoi, qui est le fonds premier, universel de toutes choses, comme un assemblage de molécules serait dans cette multiplicité même, l'identité parfaite de nature ou d'essence des molécules dont elle se compose.

Suivant cette conception, la matière est la substance même. Rien n'existe qui ne soit matériel, limité, fini, voulant s'expliquer les choses, leur origine et leur développement, on leur donne, pour principe générateur, une négation.

Les difficultés, les obscurités, se multiplient à mesure que, remontant la série des phénomènes, l'impuissance de se rendre compte de ces premiers termes, les ténèbres épaisses que rencontre la pensée là où la lumière devrait être plus vive, n'ont pas d'autre cause que le vice radical de toute conception, on s'efforce de trouver l'origine, la raison du fini dans le fini même.

On ne conçoit pas comment l'organisation avec son intime unité, sa spontanéité vivante ne serait qu'un pur arrangement des molécules similaires. Disposées d'une certaine façon, elles deviennent un être un, un être qui sent, qui pense ; et cela serait le produit d'une figure de géométrie !

Il semble que, dès qu'on sépare la science des réalités physiques de celles des réalités immatérielles, il devient impossible de concevoir la coexistence de l'unité et de la variété.

La substance n'est pas la matière, elle ne peut provenir que de la dissolution des éléments tout comme la chute de l'homme est la conséquence de sa liberté humaine.

La substance infinie, essentiellement une, sans quoi elle ne serait pas infinie, contient en soi le principe de la variété, sans quoi n'étant pas déterminée, elle ne serait en aucune manière.

Le fini existe, puisque nous existons, puisqu'il existe, suivant l'invincible sentiment que nous en avons, une innombrable variété d'êtres également finis, dans ce qu'on appelle l'Univers.

Les conditions fondamentales et générales de l'être étant nécessairement conçues sous les notions de substance, mais de substance limitée ; à la substance finie, comme à la substance infinie sont inhérentes, trois énergies que son existence implique rigoureusement, la force, la forme, la vie.

La substance finie, divisible, étendue, offre dans son mode d'être, l'idée d'un fluide primordial, universel, admis sous le nom d'éther ; et l'on admet encore dans ce fluide trois énergies qui participent à son mode d'être physique, l'électricité, la lumière et le calorique.

Qu'est-ce en soi que l'électricité, la lumière et le calorique ? La science cherche, observe : elle n'a rien conclu jusqu'ici.

Selon nous, l'électricité correspond à la force, principe actif du mouvement. La lumière correspond à la forme ; elle est le principe qui, dans chaque être, le détermine à être ce qu'il est. Le calorique correspond à la vie : principe qui unit la force qui meut et développe, au principe qui règle le développement et le rend possible en le déterminant.

Ainsi l'unité, dans la Création, a pour base la substance essentiellement simple, douée de propriétés, d'énergies diverses ; elle résulte de l'action propre du principe, unit ces énergies selon des lois dans leur rapport avec la limite qui ne change point.

Toutes les formes réalisables existent au sein de l'Univers et s'y développent, à mesure que les formes plus simples qu'elles impliquent, s'y sont elles-mêmes développées suivant la même loi. Toutes préexistent essentiellement dans la lumière, *Semence des formes*. Aussi sans elle, nulle combinaison ; elle contient le germe qui s'approprie, s'assimile les formes indispensables à son évolution, depuis le corps inorganique, jusqu'à l'homme.

Le type, c'est le germe, et l'être est virtuellement tout entier dans le germe : c'est pourquoi d'un même germe il ne sort jamais qu'un même être, deux germes divers étant donnés, le travail interne de chacun réalise, avec des matériaux identiques, des organismes différents.

Toute forme constitutive, d'un être distinct des autres êtres existe quant à son essence, dans le principe éternel de forme qui détermine l'Etre infini : le principe infini de forme ou de détermination contenant nécessairement toutes les formes ou toutes les déterminations possibles.

Il est donc vrai que le développement de la Création est comme le développement continu, perpétuel d'un seul être, parce qu'elle n'est que la réalisation, dans le temps et l'espace de l'Etre infini, dont la forme infinie comprend toutes les formes limitées possibles. Tout part de son unité, tout gravite vers son unité, et s'en rapproche incessamment, suivant les lois de cette unité même, pour se perdre et se reposer en lui.

CHAPITRE XXXIII

CAUSES FINALES

Nulle idée de l'être, sans l'idée de l'Etre infini, nécessaire, absolu ; nul être fini ou contingent, qui n'ait en lui sa raison et son origine ; d'où l'idée de Création. Mais l'Etre infini ne peut être conçu qu'intelligent, puisqu'autrement, il ne posséderait pas la plénitude de l'Etre ou ne serait pas infini, l'intelligence dont il n'aurait pas, dans cette hypothèse, le principe en soi, serait impossible.

Mais si, comme on est forcé de l'admettre, l'Etre infini est intelligent, l'intelligence, unie en lui à la Puissance pour en diriger l'exercice, détermine tous ses actes. Il n'agit donc qu'en vue d'un but, la Création a donc une fin.

La fin de la Création est la reproduction de Dieu même ou de l'Etre infini, sous les conditions du fini, de la limite identique avec la matière, afin que tout ce qui peut être, soit. Cette fin générale de la Création comprend toutes les fins particulières qui n'en sont que des fonctions diverses harmoniquement liées.

La volonté de créer, volonté libre en Dieu puisqu'on n'y conçoit aucun motif nécessitant que de se faire connaître, cette volonté étant supposée, l'action créatrice est assujettie à des lois nécessaires, qui ne sont que les lois mêmes de Dieu. Comme il ne peut créer qu'en reproduisant au dehors de lui, sous un autre mode d'existence, quelque chose de ce qui renferme son être un, puisqu'il renferme essentiellement tout ce qui est et ce qui peut être, la fin de la Création est évidemment nécessaire en ce sens.

Les causes finales bien loin d'être une fiction de l'esprit, sont très réelles en ce sens qu'il existe, dans la formation et le développement des êtres, un rapport primitif ; outre ce développement et la nature propre de chaque être, sa forme intime, son type essentiel, dont l'efficace interne détermine la structure ; et qu'en se résolvant à créer, l'Être infini s'étant proposé une fin générale qui enveloppe toutes les fins particulières, il n'en est aucune qui n'ait été prévue et voulue de lui, avec l'ensemble des moyens par lesquels elle se réalise. Mais il est vrai aussi qu'assujetti à ses propres lois, à l'intrinsèque nécessité qui ordonne dans sa forme une et infinie, toutes les formes finies possibles ne peuvent être réalisées que selon cet ordre nécessaire ; que toutes sont liées par des rapports également nécessaires ; que chacune d'elles, par son efficace, détermine l'invariable succession des phénomènes que présentent la formation et le développement de l'être qui lui correspond, qui n'est que cette forme même réalisée sous les conditions du fini, de la matière ; que Dieu ne crée, ne peut créer que par le concours de ces causes secondes, immédiates qui ne sont que le mode d'action de la Cause première hors de l'Etre absolu, sa spécification relative aux effets particuliers qu'implique l'ensemble de son œuvre ; qu'ainsi aucune création partielle ne serait possible, que si, dans l'Univers, il n'est rien qui n'ait sa cause finale et n'en dépende, sans quoi l'Univers lui-même, produit d'une cause aveugle, inintelligible, contradictoire, n'aurait aucune fin, aucune raison. Dès lors, il n'est rien non plus qui ne soit soumis, en ce qui touche et les moyens de sa production, à une immuable nécessité de Dieu même, de son essence et de ses lois.

On conçoit la forme infinie, autant que l'infini peut lui-même être conçu ; on conçoit qu'elle renferme toutes les formes possibles, lesquelles à l'état d'idées pures, subsistent distinctes dans l'entendement divin.

Tout ce qui commence finit, tout ce qui naît meurt ; tout dans l'Univers subit de perpétuels changements, est en un mouvement perpétuel, qui est le mode même de la vie universelle et la condition du progrès, car la destruction et la production, faces diverses d'un même fait, s'impliquent rigoureusement l'une l'autre. Toutefois, entre les êtres organisés et les êtres inorganiques il y a cette différence, que ceux-ci n'ont en soi aucune cause de dissolution, que soustraits aux influences externes, ils subsistent indéfiniment : tandis qu'en vertu des lois mêmes selon lesquelles ils se conservent par une suite naturelle de leur constitution propre, les êtres organisés ont un terme fatal qu'ils doivent attendre nécessairement.

Le désordre moral recèle en soi un germe de mort, non de la mort naturelle que l'âge amène inévitablement, mais de la mort prématurée qui moissonne l'immense majorité de la race humaine. Peu d'individus qui meurent de vieillesse ; peu qui, soit par la volontaire violation de leurs lois, soit par une suite de certaines prédispositions d'origine semblable communiquées par la génération, n'aient à subir de nombreuses souffrances que termine une fin plus ou moins hâtive.

Le développement du monde physique montre évidemment, dans ses progrès, une fin supérieure au monde physique lui-même, puisqu'il aboutit, de proche en proche, à un être dont la puissance dirige tous les autres, à ses propres fins manifestement différentes de celle de l'organisme ; car le corps n'est pas l'homme, bien qu'il soit pour lui une condition nécessaire d'existence, et sa vraie vie, qui s'épanouit en de plus hautes régions, est toute intellectuelle et morale.

Qu'est-ce que la matière organique? On ne l'a jamais définie. Ces corps élémentaires physiquement nécessaires à la formation des êtres vivants, la science les détermine, elle les connaît, les nomme, ce sont l'hydrogène, l'oxygène, l'azote, le carbone, etc., tous corps inorganiques suivant la stricte acception du mot.

Ces germes primitifs, ne sont que les formes essentielles à l'état qui précède leur développement dans le monde physique ; c'est d'elles que se compose le fluide lumineux, et la lumière, *Semence des formes*, n'est que la collection de ces germes unis entre eux selon les lois générales de la forme.

Sous la double influence de l'électricité ou du principe de force, du calorique ou du principe de vie, l'évolution des germes primordiaux de ces êtres s'opère spontanément, dès que les conditions physiques ont été réalisées elles-mêmes.

On ne conçoit d'aucune façon le développement du premier individu originairement nécessaire pour la reproduction de l'espèce. C'est là, dans l'état présent de la science, le plus grand mystère qu'elle renferme. D'où viennent les animaux les plus rapprochés de l'homme, et l'homme même ? Comment ont-ils été primitivement formés ?

Mais s'il est vrai que Dieu soit l'auteur des choses, qu'il les ait toutes créées, il est vrai aussi qu'il ne crée que selon des lois, qui sont les lois naturelles des êtres ; qu'instrument de son action, il opère par eux ce qu'il a dessein d'opérer, ce qui a sa place nécessaire dans le plan éternel de son œuvre, parce que doués suivant la fonction que leur essence les destine à remplir, d'une activité propre, cette activité n'est en chacun d'eux que la spécification, relative à certains effets prévus et voulus, de la puissance de l'Etre créateur.

Si l'homme doit se résoudre à ignorer longtemps encore, toujours peut-être dans son état présent, ce n'est qu'une conséquence de son mode même de connaissance progressive comme lui, comme l'Univers, qui ne livrera jamais le secret entier de son être, qu'il n'a pas en soi, qui n'est que le secret impénétrable, dans sa profondeur infinie, de l'Etre de Dieu.

CHAPITRE XXXIV

DE LA SOCIÉTÉ DES ÊTRES INTELLIGENTS ET LIBRES

La question religieuse, c'est l'ordre moral hors duquel nulle vie, et la Religion, loi supérieure de l'homme intelligent et libre, comprend à la fois et les préceptes qui, en réglant sa volonté, règlent ses actes dans la sphère du bien et du mal, et la raison de ces préceptes, telle que, dans les âges successifs permet de la concevoir le développement de la connaissance, élément principal du progrès de l'Humanité, car tout autre progrès en dépend.

Qu'importeraient à l'homme les plus profondes spéculations, le savoir le plus étendu, s'il n'y trouvait la solution du problème de ses destinées, la loi de sa vie, la règle de ses actes comme être libre, la connaissance des moyens à l'aide desquels il peut parvenir à sa fin ? Né pour la société, ne se développant qu'en elle, rien hors d'elle, n'a pour lui d'intérêt sérieux. Quand elle ne serait pas une condition indispensable de son existence, quand la plupart de ses facultés, celles qui font de lui, sur la terre, le roi de la Création ne demeureraient pas, dans l'isolement de l'individu, atrophiées et inertes, forcé qu'il serait de s'occuper sans relâche de sa subsistance immédiate, d'y songer, il ne s'élèverait jamais à d'autres pensées qu'à celles qui se rapportent directement aux besoins du corps. Ni arts, ni sciences, à peine un faible commencement d'industrie grossière, nul ordre moral, nulle idée du droit, du devoir, nulle conscience dès lors. Serait-ce là l'homme ?

L'étude de l'homme considéré dans son type abstrait ; soit dans le simple individu à la fois passif et actif, conduit forcément à l'étude de la société, d'où naît un nouvel ordre d'activité réglée par les lois supérieures de l'être moral et déterminant ses fonctions, en vertu du lien qui l'unit primitivement à Dieu et en lui et par lui à ses semblables et à l'universalité des êtres dans la Création.

Dieu en tant que Puissance, est un être personnel, en tant qu'Intelligence, un être personnel, en tant qu'Amour, un être personnel ; non par une division de son unité, mais par une simple spécification du mode d'être essentiel de Dieu dans tout ce qui subsiste de distinct en lui.

Les propriétés distinctes, liées par des relations nécessaires dans l'unité de la substance, constituent la nature divine.

La société en Dieu est infiniment parfaite, infinie, absolue. Ainsi chaque énergie personnelle infinie en soi, possédant la plénitude de ce qui la spécifie individuellement, et se résolvant par ce qu'elle a de substantiel, dans l'être absolu, il en résulte que la loi d'unité et la loi de diversité, sont elles-mêmes infinies ou absolues ; que l'être est tout entier dans chaque individualité multiple, et que, dès lors, elles subsistent toutes indivisiblement dans son unité.

Les êtres finis n'étant qu'une participation de l'Etre infini, il n'est rien en eux qui ne soit primitivement dans l'Etre infini, qu'ils reproduisent hors de lui-même sous la condition de la limite et selon divers degrés et différentes formes, dans la série générale des êtres créés.

Ainsi, en Dieu, la société est l'ensemble des relations qui ramènent les énergies personnelles à l'unité de la substance, et qui les unissent entre elles: elle est, hors de Dieu, l'ensemble des relations qui, unissent entre eux les individus de même nature et les êtres de nature diverse, et tous en Dieu, avec lequel ils ont des rapports nécessaires, d'où leur existence dépend radicalement.

Dieu, infini dans tous les sens, infini dans sa substance, infini dans chacune des énergies diverses inhérentes à la substance une, épuisant en soi-même toute réalité possible, tout ce qui renferme l'idée de l'être, toutes les relations qu'implique la diversité infinie dans l'unité infinie : Dieu, n'a dès lors de rapports nécessaires qu'à lui.

Il n'en est pas ainsi des êtres finis. Chacun d'eux est, comme Dieu, individuellement un, et en eux comme en Dieu, l'individualité se résolvant dans l'unité de la substance, l'individu considéré dans son unité intrinsèque, n'a plus de rapport qu'à soi. Mais sa nature d'être fini lui en crée de nécessaires avec l'Etre infini et avec les autres êtres finis, puisqu'elle en dépend quant à son existence.

En effet, en dehors des êtres finis, est l'unité infinie absolue, dans laquelle la leur a sa racine ; au dehors d'eux est Dieu dont ils ne peuvent être séparés sans s'évanouir à l'instant même, car tout ce qu'ils ont d'être, ils le tiennent de lui. Et cependant, par ce qui constitue leur propre individualité, ils tendent sans cesse à cette séparation, puisqu'ils tendent vers soi et uniquement vers soi. Leur développement au moyen duquel ils se complètent selon leur nature, a la même tendance ; car se développer, c'est se déterminer, s'individualiser toujours plus. Et la même cause qui tend à séparer de Dieu l'être individuel tend également à le séparer de tous les autres êtres. Chose étrange ! le principe interne par lequel ils sont, les emporte dans l'abîme du non-être ; et cela même est une preuve de leur tendance vers l'infini. Ils aspirent à rentrer en Dieu par la destruction de leur individualité contingente, à devenir ce qu'ils étaient avant qu'il les eût réalisés au dehors de lui, de simples idées divines, impérissables, éternelles. Et voilà pourquoi afin qu'ils subsistent sous leur forme créée, il faut qu'ils se rattachent à l'infini, car l'infini seul est de lui-même, et rien n'est que par lui.

Les êtres intelligents, en relation immédiate avec le fini et l'infini, avec deux termes incommensurables qui leur fournissent respectivement des motifs d'action souvent opposés, sont libres, non d'une liberté infinie, exclusif attribut de Dieu seul, mais d'une liberté relative à leur connaissance.

La volonté qui peut se déterminer en des sens divers, suivant la diversité des motifs perçus et des attraits sentis, naît de la double connaissance et du double amour simultanés qui sollicitent les êtres intelligents à se porter vers l'infini qui se résout dans l'unité, et vers le fini qui se résout dans l'individualité. En leur état normal, ils sont maîtres d'agir, d'incliner leur détermination à des actes opposés ; d'où l'obligation, dans le conflit entre les deux principes dont l'un tend à concentrer l'individu en soi, l'autre à opérer sa fusion dans le tout, de combattre sans cesse le premier, non pour le détruire, car il est lui-même un élément de l'ordre, un élément de vie, mais pour le subordonner au second. En cela consiste la loi morale, fondement de la société entre les êtres capables de connaître, parce qu'elle est le lien qui les unit dans la sphère supérieure qui enveloppe toutes les autres. De là le nom de religion, ce qui relie, et la religion, expression de la nature des êtres et leur principe de conservation, s'identifie à la conscience ou au sentiment indélibéré du bien et du mal dans leur rapport avec les actes libres.

Otez la liberté, la puissance du choix ou le pouvoir de violer la loi, la société des êtres intelligents ne diffère pas de celle des êtres organiques. Mais l'intelligence est inséparable de la liberté, la société des êtres intelligents se rattache, dans leur origine, au fait primitif de la vision de Dieu ou de la perception de l'infini, d'où naît la liberté avec l'intelligence et encore le progrès.

Instruments de Dieu dans la création perpétuelle, les êtres intelligents dirigent à leur fin supérieure les lois du monde physique et organique, l'élevant jusqu'à eux et l'associant à leur destinée plus haut ; sans changer de nature, elle associe chaque individu aux fonctions et aux destinées de l'essence spirituelle impérissable.

Sitôt que celle-ci se distingue elle-même, de sa limite par la connaissance, elle devient spirituelle, non qu'elle cesse d'être organique et physique, mais parce que le lien principal, le véritable lien appartient à l'ordre moral, est tout spirituel. Ce qui les unit, ce n'est pas l'impulsion aveugle de l'instinct mais la reconnaissance des mêmes droits et des mêmes devoirs accomplis en vertu d'un libre choix.

CHAPITRE XXXV

DE LA SOCIÉTÉ SPIRITUELLE

Toute société a sa raison dans la société première des êtres contingents et finis avec l'Etre infini, absolu. Car les individualités finies ne peuvent s'unir que dans l'unité primordiale et infinie, et par leur tendance commune vers elle. Les lois des sociétés inférieures et partielles doivent donc être cherchées dans les lois de la société universelle dont elles dérivent, et dont elles forment comme le prolongement dans le temps et l'espace : rayons mobiles et contingents d'un centre éternel et immobile, qui est Dieu.

Car si la Création tend vers Dieu et doit, pour subsister, tendre vers Dieu, vers l'unité première de qui découle tout être, elle ne peut jamais s'identifier à cette unité, être elle ; par conséquent, le principe interne d'individualité dans les êtres créés constitue en eux une unité finie et subordonnée, sans laquelle ils n'auraient aucune existence réelle ; tandis qu'au contraire l'individualité personnelle des énergies divines se confond par ce qu'elle a de substantiel, avec l'unité même de l'Etre divin.

De cette différence radicale entre Dieu et les créatures, il résulte qu'elles ont toutes une tendance vers Dieu, vers l'unité première, d'où découle leur propre unité ; qu'elles sont liées à lui, en société avec lui, et ne subsistent que par ce lien. Et comme toute société implique au moins deux termes, la société des créatures avec Dieu implique, outre l'être qu'elles tiennent de lui, quelque chose par quoi elles sont séparées de Dieu, un principe propre qui, en les individualisant hors de

Dieu, réalise ce second terme sans lequel nulle société ne saurait être conçue.

Toute créature a donc nécessairement encore une tendance vers soi, par laquelle elle s'efforce de se conserver et de se développer ; pour toute créature, il existe deux lois générales de la société, l'une qui oblige à se maintenir en union avec Dieu, source de son être, l'autre à conserver cet être, en tant que distinct de Dieu ; de sorte que, pour celle-ci, conservant l'individualité de son être, elle conserve par celle-là le fonds même de son être.

D'où il est aisé de voir que nulle société, nulle union ne peut exister entre les créatures que par leur union, leur société primitive avec Dieu.

Ainsi les lois de l'organisme identiques par le fond aux lois supérieures qui régissent l'être spirituel, qui réglant sa volonté libre en réglant sa pensée, ses croyances, son amour, sont tout ensemble liées à celles-ci et distinctes d'elles.

La législation spirituelle de la société s'appelle religion, et, selon la force du mot, la religion est ce qui relie, ce qui unit ; et en effet, nulle union réelle entre les êtres intelligents et libres, que par la loi religieuse, la loi de l'esprit, et l'union est proportionnée à la perfection de la loi, ou à la manière plus ou moins parfaite dont l'homme la connaît, la conçoit, l'accomplit par sa volonté, cause immédiate de ses actes.

Si la législation religieuse détermine le caractère spirituel de la société d'où dérive tout le reste, la législation organique préside à la formation du corps social, à sa conservation, à son évolution, et se rapporte à deux ordres, l'ordre politique et l'ordre économique.

Aussi trouve-t-on partout, et là même où la société, née de l'instinct, n'en dépasse guère les limites, une loi religieuse, une loi politique, une loi économique, ou des usages traditionnels que le progrès de l'intelligence et de l'expérience développera. L'élément, religieux, spirituel, moral, comme on voudra le nommer, précède les autres par son importance, par sa nécessité primitive, radicale, car nulle association possible sans lui. Otez le droit, ôtez le devoir, ou ôtez au droit et au devoir le caractère de loi reconnue, qu'elle union pourrait-il exister entre les hommes ? Comment vivraient-ils rapprochés, ne se devant rien mutuellement, n'ayant de règle que la volonté de l'individu, dirigée par son seul intérêt, et dès lors établie en un état de guerre permanent? Point de société qu'en vertu de la loi spirituelle, et c'est dans la société spirituelle qu'au fond se résume toute société.

On doit avant tout s'occuper de la société spirituelle, en rechercher les lois aussi simples que fécondes, de quelque obscurité que les aient enveloppées souvent l'ignorance et les passions humaines. On a vu et l'on voit encore les opinions les plus bizarres, les erreurs les plus dangereuses trouver entrée dans les esprits et y régner souverainement. L'histoire des peuples n'est en partie que l'histoire des maux sortis de cette source funeste. Rien ne les sépare si profondément, rien n'excite entre eux des haines aussi violentes, aussi inexorables que les fausses idées qu'ils se font de la loi destinée à les unir. Et cela même ne devrait-il pas être pour eux un avertissement qu'ils se sont écartés de la voie, de la vérité et de la vie ? Comment ce qui engendre les divisions, les dissensions, et suivant les doctrines, les lieux, les temps, des multitudes de crimes publics et privés, serait-il l'expression de la volonté et de la raison suprême, la loi de l'ordre établi de Dieu pour la conservation et le developpement des êtres que leur nature rapproche davantage de la sienne ? Il lui serait, certes, moins injurieux d'affirmer qu'il n'est pas, que de reporter en lui, par une horrible aberration de la pensée et de la conscience, l'origine lamentable de nos folies et de nos misères. Cependant, c'est là un fait général, un fait partout reproduit, un fait permanent ; qui l'ignore ? Mais il est vrai aussi, il est consolant d'ajouter que ce long égarement aura un terme, déjà on l'entrevoit dans les perspectives de l'avenir. Les préjugés s'éteignent peu à peu, les yeux s'ouvrent, et la lumière qui éclairera les générations plus heureuses appelées à nous succéder, commence à dissiper les ombres au sein desquelles la famille humaine a si longtemps erré, aspirant à un bien qui la fuyant toujours, et néanmoins poussée par un secret instinct ne cessant de la poursuivre avec une espérance immortelle.

La religion est ce qui unit les hommes à Dieu et les hommes entre eux. La religion dérivant de la nature de l'Etre infini et de la nature de l'être fini, ne diffère aucunement de l'ordre naturel, qui comprend les relations de Dieu et de son œuvre. C'est pourquoi, avec une sagesse profonde, la haute antiquité reconnaissait en elle la base première de toute société, la source du droit et du devoir, la définissait par son caractère éternel, souverain, et la nommait la Loi.

En ce qui touche les lois supérieures de l'homme, la connaissance, d'où naît le motif, a été nommée dogme ; l'amour ou l'attrait engendre le mouvement qui accomplit l'union ; l'acte ou le terme de la volonté est proprement le culte ; le culte a deux relations, l'une à l'Etre infini, l'autre aux êtres finis, on l'appelle morale.

Le premier regard jeté sur la Création suffit, pour qu'on reconnaisse en elle une tendance générale à s'élever, par un enchaînement de formes de plus en plus complexes, de plus en plus parfaites, vers une forme dernière qui ne peut être conçue que comme infinie, ou comme la forme propre de Dieu même, dont toutes les autres ne sont, sous des limitations diverses qu'une participation finie. Il y a donc dans la Création une tendance générale vers Dieu, un mouvement perpétuel d'ascension en vertu duquel, se rapprochant de lui sans cesse, elle s'efforce de le reproduire selon ce qu'il est.

Avant que la lumière intellectuelle lui ait révélé le monde moral, l'homme agit déjà sous l'influence de l'attrait qui deviendra en lui l'amour éclairé du Vrai, du Bien, du Beau, du Juste ; car l'intelligence n'ajoute à cet attrait natif que la notion de loi, et, suivant la mesure de connaissance acquise, celle de raison de la loi.

Nulle société ne serait possible, si à l'amour de soi ne se joignait cet autre amour primitif aussi, indélibéré, désintéressé, qui engendre les actes nécessaires de dévouement et de sacrifice. Aussi quelles que puissent être les erreurs de l'esprit, quel que soit l'égarement des préjugés, des faux systèmes, subsiste-il immuablement, à des degrés divers de puissance en chacun, mais efficace en tous, quand la passion plus forte ne l'étouffe pas. Il est ce qu'on nomme la conscience, la voix intérieure qui, lorsque le devoir ou le droit est violé, réclame, avec une constance inflexible, contre ses violations.

Là où l'inspiration de la nature commune domine, celle de la pure individualité, au sein des masses du peuple assemblé, alors que le souffle de vie passe rapidement de l'un à l'autre, croissant en énergie par ce mouvement même, cette intime communication, le sentiment du Bien, du Juste, n'apparaît-il pas dans sa pleine spontanéité et son souverain empire? Qui oserait y rien opposer, qui pourrait même entendre au dedans de soi les secrètes suggestions de l'égoïsme solitaire, sitôt que, des entrailles de cette foule émue, s'est élevé le grand, le vrai, l'éternel cri de l'âme humaine?

N'est-ce pas la nature seule, en dehors de tout acte réfléchi, qui triomphe de l'intérêt même, de l'intérêt individuel, en mille circonstances où, par un soudain entraînement, les hommes affrontent les derniers dangers pour y soustraire autrui, exposant ce qu'ils ont de plus cher, la vie, et la perdent volontairement pour sauver celle d'un inconnu. Rien de plus faux que la funeste et dégradante doctrine selon laquelle l'homme asservi à l'intérêt propre, n'aurait d'autre moteur de ses actes, que l'amour de soi. L'amour désintéressé, par lequel il se subordonne et se dévoue à autrui suivant les lois conservatrices du tout, ne lui est pas moins naturel, sans quoi aucun devoir dont l'accomplissement ne fut naturellement impossible. Il ne pourrait concourir à l'ordre et remplir la fonction qui lui est assignée dans l'Univers, qu'autant qu'une puissance extérieure l'y détermine.

La religion a donc au fond de la nature humaine des racines antérieures à la naissance de la pensée; elle est instinct avant d'être croyance, et reste encore instinct après que la raison l'a revêtu d'une forme saisissable à l'esprit, après qu'il a reconnu en elle le caractère de loi, d'une loi qui oblige l'être libre, de sorte qu'opposé aux erreurs qu'engendre la faiblesse de la raison, le sentiment instinctif, impérissable et inaltérable, en arrête les effets, les restreint, et fait constamment prévaloir le bien sur le mal, l'ordre sur le désordre, dans la somme des actes. S'il n'en était ainsi, le genre humain aurait péri depuis longtemps par la violation des lois fondamentales de la vie.

CHAPITRE XXXVI

DE LA RELIGION DANS LE MODE PROGRESSIF D'UNION DE L'INTELLIGENCE AVEC DIEU

Le passé n'est plus, le présent est insaisissable ; qu'est-ce donc qu'exister pour les êtres assujettis aux conditions d'une durée successive, aux conditions du temps? Exister, c'est pénétrer continuellement dans l'être, l'aspirer, se le rendre propre : d'où le mouvement perpétuel de la Création en avant, attirée qu'elle est vers le centre absolu, l'Etre infini de qui tout ce qu'elle a d'être n'est qu'une participation affectée d'une limite éternelle, mais qui aussi fuit éternellement.

La Création implique donc, avec une tendance permanente à s'unir à Dieu, union nécessaire pour qu'elle soit, pour que l'être fini possède une existence réelle, car pour être, il faut être uni au Principe de l'être, à l'Etre essentiel existant de soi par une nécessité intrinsèque.

L'union à Dieu est donc la première loi de tous les êtres, puisqu'ils n'existent que par cette union, que par la mesure d'être, pour ainsi parler, qu'ils reçoivent de l'Etre infini et puisent nécessairement en lui. Or être uni à Dieu, c'est être un avec Dieu, autant que cette unité est possible, à qui la perfection de l'être, la perfection divine est montrée comme le terme dont ils doivent se rapprocher.

Que si pour être unis entre eux et pour conserver ce qu'ils ont d'être, tous les êtres doivent être unis au Principe de l'être, à l'Etre infini, l'existence des êtres finis n'a pas d'autre raison. Ils sont à la fois dans leur ensemble, la production de ce travail divin et les moyens, les instruments par lesquels il s'opère.

L'homme doit donc le représenter, le reproduire en soi en tant qu'Intelligence, en tant qu'Amour, en tant que Puissance. Les lois de son union avec Dieu sont donc les lois de l'intelligence, de l'amour et de la puissance ou de la volonté.

D'ailleurs étant libre dans le choix de ses actes, pouvant, s'il le veut, obéir aux lois qui doivent le régler et les transgresser, il faut que l'homme les connaisse et les aime pour vouloir selon l'ordre, et qu'il aime Dieu qui est à la fois et le principe et la perfection de tout ordre. Or, connaître Dieu et l'aimer, c'est lui être uni par l'amour et l'intelligence, c'est-à-dire par ce qui détermine la volonté et la rend possible.

La première de ces lois, relative à l'union nécessaire avec Dieu, s'étend, comme les autres, à tous les êtres, car tous les êtres, pour exister, doivent être unis au Principe de l'être. Entre eux et l'homme intelligent, nulle différence dans le mode d'union, déterminé par chaque être divers. L'impulsion innée de la science, identique à l'aspiration de tout être à continuer d'être, porte donc l'homme vers Dieu. La religion, en effet, existe partout où apparaît un commencement de société humaine ; elle en est la racine, le germe indestructible, la loi première et fondamentale. Variable dans ses formes et ses conceptions secondaires, parce qu'en cela elle dépend du degré de la connaissance, des vues incertaines de l'esprit, et peut-être affectée de ses erreurs, elle préside au mouvement de la civilisation et en caractérise les progrès. C'est pourquoi toutes les grandes révolutions qui changent la face du monde sont des révolutions religieuses. Les modifications souvent si profondes qu'elles apportent dans l'ordre politique, dans la législation, les mœurs, dérivent de l'idée, de la conception nouvelle qui, de la raison a pénétré dans la conscience des peuples.

Elles représentent à cet égard, au sein de l'Humanité les phases d'une évolution analogue à celle que la science constate dans la Création. Les lois demeurent les mêmes, il se produit sur notre globe et, sans aucun doute, sur les autres globes, des êtres plus parfaits, dont ceux qui les ont précédés ont été les éléments nécessaires

Ainsi, dans la même nature immuable, l'homme s'élève au degré de perfection à mesure que se perfectionne la religion.

Au commencement, le dogme émane de la pensée pure, d'une certaine vue spontanée des choses que l'imagination cherche à proportionner à l'instinctif besoin de l'infini. Mais, plus on s'éloigne de cet état initial, plus se manifeste la tendance du dogme à se rapprocher de la science, à se confondre avec elle. Car il est clair que, comme les causes et les lois contingentes des êtres contingents doivent avoir leur raison et leur origine dans les causes et les lois absolues de l'Etre nécessaire, celles-ci doivent être représentées par elles au sein de l'Univers. Ainsi dans l'ordre de l'intelligence s'effectue le mouvement de l'homme tout entier vers Dieu.

L'intelligence, passive d'abord, n'est pas plutôt, qu'elle devient active. Créée pour la vision, la perception simultanée de l'Etre infini et de l'être fini, la conscience qu'elle a d'eux est inséparable de celle qu'elle a de soi et cette invincible conscience, cet assentiment intérieur, expression primitive de l'union de l'objet perçu et de l'esprit qui perçoit, constitue la foi, laquelle embrasse, l'être tout entier sous ses deux modes, Dieu et l'Univers. Tel est l'état premier, l'état initial de l'intelligence, et comme il renferme les conditions absolues de son existence, quels que puissent être ses développements ultérieurs, ils impliquent constamment la foi primordiale sans laquelle nulle pensée n'est possible.

Le progrès de l'intelligence consiste donc à mieux connaître le double objet de la foi, Dieu et l'Univers, à pénétrer en eux toujours plus par la conception, ou à reproduire la foi elle-même sous la forme de science.

A l'instant où elle commence d'être, commence par elle l'éternel travail dont le but est de transformer la foi en science, de concevoir ce qui était simplement perçu et nécessairement perçu. Mais la conception n'étant jamais, ne pouvant jamais être adéquate à la foi, puisque la foi embrasse l'infini, sa première loi est celle d'un développement sans terme, qui part de l'inconnu et s'opère au sein de l'inconnu, au sein du mystère, car le mystère c'est l'infini même, objet éternel et éternellement inépuisable de la pensée.

La possession du vrai est, en effet, la fin naturelle de l'intelligence, et la possession croissante du vrai constitue le mode progressif de son union avec Dieu.

On conçoit que la religion, invariable dans sa base, suive le progrès intellectuel de l'Humanité et le représente en ce qu'il a de plus élevé, sous la seule forme qui permette à tous de participer à ses résultats.

En effet, qu'une conception supérieure de Dieu ou de l'Etre infini, de ses nécessités et de ses lois internes, vienne à frapper un de ces esprits destinés à conduire les autres en les éclairant ; que, légitimée dans les limites de la connaissance acquise, elle soit acceptée par d'autres esprits qui s'accordent à y reconnaître une plus vive lumière, une plus exacte expression du vrai, elle se répandra peu à peu ; mais comment ? De confiance, en quelque manière, par la simple adhésion qu'y donneront les masses sur l'autorité des juges à leurs yeux les plus compétents. Elles ne jugeront pas elles-mêmes, elles croient et croiront très raisonnablement ; car la science même de l'Univers, dont le progrès constitue celui de la société dans un autre ordre, n'est participable universellement que sous la même forme de croyance, et c'est ainsi qu'elle porte son fruit.

Est-ce que les sciences mathématiques, mécaniques, astronomiques, physiques, chimiques, physiologiques, ne sont pas le fondement de toute vie sociale dans sa sphère matérielle ? Que serait l'homme privé des pouvoirs qu'elles lui prêtent ? N'est-ce pas d'elles que procèdent les métiers, les arts et leurs perfectionnements successifs ? N'est-ce pas avec elles qu'il dompte la nature et se l'assujettit, et, de son esclave, devient son maître ? Or, même chez le peuple le plus instruit, combien le nombre de ceux à portée d'en comprendre les principes, les méthodes, les preuves, n'est-il pas relativement faible ? La multitude y croit, voilà tout, et agit selon sa croyance suffisamment justifiée pour elle par les résultats pratiques obtenus.

Aussi en est-il de la science qui fonde pour la raison l'ordre spirituel et moral. Les conceptions naissent en quelques esprits doués d'une puissance privilégiée, et lorsque, préparées par les développements antérieurs, elles répondent aux aspirations jusqu'alors obscures de la multitude, elle les admet de confiance, elle y croit, comme elle croit aux sciences dont l'utile est l'objet. De tout ce dont se compose le progrès de l'Humanité, rien qui n'ait sa source dans l'inspiration, dans un enseignement primitif divin.

Nul aujourd'hui ne peut que soumettre au jugement de la raison commune ce qui lui semble vrai : car nous vivons en l'un de ces temps où les vieux systèmes tombent en ruine ; aucune doctrine ne les a remplacés encore, n'est encore admise par les esprits qu'inquiète et tourmente le vide qu'en s'en allant ont laissé en eux les croyances sur lesquelles reposaient et la paix des âmes satisfaites dans un de leurs plus impérieux besoins, et l'ordre entier moral et social. Il s'agit de construire la demeure où s'abriteront les générations futures, d'élever le temple où les vrais adorateurs adoreront Dieu en esprit et en vérité, et où les peuples, unis dans la reconnaissance d'une même foi, s'embrasseront en frères.

Entre le dogme correspondant à la foi primitive et celui qui n'exprime qu'une conception de l'esprit, il y a cette différence que le premier, condition nécessaire de l'intelligence même, l'oblige souverainement, qu'elle ne peut pas plus n'y point acquiescer qu'elle ne peut ne pas être, tandis que la seconde demeure libre dans les limites des lois de la raison. Chacun, à l'égard de celui-ci, affirme ce qu'il voit ou croit voir, pense, juge par soi selon ses lumières et nul n'a le droit d'imposer sa pensée, son jugement à autrui.

De quelque manière que s'opère au fond des esprits ce travail nécessaire de vérification, il précède toujours l'établissement des croyances générales, et les dogmes dérivés, les dogmes constitutifs de systèmes religieux ne furent jamais, dans l'origine, que des vues de la raison, des solutions quelconques du problème des êtres, suggérées par l'ensemble de la connaissance acquise.

Cette science parfaite n'appartient qu'à Dieu ; il se sait, il se voit dans sa propre lumière, et voit en soi, au sein de son indivisible unité, tous les êtres possibles et leurs lois. Nous ne voyons, nous, que de simples manifestations de causes impénétrables ; les essences se dérobent à notre compréhension ; ce que nous affirmons d'elles, de leurs rapports et de leur action réciproque, en dehors des purs phénomènes, nous l'affirmons seulement en vertu d'une nécessité logique entièrement différente de la vision intime de l'objet.

Si la conception de l'infini est le terme idéal de la science, ou la science propre de Dieu se connaissant selon tout ce qu'il est, par cela seul qu'il est, elle ne sera jamais celle d'aucun être fini. Dans leur développement éternel, les esprits limités tendent sans cesse vers ce terme qu'ils ne sauraient atteindre, dont ils approchent toujours.

L'Univers, tel qu'on est obligé de le concevoir, tel qu'il a toujours été dans l'Etre infini, n'y a pu être que sous les conditions de l'Etre infini même, conséquemment sous la condition d'unité absolue qui est son essence.

L'Univers idéal et l'Univers physique sont deux choses très distinctes. L'Univers idéal, lequel n'est que l'Etre infini se conservant lui-même en tant que participable, lui est certainement coéternel. Comment l'intelligence, la pensée de Dieu ne serait-elle pas coéternelle à Dieu ? Mais l'Univers physique n'est pas seulement une pensée de Dieu. Il est cette pensée réalisée, un ensemble d'êtres effectifs séparés de Dieu en ce sens qu'ils ont hors de son indivisible unité, une existence propre. Cette existence des êtres finis différant de l'idée typique de ces mêmes êtres, implique une cause spéciale, et cette cause ne peut être que la volonté divine efficace. Soit en elle-même, soit dans son action, elle n'admet rien de successif, car tout acte de Dieu participe au mode d'être de Dieu. Mais autre est l'acte, autre le terme de l'acte : l'acte est Dieu voulant, agissant ; le terme de l'acte, c'est l'être fini, assujetti dans ses modes d'être à toutes les conditions du fini, aux conditions de la durée successive du temps.

Que l'Univers n'ait pas existé toujours, qu'il ne soit pas coéternel à Dieu, c'est un fait rationnellement incontestable, et qui se prouve par les impossibilités évidentes que renferme l'hypothèse contraire.

Si l'Univers a existé éternellement, tous les êtres possibles, toutes les formes supposées infinies en nombre ont dû se produire, et ainsi l'Univers, infini comme Dieu, serait devenu Dieu même, à jamais absorbé en lui, ramené en lui à l'état idéal ou typique.

L'acte créateur, par lequel Dieu, réalisant au dehors de soi les types en lui, les fait passer de l'état idéal à l'état d'êtres effectifs, est radicalement incompréhensible, parce qu'il faudrait pour le comprendre, comprendre l'infini. L'Univers ou la série progressive des êtres finis a commencé nécessairement ; ainsi la foi du genre humain est justifiée par la raison que l'Univers n'est point éternel et que la Création est un dogme.

La Théologie ou la science de Dieu est proprement le dogme dans ses rapports à l'Etre infini ; la Cosmologie ou la science de l'Univers est pareillement le dogme dans ses rapports à l'être fini. Dans l'ordre religieux, le dogme embrasse seulement les points fondamentaux plus ou moins liés aux lois de la vie morale ou sociale ; et l'esprit, dans sa marche continuelle rencontre incessamment, des vérités de détail dont se grossit peu à peu le trésor de la connaissance destinée à nourrir la pensée humaine progressive

La science de Dieu et celle de l'Univers, qui se vérifient et se légitiment mutuellement, forment par leur union la science complète, dont toutes les autres ne sont que des fragments. La nécessité de cette union pour établir la science sur une base solide, est la conséquence de l'union nécessaire des deux objets de la foi primitive invincible, l'Etre infini et l'être fini simultanément affirmés, comme on l'a vu, à l'instant où naît l'intelligence, de sorte qu'elle n'est dans sa racine que cette affirmation même identique avec la vision, la perception de son double objet.

La notion de l'Etre infini, c'est la notion de l'être exempt de toutes bornes, de tout ce qui en altère l'unité absolue et indivisible. La notion de l'être fini est celle de l'être affecté d'une limitation, qui exclut l'unité absolue et indivisible. Ces deux notions renferment quelque chose de commun qui les unit, et quelque chose d'opposé qui les sépare.

Ainsi l'Univers a en soi, dans sa substance, un principe de force, un principe de forme, un principe d'union, identiques à ces mêmes principes tels qu'ils existent en Dieu. La force ou le principe d'activité, la forme ou le principe de détermination, la vie ou le principe d'union, ne sont dans l'Univers que des participations limitées de la force, de la forme et de la vie divine.

Il suit de là que Dieu exerce une perpétuelle action au sein de l'Univers uni à lui par tout ce qui se conçoit sous une notion positive dans les êtres ; que, dans les phénomènes, le concours de Dieu n'est pas moins nécessaire que cette action immédiate, puisqu'elle-même n'est possible que par une communication de ses propriétés ou de ses énergies essentielles. D'où l'on voit que les êtres, à la fois produit et moyen de la puissance créatrice, ne sont, chacun selon sa nature, que des instruments actifs de l'action même de Dieu, réalisant, au dehors de son indivisible unité, le monde idéal, éternel en lui.

L'action de Dieu dans l'univers est appelée Providence ; et la Providence divine, identique aux lois de la Création, n'est pas moins certaine que l'action divine, puisqu'elle n'est que cette action même dirigée par l'intelligence.

CHAPITRE XXXVII

DE L'AMOUR EN TANT QUE LIEN DES ÊTRES

Si l'homme conçoit Dieu, l'homme est uni à Dieu, et un avec Dieu dans la limite de sa connaissance, car il voit ce que Dieu voit, et le voit par une participation de l'intelligence même de Dieu, devenue selon la mesure de cette participation sa propre intelligence.

Cette union de l'homme avec Dieu n'est qu'une extension relative à sa nature supérieure, de l'union de Dieu avec tous les êtres. Qu'est-ce que l'intelligence, sinon la perception de l'être en tant qu'intelligible? Mais rien d'intelligible qui ne soit déterminé, rien de déterminé que par la forme, et nulle forme qui ne soit une participation de la forme divine ou infinie. Nul être qui ne soit uni à Dieu, un avec Dieu dans la limite de sa forme spécifique ou de sa nature distinctive.

Il y a une tendance nécessaire de tous les êtres vers l'Etre infini. En tendant vers lui, comme centre commun, ils tendent forcément les uns vers les autres, vers un terme où tous ne seraient qu'un, parce que tous, dégagés de la limite qui les sépare, redeviendraient en Dieu de pures idées de Dieu, distinctes en lui et unies avec lui.

L'homme, sur notre globe, y est donc soumis comme les êtres inférieurs; il a comme eux une double tendance : l'une vers soi, qui est l'amour de soi, conservateur de l'individu et de sa vie propre, l'autre vers Dieu ou le principe de vie, d'où, par un effet nécessaire, naît l'amour d'autrui, l'amour générateur des actes par lesquels chaque individu se subordonnant, se sacrifiant à tous, en une certaine mesure que déterminent les lois de l'ordre, tous se conservent.

L'homme doit donc tendre vers soi ou s'aimer pour se conserver individuellement, et il doit se conserver pour que l'humanité se conserve, car elle n'existe que par la multiplication de l'homme idéal, en même temps qu'elle occupe dans le tout une place qui ne pourrait demeurer vide sans que l'enchaînement des êtres fût rompu, et leur évolution arrêtée.

L'homme doit aussi tendre vers Dieu, en aimant Dieu, parce que cette tendance ou cet amour qui l'unit au principe de la vie, est la condition primitive et perpétuelle indispensable de sa vie propre et la condition de la vie de toute société.

La tendance vers soi et la tendance vers autrui, qui se résout dans la tendance vers Dieu, étant nécessaire à la conservation des êtres, sont les lois propres du principe d'union ou la loi de la vie.

Ces lois en tant qu'elles règlent la société humaine, ont reçu le nom de droit et de devoir. Le droit correspond à la tendance conservatrice de l'individu, le devoir à la tendance conservatrice du tout. Par où l'on voit que le droit et le devoir embrassent la Création entière, qu'il existe pour tous les êtres un droit et un devoir réels, ou une double règle de leur action libre ou nécessitée, règle sans laquelle toute vie s'éteint. Et c'est pourquoi les lois de la vie ou les lois de l'amour, constitutives de l'ordre pratique, ont toujours formé la partie principale des religions, et la seule qui offre un caractère, absolu quant au fond, d'immutabilité. En dehors de la foi primordiale identique à l'intelligence, les dogmes, simples conceptions progressives de l'esprit, ont maintes fois changé, à mesure que la science se développant, développait l'esprit même. Les préceptes, au contraire, expression de la vie supérieure, immuable comme le besoin d'être, n'ont jamais varié. La même loi a toujours régi la société humaine, ici plus, là moins parfaitement, selon des multitudes de causes diverses, et surtout selon les doctrines reçues.

Car sans détruire la loi, l'erreur spéculative peut en vicier l'application, et, fascinant la conscience même égarée par les lueurs trompeuses d'une foi erronée, enfanter des crimes.

Mais l'erreur n'a qu'un temps, et jamais elle n'est générale. Toujours, partout l'homme trouve en soi, éternellement inaltérable dans ce qui en fait l'essence, la distinction du bien et du mal.

Que si embrassant d'une seule vue l'Univers, on cherche, dans leur rapport avec les lois de la vie, ce que les phénomènes, quelle que soit la diversité des natures, ont de commun, il paraît impossible de n'être pas frappé d'un fait, au premier aspect, étrange jusqu'à la contradiction. Tout commence, tout finit ; tout ce qui vit meurt. Mais qu'est-ce que la mort, et d'où vient-elle ? Quelle en est la raison, la cause ? Le principe de vie. Liée à son mode nécessaire d'action, elle est cette action même sous l'une de ses faces, elle est la vie infinie dans l'une de ses conditions générales d'origine et de continuité. Pour que quelque chose commence d'être, il faut qu'une autre chose lui donne son être propre ; et pour continuer d'être. Mais ce qui se donne, se sacrifie, perd seulement son individualité spécifique, et retrouve dans l'être supérieur, dont il devient un des éléments, une nouvelle forme plus élevée. Aussi la destruction, purement phénoménale, se confond en réalité avec la production, la mort n'est que la circulation de la vie et son développement, une aspiration perpétuelle, universelle à l'unité d'être ou à l'être un, éternel principe et terme éternel de tout ce qui existe au sein de l'espace et du temps.

A l'égard des êtres personnels ou intelligents, la mort, qui ne saurait atteindre la personnalité dans son élément supérieur, la faculté indécomposable de percevoir l'Etre infini, n'atteint qu'en apparence l'individualité qu'elle implique. L'intelligence, rendant possible, pour chacun de ces êtres, un progrès auquel on ne saurait assigner de limites, ils possèdent des conditions de développement indéfinies.

De là l'instinct d'immortalité impérissable dans l'homme, où il subsiste concurremment avec la certitude de mourir : aucun organisme ne peut se développer indéfiniment, puisqu'il finit nécessairement.

Cependant la nature des êtres intelligents implique un développement indéfini. Pour les êtres de cet ordre, et pour l'homme en particulier, la mort n'est donc que l'une de ces transformations, le passage d'un état à un autre état meilleur.

Tout être fini, reproduction partielle de l'Etre infini dans la mesure où il participe à son être, est un comme lui, sans quoi il ne saurait pas être ; aucun être fini n'existant que par son union à Dieu, a également une tendance nécessaire vers Dieu, résultat de l'action du principe même de vie en lui, est la condition principale, première, absolue de sa vie propre ; que la tendance vers soi, l'autre vers Dieu, d'où naît celle des êtres les uns vers les autres, l'une conservation de l'individu, l'autre du tout, forment ensemble la loi suprême et universelle de la vie.

Le droit et le devoir n'étant à l'égard de l'homme que la loi de vie dans ses rapports à la nature humaine, la loi selon laquelle tout, dans la Création, est et continue d'être par l'union à Dieu et par l'union mutuelle des êtres, le droit et le devoir ou la loi de vie est la religion même en ce qu'elle a de plus intime, de plus directement relatif à sa fin, qui est de lier les êtres, de leur imprimer un mouvement commun vers l'unité dans laquelle se résume la vie.

La nature de l'homme impliquant un développement indéfini, si chaque homme n'avait pas en soi les conditions d'une persistance indéfinie, aucun homme ne pouvant réaliser en soi la fin de sa nature, l'homme même serait, non pas une énigme, un mystère, mais une contradiction.

Comme la foi et l'amour engendrent l'espérance, ils engendrent aussi le désir, et le désir, c'est la prière, le mouvement vers Dieu, l'aspiration naturelle à Dieu. La prière est un acte du culte, est le culte même à un de ses points essentiels. Antérieure à tout enseignement, indépendante de toute formule, elle se produit spontanément dans l'âme humaine, elle en est la respiration.

On ne doit pas confondre l'impulsion, l'instinct natif, général, perpétuel, avec ses manifestations variables, suivant les opinions accessoires qui les modifient.

Des philosophes, même religieux, ont rejeté la prière sur le double motif de son inutilité, puisque Dieu connaît nos besoins avant que nous les lui exprimions, et de son inefficacité, puisque Dieu n'agit point par des volontés particulières différentes des causes dont l'enchaînement constitue l'ordre universel identique au bien. Ces philosophes ont méconnu l'essence de la prière en la confondant avec des croyances erronées qui s'y peuvent joindre et les demandes irréalisables qu'elles suggèrent quelquefois. Ce n'est pas à l'égard de Dieu que la prière est nécessaire, mais à l'égard de l'homme, comme moyen d'union avec Dieu. Elle affirme son être, sa puissance, sa bonté, elle maintient l'âme dans la direction de la vie dont il est la source. Et voilà pourquoi nul ne prie, qui ne se sente meilleur et plus fort après avoir prié. Il a, en priant, accompli un acte naturel, un acte vital ; il a comme aspiré le souffle qui anime tous les êtres, il s'est nourri de Dieu.

Adorer, c'est croire et aimer, c'est, en reconnaissant l'absolue dépendance où l'on est du souverain Etre, tendre à s'unir à lui pour vivre par lui et de lui.

Prier, c'est espérer et désirer ; c'est le mouvement de l'âme aimante et croyante vers le terme infini de la foi et de l'amour.

Plus élevé, plus parfait suivant la perfection des natures diverses, le culte est l'expression d'une loi nécessaire et universelle. Nul être qui ne tende vers Dieu, qui n'aspire à Dieu, par cela seul qu'il tend, qu'il aspire à être. La Création entière adore et prie. Si à ses degrés inférieurs, elle n'a ni l'intelligence de ses lois, ni la conscience de ses actes, ils n'en sont pas moins dirigés vers la fin que ces lois leur assignent, et le travail de la vie, sa perpétuelle évolution au sein de l'espace et du temps, n'est que le mouvement éternel et l'éternelle aspiration dont l'Etre infini est le terme.

Les hommes ne peuvent tendre vers Dieu, qu'ils ne tendent les uns vers les autres. L'amour de Dieu engendre l'amour du prochain, conséquence de l'amour de Dieu, le manifeste dans les actes qui, liant les hommes entre eux, constituent fondamentalement la société, et ces actes dès lors sont des actes de culte. Aucune association humaine ne pourrait se former, ni subsister sans la loi morale : privé de tout moyen de se développer, l'homme, selon sa nature, serait dans l'impuissance absolue de se conserver.

Les actes commandés par la foi morale ont pour caractère essentiel et commun, le sacrifice. Tout devoir est un dévouement, la subordination de soi à autrui, dont la raison se trouve dans la subordination nécessaire à Dieu. Aussi la loi morale fait-elle partie de toutes les religions, essentiellement invariable en toutes, tandis que le dogme varie suivant l'état de l'esprit et de la science.

De là, tendance des individus les uns vers les autres, ou de l'amour mutuel résulte pour chacun, par l'effusion de soi en autrui, une plus grande somme de bien auquel tous aspirent, une plus abondante participation de l'Etre infini donné et reçu, car en se donnant, c'est lui qu'on donne. Le terme de cette tendance est l'unité de l'homme typique, un lui-même avec Dieu, en qui éternellement il existe, non comme être, mais comme simple idée. Et puisque, d'une part, ce terme atteint, l'homme absorbé en Dieu perdrait son existence propre, et que, d'une autre part, s'il ne tendait vers ce même terme, il serait hors des conditions de la vie, il s'ensuit clairement que la loi de la vie, la loi de l'amour est, à tous ses degrés, une loi de sacrifices ; qu'ainsi le devoir qui comprend tous les actes d'amour, le devoir qui unit les êtres à Dieu en les unissant entre eux, est nécessairement conçu comme une partie intégrante du culte.

Etroitement lié au droit, on ne saurait l'en séparer, car le droit est non moins que le devoir, une condition de la vie, et la vie est la première à l'égard de la vie purement individuelle. Aussi se résout-il également dans l'amour, mais l'amour de soi, opposé à l'amour d'autrui, l'amour universel. Le droit qui conserve l'individu, le devoir qui le subordonne au tout forment, par leur union, la loi de vie ou la loi absolue de l'existence pour tous les ordres d'êtres et pour l'homme en particulier.

Au droit correspond la justice, au devoir la charité, laquelle enveloppe dans sa notion l'amour de Dieu et l'amour des hommes, impossible sans l'amour de Dieu. Qui respecte le droit d'autrui, qui ne fait à personne ce qu'il ne voudrait pas qui lui fût fait, celui-là est juste. Qui fait à autrui ce qu'il voudrait qu'autrui lui fît, se dévoue, se donne, par ce don mutuel de soi, celui-là est saint.

Toute distinction entre le bien et le mal, toute règle des actions humaines, implique la tendance vers ce terme idéal, qui fixe la direction de la volonté ; et la direction droite ou fausse, bonne ou mauvaise de la volonté, détermine l'état moral de chaque homme, ses rapports avec les lois de l'ordre.

Les relations de l'homme avec ses semblables, pendant la phase terrestre de son évolution, dépendent de ces lois nécessaires et universelles. Elles constituent la législation fondamentale de la société. Chacun possédant le même droit, tous sont égaux, et libres à l'égard l'un de l'autre ; ils n'ont qu'un maître, l'Auteur des choses, Celui qui *est*, et qui par l'effusion de son être en eux revêt à leur égard le caractère d'une souveraine paternité.

Enfants du même Père, participant d'une même nature indivisiblement, ils sont frères, et le devoir qui, d'individus égaux en droit, isolés, séparés dans leur mutuelle indépendance, fait comme un seul être par l'intime union qu'il établit entre eux, par le dévouement, le sacrifice de chacun à tous, le devoir a pour expression cette fraternité même.

Que si, jouissant pleinement de son droit, chaque homme accomplissait rigoureusement son devoir ; si la loi suprême d'égalité, de liberté, de fraternité régnait parfaitement sur la terre, l'Humanité, une en elle-même, une avec Dieu, aurait atteint la perfection que comporte son état présent.

Aux lois qui dérivent directement des rapports de l'homme avec Dieu, correspondent les devoirs dont la fin est la conservation et le développement de l'être spirituel, l'adoration et la prière, l'union des âmes, l'amour du prochain et les œuvres qu'il inspire, la parole qui dirige, fortifie, console, l'enseignement de la science, la mutuelle communication du vrai et du bien.

Ainsi le culte intérieur est au culte extérieur ce que la pensée est à la parole, et l'amour à son expression. Tout acte de religion, tout acte dont la tendance, le but est d'unir l'homme à Dieu, est un acte de sacerdoce, et tout homme devant tendre à s'unir à Dieu, accomplit les actes dont cette union est le but, exerce un vrai sacerdoce, est naturellement prêtre et doit en remplir les fonctions pour se conserver et se développer suivant les lois de la vie. Mais les actes par lesquels s'effectue cette union, sont des actes personnels. Qui peut croire pour un autre, aimer pour un autre. Le sacerdoce est donc individuel, puisqu'il est une condition de son existence.

L'homme est prêtre comme il est souverain, libre en vertu de son droit égal au droit d'autrui. Tout acte de liberté est un acte de souveraineté. Tout acte de devoir, et spécialement de devoir envers Dieu, est un acte de sacerdoce.

Aux époques antiques, le patriarcat offre l'exemple de ce sacerdoce naturel. Mais chez les peuples où le mouvement de l'esprit enfanta des dogmes spéculatifs, par une imparfaite connaissance de l'Univers et de son Auteur, se produisirent des systèmes arbitraires. Ainsi fut faussée la notion du véritable culte. Des prêtres investis d'un pouvoir supérieur à l'humanité, se placèrent entre l'homme et Dieu, parlèrent, commandèrent en son nom, exerçant une domination proportionnelle à l'aveugle foi qu'obtenait leur parole. Malgré ses applications erronées, elle renfermait une vérité profonde. Qu'est-ce, en effet, que la société conçue dans son essence, sinon l'organisation du droit et du devoir? Et où trouver qu'en Dieu, dans les conditions nécessaires de l'existence des êtres qu'il a créés, la raison du devoir et du droit ? Mais en sortant de l'ordre naturel, en substituant à la religion immuable, éternelle, les rêves de la pensée transformés en révélations divines, au sacerdoce universel des sacerdoces particuliers de castes privilégiées, on détruisait le droit, on ébranlait la base du devoir dont la conscience cessait d'être juge, on ensevelissait l'homme sous les ruines de sa nature même.

L'ignorance, la curiosité, le désir, la crainte, le penchant au merveilleux, né du sentiment de l'infini auquel toute nature intelligente aspire, durent de bonne heure ouvrir la voie aux révélations propres à satisfaire cet instinct de grandeur et ses besoins de la faiblesse. Envisagées comme autant d'efforts pour arriver à la solution des grands problèmes de la pensée, elles tiennent une place considérable dans l'histoire des peuples. Mais il est certain qu'en s'opposant au libre usage de la raison, en soumettant les peuples à une puissance au-dessus de tout contrôle, en les réduisant à l'aveugle obéissance des brutes, elles ont produit des maux effroyables. Maître en quelque sorte, propriétaire de l'Humanité, le prêtre serait devenu sur la terre le Dieu qu'il représentait, s'il n'avait rencontré dans l'Humanité et ses lois éternelles un obstacle heureusement invincible.

CHAPITRE XXXVIII

DE LA VOLONTÉ PAR RAPPORT AU BUT FINAL DE L'HUMANITÉ

Les êtres tous ensemble et la Création même actuellement accomplie sont les moyens nécessaires, les instruments actifs de la création progressive. C'est par eux que Dieu continue de créer, par eux que son action se détermine aux effets variés, aux productions diverses dont l'enchaînement dans l'Univers représente celui des idées, des types immuables qu'éternellement l'Etre infini contemple en soi, et qui sont lui-même en tant que participable : car tout est de lui, tout tire de lui sa substance, sa forme, sa force, sa vie, tout subsiste par une effusion perpétuelle de son être.

Puisqu'on ne veut qu'autant qu'on connaît et autant qu'on aime, les lois de la volonté sont les lois de l'intelligence et de l'amour. L'homme doit vouloir ce que Dieu veut, puisque sa fin particulière, comme la fin générale des êtres, est de coopérer à l'œuvre de Dieu, de créer avec Dieu. En voulant selon les lois de l'intelligence, il veut selon l'ordre, qui se résout dans l'unité de la forme infinie ; en voulant selon les lois de l'amour, il veut selon les conditions de la vie, qui se résout dans l'unité de la vie infinie ; il est, au degré où le permet sa nature, uni à Dieu, un avec Dieu par sa volonté, sa puissance d'agir.

L'ensemble des actes accomplis selon les lois de l'intelligence et de l'amour dans la sphère supérieure appelée Religion, constitue proprement le culte, et ainsi le culte est à la volonté ce que la foi primordiale et la science progressive sont à l'intelligence, ce que le droit et le devoir sont à l'amour ; il est la réalisation effective du Vrai et du Bien, l'incarnation de l'ordre et de la vie, l'expression de la société sous sa forme la plus haute, de la société que déterminent les rapports naturels des êtres.

Quoique la Religion, sous les formes à beaucoup d'égards imparfaites qu'elle a revêtues chez les peuples divers, se soit spécialement caractérisée par les devoirs imposés à l'homme intellectuel et moral, elle n'a pas laissé néanmoins d'étendre ses prescriptions jusqu'à l'homme physique même. Partout, quelle que fût d'ailleurs la différence des âges et des civilisations, les législateurs religieux ont joint aux préceptes destinés à régler la pensée et l'amour, d'autres règles qui constituent une espèce d'hygiène sainte formant une partie intégrante du culte.

L'importance même de la Religion qu'on pourrait définir l'ensemble des lois conservatrices de l'homme intellectuel et moral, a eu trop souvent pour effet de séparer profondément les hommes de religions diverses, parce que, ayant confondu la Religion universelle et nécessaire avec ce qui n'est pas elle et l'altère fréquemment, les spéculations de l'esprit, les théories d'une science ou fausse ou imparfaite, les rêves de l'imagination, ils l'ont cru radicalement liée à ces accessoires indifférents ou erronés, et se sont même persuadés qu'ils en formaient au moins la partie principale : d'où cette conclusion, que quiconque les rejetait rejetait la Religion, se mettait dès lors en opposition directe avec Dieu et hors de l'Humanité. On comprend combien de haines, d'effroyables divisions, de calamités ont dû sortir de cette erreur funeste. L'histoire du passé en est pleine, et aujourd'hui encore il n'est point dans le monde entier, de cause plus active et plus générale de persistante inimitié entre les membres de la famille humaine. Que sont aux yeux les uns des autres les sectateurs des différents cultes ? Se reconnaissent-ils pour frères ? ou plutôt ne dirait-on pas que naturellement antipathiques par le fond de leur nature, Dieu, en les créant, a écrit sur leur front : ennemi ! Il est temps d'effacer ce blasphème. La religion véritable unit et ne sépare jamais. Contemporaine de l'homme, elle ne date point de telle ou telle ère, elle subsiste immuable au milieu des vicissitudes de tout le reste, du mouvement de la pensée, des progrès de la science, de la variété des conceptions qui vont se reformant et se développant sans cesse, parce que leur double objet enveloppant l'être sous ces deux modes infini et fini, elles tendent vers un terme éternellement au delà d'elles-mêmes : la science absolue, la science propre de Dieu.

Quelles que soient donc les formes extérieures du culte, quelles que soient les aberrations où les peuples ont été entraînés par l'ignorance, la superstition, les convoitises, la peur, et tout ce qu'enfante de désordonné l'infirmité humaine, il existe un culte naturel essentiel, expression des lois invariables des êtres, en vertu desquelles chacun d'eux, remplissant sa fonction, atteint sa fin particulière et concourt à la fin générale de la Création.

La reproduction de l'Être infini sous les conditions du fini, et conséquemment sous la condition d'un développement éternel, voilà tout ensemble le but final de la Création. Elle est de Dieu et une avec Dieu dans la mesure où elle participe à son être et à ce que renferme son être, et s'il était possible que son progrès dans l'être eût un dernier terme, elle serait Dieu même.

La tendance générale de la Création, et son but final étant la tendance vers Dieu, par conséquent Dieu est la fin de tout être, puisque tout être tend vers Dieu, tend à s'unir à Dieu, au degré où le permet sa nature ; c'est là sa première loi d'où dépend primitivement sa conservation, puisqu'il ne peut être et continuer d'être qu'autant qu'il est uni au Principe de l'être.

La perception ou la vision de Dieu ou de l'Être infini crée l'intelligence ; elle affirme Dieu par cela seul qu'elle est, elle adhère invinciblement à l'objet de sa perception, et cet acte primordial et nécessaire de foi est le fondement de tous les actes du culte, car il faut d'abord croire à Dieu, affirmer Dieu intérieurement pour pénétrer ensuite dans ce qu'il est et s'unir à lui plus parfaitement. L'intelligence, en effet, se divinise à mesure que la science de Dieu se développe, car le mieux connaître, c'est être intellectuellement plus uni à lui, plus un avec lui.

Le dogme est l'expression de la science, l'essence de ses résultats ; et comme la science n'a rien d'absolu, le dogme non plus n'a rien d'absolu. Produit du travail de l'esprit et assujetti à ses lois, sa certitude a pour limites les limites mêmes de la certitude humaine, il est vrai sous les conditions où l'homme fini le peut posséder, et encore tous ne le possèdent ni également, ni selon le même mode, car tous ne le saisissent pas en soi, tous n'en ont pas la perception claire et directe. Tous cependant y participent par une volontaire adhésion à ce que les plus éclairés conçoivent, ou par des actes de foi, lesquels, en ce qui touche la science de Dieu, sont des actes de culte.

Ainsi naturellement l'homme aime Dieu, et son amour, qui se confond à l'origine avec l'aspiration invincible à l'être, suit le développement de l'intelligence, s'élève avec elle et devient l'amour libre de Dieu conçu par l'esprit, de l'Etre parfait, source éternelle, inépuisable du vrai et du bien.

Acte de foi, acte d'amour, voilà le culte dans ses relations à Dieu, car nul autre acte qui en dérive.

Croire, aimer, espérer, ces trois actes sont l'adoration même. L'homme, en adorant, reconnaît que son être, don sans cesse renouvelé du Souverain Etre, le place à son égard en un état d'absolue dépendance ; que par lui seul il a commencé d'être, qu'il continue d'être et qu'il cesserait d'être à l'instant où cesserait l'effusion de l'Etre infini sur lui. Autant donc il aspire à être, il se porte avec véhémence vers le Principe de l'être, protestant de sa volonté d'être uni à lui, de sa soumission, aimant ce qu'il croit, espérant ce qu'il aime, se plongeant dans son propre vide pour y attirer l'être infini.

CHAPITRE XXXIX

DE L'ÉGLISE ET DE L'ÉTAT

La religion n'a qu'un désir : faire disparaître les causes déplorables de division, dont les suites sont incalculables, d'opérer la réconciliation des partis et l'union des Français, de sauver le christianisme, en l'élevant au-dessus des passions humaines et des tempêtes de la politique.

Amante de celui qui naquit dans une crèche et mourut sur une croix, remontez à votre origine, retrempez-vous volontairement dans la pauvreté, la souffrance et la parole du Dieu souffrant et pauvre, vous reprendrez sur vos lèvres son efficacité première. Sans aucun autre appui que cette divine parole, descendez comme les douze pêcheurs au milieu des peuples, et recommencez la conquête du monde. Une nouvelle ère de triomphe et de gloire se prépare pour le christianisme. Voyez à l'horizon les signes précurseurs du lever de l'astre, et messagers de l'espérance, entonnez sur les ruines des empires, sur les débris de tout ce qui passe, le cantique de vie.

Mais si nous sommes contraints de vivre en démocratie, où se forme le lien social par de communes croyances et des devoirs communs, qu'y découvrez-vous ? Une démocratie nouvelle, inquiète, agitée, turbulente, une émeute d'opinion qui, dans leur antipathie, leurs défiances, leurs craintes, se mêlent, se croisent, s'allient, se divisent et combattent sans relâche pour prévaloir, enfante perpétuellement la division et le désordre.

Et maintenant considérez les conséquences d'un pareil état : la France partagée comme en deux camps, l'un de ceux qui ne possèdent rien et spéculent, pour s'enrichir, sur les bouleversements politiques ; l'autre de ceux qui redoutent d'être dépouillés de ce qu'ils possèdent et engloutis sous cette terre qui tremble ; la propriété foncière et l'industrie en présence l'une de l'autre avec de mutuelles défiances et des intérêts opposés. Dans un ordre plus élevé, moins d'union encore : d'un côté le catholicisme, de l'autre philosophie antichrétienne, le protestantisme et ses différentes sortes, le judaïsme, les libres penseurs, les athées, enfin, que sais-je ? un monde entier d'opinions contradictoires, dont chacune est une passion. Or, où sera, je le demande, la sécurité commune au milieu de ce chaos d'intérêts et de doctrines opposées ? La chercherа-t-on dans quelqu'une d'elles ? Mais qui choisira ? Et qui oserait répondre qu'elle n'abuserait point aussitôt de sa puissance pour asservir ses rivales et les étouffer ? La chercherа-t-on dans le pouvoir ? Mais le pouvoir nécessairement aura été créé pour un intérêt, une opinion triomphante ; il en sera le produit, l'expression, cet intérêt même armé de la force ; et dès lors qu'attendre de lui ? S'il ne peut exister une garantie des droits les plus saints, il n'y aura pas d'autre garantie de la justice et de la liberté.

La solution du problème implique au fond une garantie, non seulement contre les violences qu'une fraction de la société voudrait exercer contre les autres, mais encore contre celles que le gouvernement exercerait lui-même. Il s'agit de trouver pour tous, en dehors du pouvoir nécessairement flottant comme l'opinion, un abri contre l'arbitraire et la persécution Les victoires successives des partis, outre qu'elles supposent un état de guerre permanent, avec toutes les calamités qui en sont inséparables, ne seraient, on doit aujourd'hui le comprendre, qu'une perpétuelle tyrannie. Ce n'est donc pas à de pareilles victoires que peuvent aspirer les hommes doués de quelque prévoyance, les hommes attachés de cœur à la sainte cause de l'humanité. C'est par les bienfaits de l'ordre, par la puissance de la vérité, par la parole qui éclaire, et non par le glaive qui tue ou par la violence qui opprime, qu'elle triomphera. Mais, quelles que soient nos opinions, nos intérêts, il en est un qui domine tous les autres, celui de nous unir pour la défense de l'ordre et de nos droits communs, contre quiconque y porterait atteinte ; et cet intérêt puissant est le premier de nos devoirs.

Aux deux extrémités de la société il existe des passions ardentes qui l'ébranleraient jusqu'en ses fondements, si on ne leur opposait pas une résistance insurmontable. Les uns rêvent le despotisme, les autres l'anarchie. Nous avons donc et nous aurons longtemps à veiller pour notre sûreté, pour la conservation de notre vie, de notre champ, de nos propriétés, quelles qu'elles soient, comme pour celles de nos libertés. Unissons-nous pour défendre nos droits, nos libertés, notre vie. Prêtons-nous un secours mutuel contre quiconque attaquerait soit nos personnes, nos biens, nos libertés. Liberté de conscience et d'enseignement, liberté de la presse et d'association, libertés civiques et politiques, liberté de travail et d'industrie, qui sont nos droits naturels et acquis : que ceux qui tenteraient de nous en priver, de quelque prétexte qu'ils s'autorisent, nous trouvent devant eux, prêts à combattre et à mourir, plutôt que d'en rien céder. La lâcheté seule, la plus indigne, la plus vile lâcheté, pourrait nous perdre.

Organisons-nous donc légalement ; formons une grande confédération qui embrasse la France, une vaste société d'assurance mutuelle, où chacun trouve la garantie de sa sûreté et de ses droits menacés. Nulle sécurité ni pour les hommes, ni pour les propriétés, ni pour aucun droit, si ceux que devraient unir les mêmes intérêts, ceux qui n'ont de salut à espérer qu'en s'associant pour leur défense commune, se divisent, s'isolent en se livrant ainsi, victimes volontaires de leur défiance mutuelle à quiconque voudra les attaquer. Voilà ce que nous devons comprendre et faire pénétrer au fond de tous les cœurs qui battent encore au saint nom de la patrie, qui ont foi dans la vérité, dans la justice, dans l'ordre, ce cri qui ne meurt point : Dieu et la patrie !

CHAPITRE XL

DU CULTE DANS SA FORME SOCIALE

I. — L'homme ne vit d'une vie véritable que dans la société : toutes les conditions de sa vie, soumises à celles de la société, en prennent le caractère sous une forme variable.

C'est ainsi que la religion devient une institution publique, la première et la plus importante ; c'est l'expression des lois fondamentales de l'existence et la règle suprême des actes nécessaires pour la perpétuer ; elle est la base de la société, toute société n'étant que l'union des êtres avec Dieu et des êtres entre eux.

En ce qui touche l'homme, la religion se compose des lois de l'intelligence et de l'amour, d'où dérivent celles de la volonté génératrice des actes qui constituent le culte. De l'intelligence émane la connaissance des dogmes ou des vérités-lois. De l'amour émane le droit et le devoir, conditions primitives et universelles de la vie.

Or, la connaissance des vérités-lois est le produit du travail continuel des esprits. Vérifiés, rectifiés, accrus sans cesse, les résultats de ce travail forment le patrimoine intellectuel de l'Humanité. Tous y participent et recueillent ainsi le fruit du labeur des générations précédentes, partant dans le cours successif des âges, d'un point toujours plus avancé pour se rapprocher toujours plus du terme infini de la science. Que chacun fût contraint d'accomplir pour soi ce travail des générations, aucun progrès ne serait possible. Eternellement le genre humain croupirait à l'entrée de la route du Vrai.

Mais pour que chacun participe à la connaissance acquise, il faut qu'elle soit communiquée. L'enseignement est ce moyen ;

il fait partie essentielle de l'institution religieuse et vient se ranger parmi les fonctions du sacerdoce social.

Le droit et le devoir ont également une relation non moins évidente à la société. Ils doivent être aussi enseignés et rappelés sans cesse, car en tant que vérités-lois, ils appartiennent au dogme et supposent, dans la pratique, une suite continue de rapports effectifs des individus entre eux.

Toutefois, si l'enseignement qui communique à tous les Vérités nécessaires à tous, si le droit et le devoir qui constituent les lois de la vie sont rigoureusement renfermés dans l'idée de religion, ils se distinguent du culte selon le sens ordinaire du mot. Particulièrement relatif aux actes spéciaux du devoir envers Dieu, le culte public se compose de l'ensemble de ces actes accomplis socialement suivant des règles établies. L'adoration et la prière en forment le fond principal, parce que tout l'ordre des moyens qui ont pour but direct la sanctification de l'homme s'y rattache par des liens étroits. Mais la prière et l'adoration impliquent la foi, et la connaissance de son objet, la manifestation du dogme, son incarnation dans des signes. De là le symbolisme religieux qui parlant à l'esprit par les sens, a deux effets, l'un de se proportionner aux intelligences les plus faibles, l'autre, à raison du vague des symboles, de transporter l'âme au-dessus de la région des idées, dans les espaces indéfinis du mystère, où elle se nourrit du sentiment de l'infini.

La nature même conduit à ces formes extérieures du culte qu'on retrouve partout. Leur origine est celle de l'Art, qui emprunte, chez tous les peuples, un caractère à la religion, se conçoit forcément dans son essence, sous la même notion que le culte, puisqu'il n'est que le Vrai revêtu d'une forme sensible. Embrassez l'univers d'une seule vue, il sera l'Art divin, la manifestation de l'invisible par les choses visibles, le symbole de Dieu incarné dans son œuvre.

Le temple, image du monde, là est le type général dans sa forme architectonique et ses ornements. Le chant et la poésie, expression du dogme, s'y mêlent aux rites emblématiques pour compléter l'adoration et la prière. Elles demeurent ce qu'elles étaient lorsque l'individu renfermé en soi accomplissait solitairement ces actes conservateurs des relations naturelles et nécessaires de l'homme à Dieu. Ainsi se fonde la société, dont la base véritable est l'autel. Tout ce qui se produit suivant l'ordre, tout ce qui doit durer a sa racine en Dieu.

Tel est, quant au fond, le culte social dans ses rapports avec les lois de l'intelligence, avec les lois de l'amour : car les lois de l'amour sont les lois de la vie, et vivre, c'est l'aspiration universelle des êtres à s'unir au Principe de vie, à celui qui est la Vie même, parce qu'il est l'Amour, l'Amour infini. *Deus charitas est.*

II. — Quelles que soient les erreurs passagères, on retrouve en toutes les religions, si diverses qu'elles puissent être, un fond primordial commun, à l'égard des conceptions qui les caractérisent ; on aperçoit clairement un progrès continu, expression du progrès de l'esprit humain pénétrant peu à peu dans la connaissance des causes nécessaires et de leurs lois.

L'intelligence n'est pas la vie : la vie, c'est l'amour, dont la fonction radicale dans l'Etre, sous ses deux modes infini et fini, est d'unir la force à la forme, et dans la création, d'unir les êtres entre eux en les unissant à Dieu. De là donc, à l'égard de l'homme, ces deux nécessités : aimer Dieu ou être uni à Dieu, pour participer à la vie de Dieu ; s'aimer les uns les autres, ou être unis les uns aux autres pour recevoir la vie selon les lois d'après lesquelles Dieu la communique, non par une volonté arbitraire, mais par une conséquence rigoureuse de ses propres lois essentielles.

Tout ce qui est, est de Dieu. Nul être fini qui ne soit une participation limitée de l'Etre infini, et des propriétés inséparables de sa substance : nul être, dès lors, qui puisse être et continuer d'être sans une perpétuelle effusion de Dieu en lui. Rien ne subsiste que par ce don incessant que fait de soi l'Etre qui comprend tout être. Des plus infimes jusqu'aux plus élevées, ses créatures se nourrissent de lui : il est l'aliment universel ; nécessaire à tous les êtres, chaque être ne saurait le recevoir que sous une forme en harmonie avec sa nature, Dieu se donne à ses créatures au moyen de ses créatures.

Sous cet aspect, l'Univers offre un spectacle dont l'esprit s'effraie, un spectacle de destruction et de mort permanente : ce fut là ce qui frappa les premiers hommes, et qui, enveloppant leur pensée d'une certaine horreur ténébreuse, caractérisa l'idée qu'ils se firent de l'origine des choses et de leur état primordial. Pour eux, au commencement, le vide existait seul, et dans le vide, la faim. Ainsi tous les êtres postérieurs, sortis de ce noir abîme du rien, eurent la faim pour mère. Et il est vrai que la créature n'est, parce qu'elle a de propre, que le vide, le rien, la négation, la limite de l'être, et non l'être, et il est vrai encore que sitôt qu'elle participe à l'être, elle aspire à continuer d'être, elle a faim de l'être, et ne se conserve et ne se développe que par l'apaisement de cette faim dont l'Etre infini est le terme final.

Mais si l'Univers, sous une de ses faces, apparaît comme un vaste gouffre où jamais la destruction ne s'arrête, où la mort règne éternellement, voici que soudain tout change. La mort, la destruction, purement apparentes, n'atteignent point l'être véritable, mais seulement sa limite, ce qu'il y a de négatif en lui. La destruction, en réalité, c'est la production ; la mort, c'est la vie. Lorsque vous voyez au printemps, la sève déborder de toutes parts, lorsque la Nature, prodiguant ses intarissables richesses, épanche ces flots d'êtres dont les germes sommeillaient en son sein, cette vie si féconde qui vous pénètre et vous enivre, et enivre la Création comme un vin versé par Dieu même dans la coupe où il veut qu'elle désaltère une ardente soif d'être, cette vie, qu'est-ce ? Le travail de transformation que vous nommiez destruction, mort Car ces plantes innombrables, splendide vêtement de la terre embaumée de leur parfum, comment naissent-elles ? comment croissent-elles ? En dévorant les êtres inférieurs, des gaz divers, des liquides variés, des corps de toute sorte. Et ces myriades d'êtres animés, qui pullulent sous l'herbe, dans les airs, dans les eaux, dans les plaines et dans les forêts, dans les glaciers même et dans les sables embrasés, comment naissent-ils, comment croissent-ils ? En dévorant les plantes et se dévorant l'un l'autre. Incarnation d'un type immuable et impérissable, multiplié physiquement en eux au moyen de la limite qui les circonscrit, chacun d'eux dans ce mouvement de la vie, de ce feu générateur qui, par un même acte, engendre et consume, chacun d'eux n'a perdu que la limite qui l'individualisait ou le circonscrivait ; le type subsiste, et absorbé en d'autres types dont il est un des éléments, participe dans leur unité, à leur forme supérieure. Ainsi la nature se nourrit de Dieu en se nourrissant d'elle-même ; ainsi se conservent les espèces et s'opère le progrès par la formation d'espèces plus parfaites à mesure que le progrès même leur prépare un élément approprié : et l'individu, lui aussi, assujetti par cela seul qu'il est, à ces suprêmes nécessités de toute existence, ne vit que parce qu'il meurt, ne reçoit qu'à la condition de se donner.

Ce don de soi, sous différentes formes selon la diversité des natures, constitue, à l'égard de l'homme, le devoir identique à la loi universelle de vie. L'individu se doit au tout, l'homme se doit à l'Humanité. L'individu que conserve le droit est le nécessaire élément de la société, qui se compose d'individualités multiples, et la société que conserve le devoir est le milieu hors duquel aucun individu ne subsisterait. Mais la subordination du droit au devoir implique la prédominance de l'amour supérieur, de l'amour d'autrui qui tend à l'unité en tendant vers Dieu, sur l'amour inférieur, l'amour personnel qui tend au contraire à sa séparation en concentrant l'être en lui-même. La loi du devoir, la loi de vie, est donc la loi de l'amour, et l'homme étant libre de la violer, elle doit lui être rappelée sans cesse : d'où l'enseignement moral, partie essentielle, comme on le voit, de l'enseignement religieux. C'est pourquoi, afin de légitimer ses préceptes, elle doit être rappelée à cette source éternelle, à la loi qui embrasse, en ce qu'elles ont de fondamental, toutes les conditions de l'existence des êtres créés, au double point de vue de leurs relations mutuelles et de leurs relations à Dieu. Aussi la loi de vie symbolisée dans le culte, s'y manifeste par quelque chose d'universel et de permanent et se particularise, chez les peuples divers, par la variété des compositions.

Que l'on examine tous les cultes, si dissemblables, qui ont apparu dans le monde depuis l'origine du genre humain, on n'en trouvera pas un dont l'acte principal, intimement uni à l'adoration et à la prière, ne soit le sacrifice, symbole permanent, universel de la loi de vie, suggérée par la nature même Trop souvent le sacrifice a été souillé par des abus énormes, des délires monstrueux, par le meurtre exécrable de l'homme; mais ce caractère de folie et de crime, il l'empruntait des fausses doctrines qu'enfantaient l'ignorance, la crainte, et quelquefois la conscience troublée. En soi, dans son essence, il est l'offrande de l'être créé converti en un aliment divin auquel participent les adorateurs, en signe de leur union mutuelle et de leur union avec Dieu. La victime est sacrée, elle communique la vie et la vie sort de la destruction; elle s'identifie à la mort qu'elle transforme. Les fruits de la terre et les animaux pendant les premières phases de l'évolution religieuse sont la matière du sacrifice, le symbole destiné à rappeler la Loi, qui se symbolise encore, dès les plus anciens temps, chez un grand nombre de peuples sous la forme d'un breuvage mystique, emblème et gage d'immortalité. A mesure que les idées s'épurent, on voit peu à peu disparaître les sacrifices sanglants. « Mais le sacrifice reste, car point de culte sans sacrifice. Il subsiste modifié seulement par la conception qui l'explique dans l'Eucharistie des chrétiens. Sous le symbole du pain et du vin, le corps du Christ, de l'Homme-Dieu, qui se fait ainsi l'aliment de ses frères, lesquels en se nourrissant de lui, du pain devenu son corps, du vin devenu son sang, se nourrissent de Dieu. » Dégagez le fond de l'idée de la conception accessoire, que trouverez-vous ? Une double expression de la Loi de vie, dans ses rapports spéciaux à l'homme et dans ses rapports à la Création tout entière.

Le don de l'homme à l'homme n'est-il pas la Loi de vie de l'Humanité ? Est-ce que l'homme ne met pas quelque chose de soi dans tous les produits de son labeur, dans la terre que sa sueur féconde, dans le pain qui nourrit ses frères, dans le vin qui les fortifie ? Est-ce qu'en communiquant ses pensées, en donnant son amour, il ne se donne pas lui-même ? Est-ce que le devoir n'est pas, à des degrés divers, le sacrifice de soi ? Est-ce qu'en des cas nombreux, ce sacrifice ne s'étend pas jusqu'à la vie même ? La société est-elle autre chose, dans ses conditions essentielles, que l'enchaînement de ces sacrifices, d'où résulte la conservation de tous et celle de chacun ? A ce point de vue, l'Eucharistie, séparée du dogme relatif à un système particulier de conception théologique, exprime donc symboliquement la loi de vie de l'Humanité.

Elle exprime encore la même Loi dans ses rapports avec la Création entière symbolisée par le pain et le vin substantiellement un avec Dieu. Dieu n'est-il pas en réalité l'aliment de ses créatures ? Qu'est-ce donc que la Création, non pas en figure, mais dans la plus stricte rigueur du fait, sinon une grande table de communion, où à la fois sacrificateurs et victimes tous se donnent à tous, et, en se donnant, donnent Dieu lui-même, de la seule manière dont il puisse être reçu de tous ?

Ainsi le sacrifice, expression de la Loi de vie, l'est également de la Vie même, identique à l'Amour, au Principe d'union, et par le sacrifice, en effet, le sacrifice universel que symbolise le culte, s'opère l'union des êtres entre eux et leur union à Dieu, union sans cesse croissante, objet de l'éternelle aspiration des êtres dans l'unité parfaite infinie en Dieu.

Tous les actes du culte ayant pour but direct l'union de l'homme à Dieu, et cette union impliquant une perpétuelle effusion de Dieu dans l'homme, tous les actes du culte ont un lien étroit avec ce qu'on nomme la grâce, laquelle n'est que cette effusion même. Au-dessus de l'ordre purement physique, la grâce est le don que Dieu fait de soi, en tant qu'intelligence, amour, force. Ainsi la volonté se maintient dans l'ordre, en vertu de la lumière dont la source est en Dieu, et de l'amour universel, dominant l'amour de soi, rend possible le sacrifice identique au devoir.

A l'idée de la grâce ou de l'action de Dieu sur ses créatures correspondent, dans le culte social, certains rites appelés sacrements, mais qui, quelque nom qu'on leur donne, sont de toutes les religions. Variables dans leur forme indifférente en soi, ils offrent cependant un caractère commun : point de peuple qui n'y ait vu un emblème, un moyen de sanctification ou d'union à Dieu. C'est pourquoi, mêlés à la vie entière pour les rappeler à son origine et à sa foi, ils en marquent partout la époques principales.

Mû par le sentiment de la grandeur de sa nature, l'homme a voulu qu'en sa naissance l'enfant distingué de l'animal reçût une sorte de consécration qui fût à la fois le signe de son entrée dans la société spirituelle, la société des créatures intelligentes et libres, et comme le sceau de son initiation au sacerdoce du genre humain. Au moment où cet être si débile sort du sein de sa mère, la religion le prend en ses mains, l'élève vers le Père de tout ce qui est, appelle en lui l'influx divin, le sacre Roi et Prêtre.

Plus tard, lorsqu'à son tour il fondera une nouvelle famille, la religion viendra l'avertir qu'outre le lien charnel, un autre lien unit les âmes et que le but de cette union qui achève en deux êtres incomplets tant qu'ils restent séparés, l'unité humaine, n'est pas seulement de perpétuer l'espèce en transmettant la vie physique, mais aussi, mais surtout de transmettre la vie intellectuelle et morale, de créer des enfants de Dieu destinés eux-mêmes à créer avec lui, à concourir dans la sphère des fonctions qui leur sont assignées, au développement de son œuvre.

Enfin, arrive le terme de cette existence fugitive. Tout ce qui vit meurt, et la mort est une condition, une des faces de la vie. Rien ne serait si les êtres ne se donnaient les uns aux autres parcourant ainsi un cercle éternel de combinaisons successives, dans lesquelles les essences, les types demeurent immuables et inaltérables. La mort en chaque être individuel, n'atteint que la limite ; mais en atteignant la limite, elle atteint l'individualité.

L'homme recèle en soi des facultés dont le terme étant l'infini même, la mort ne saurait être pour lui ce qu'elle est pour les êtres enserrés dans des bornes fixes. Cependant l'homme meurt, son organisme se dissout. Oui, sans doute, il subit une nécessité inhérente à tout organisme. Mais pourquoi l'organisme présent ne serait-il pas une simple phase de l'évolution d'un germe primitif qui, par une sorte de transformations correspondantes à l'évolution de la nature humaine, le représenterait à tous les degrés de son développement indéfini ? La Création n'offre-t-elle pas, parmi les êtres les moins élevés, des exemples nombreux de transformation ?

Il est vrai, et déjà, sous la forme de son existence première, il a présenté un phénomène semblable. Figurez-vous l'embryon dans le sein de la mère, vivant de sa vie, replié sur lui-même, presque sans mouvement, muet, sourd, aveugle. Qu'est-ce que cet être enseveli dans sa solitude ténébreuse ? Est-ce là l'homme ? Oui, c'est l'homme, mais l'homme en puissance, le germe de l'homme futur commençant son évolution. Or, que par hypothèse, cet homme initial, doué de pensée, pût s'interroger lui-même sur ce qu'il est et ce qu'il doit devenir, que se répondrait-il ? Que trouverait-il en soi ? Il y trouverait une vague aspiration à quelque chose qu'il ne possède pas, à un bien qu'il ignore et pour lequel il se sent fait, à une plus grande perfection d'être. Mais cette perfection, mais ce bien, il ne saurait s'en former d'idée, incapable en cet état de connaitre celui qui plus tard sera le sien. Il est et veut être, et dilater son être, voilà ce qu'il voit, rien de plus, et la conservation de cet être étant attachée à certaines conditions organiques actuellement nécessaires, la destruction de ces conditions se confondrait pour lui avec celle de son être même. Cependant le moment arrive où elles sont détruites, en effet. De vives douleurs saisissent la mère, et selon toutes vraisemblances, retentissent dans son fruit. Les liens qui l'unissaient à elle se rompent, et ces liens étaient ceux de la vie. Il respirait par elle, se nourrissait par elle, recevait d'elle à chaque instant ce qui nécessitait son existence. Expulsé du milieu où sa croissance s'était effectuée, hors duquel il eût été impossible qu'il subsistât, qu'éprouvait-il ? Que serait à ses yeux, dans l'invincible sentiment qu'il en aurait, cette crise formidable ? La mort avec tous ses effrois. Et en réalité, c'est la vie, qui brise son enveloppe, c'est la sortie de l'obscure prison où l'homme véritable était enfermé, c'est sa glorieuse entrée dans l'Univers, dont il va contempler au moyen de ses sens qui s'ouvrent, l'éclatant spectacle et les diverses magnificences ; c'est son entrée plus glorieuse encore dans les sublimes régions de l'intelligence et de l'amour, c'est enfin sur le rivage où il avait cru naufrager, la prise de possession d'un monde nouveau, de ce vague bien auquel il aspire sans le connaître.

Quand on termine cette seconde phase du développement indéfini de l'homme, le même phénomène se renouvelle. Le progrès possible à l'individu sous sa forme organique actuelle étant accompli, il rend à la masse élémentaire cet organisme usé, il en revêt un autre plus parfait, et mourir, c'est naître. Tous cependant ne renaissent pas dans les mêmes conditions. Ceux qui abusent de la liberté pour violer leurs lois ont porté le désordre en eux-mêmes, subissent nécessairement les conséquences de ce désordre, de cette maladie volontaire. La conscience douloureuse qu'ils en ont, car la douleur n'est que la conséquence d'un désordre interne, est encore un bienfait divin, puisqu'elle excite en eux le désir de la guérison. Ils étaient tombés, ils se relèvent, et rentrés dans l'ordre, ils poursuivent leur éternelle évolution.

Quoi qu'il en soit, du moyen par lequel s'opère la transformation de l'homme, quel que soit le mode de l'existence qui succède pour lui à l'existence présente, il n'est point de foi plus universelle, plus profonde, plus indestructible, que celle à la persistance ininterrompue de l'être, à la perpétuité de la vie. Cette foi spontanée, antérieure à tout raisonnement, à tout système conçu par l'esprit, repose sur un pressentiment qui est dans l'homme la voix de sa nature même. De là partout aussi l'intervention du culte à l'imposante époque de cette renaissance mystérieuse. Sur les débris inertes qu'abandonne en s'élevant l'être véritable, la religion proclame le dogme du genre humain, le dogme de vie, de la vie cachée dans le sacrement de la mort.

CHAPITRE XLI

DE LA FIN DE L'HOMME

Si les êtres ont des lois, ils ont aussi une fin, et relativement à cette fin, les lois ne sont que les moyens de l'atteindre.

Dans tous les temps, l'homme s'est demandé quelle était pour lui cette fin dernière, et trouvant en soi l'invincible désir d'un bien sans limites, il a cru que la possession de ce bien était la fin suprême de son être. Est-il vrai que le bonheur soit la fin de l'homme, qu'il soit destiné à cet état de béatitude parfaite, qui serait la pleine satisfaction de ses désirs infinis ? Oui, on le croit et on le croira toujours malgré cette plainte qui se prolonge à travers les âges : c'est la voix des générations toujours en travail, toujours déçues. Votre nature subsistant, il est impossible de trouver le bonheur. C'est pourquoi, renonçant à cette vaine fiction de bonheur terrestre, on l'a cherché dans une autre vie. Mais là encore, la raison retrouve l'impossible. En déplaçant le problème, on ne l'a pas résolu, car il renferme une contradiction inhérente à l'hypothèse d'une nature finie possédant un bien infini, l'embrassant, se l'assimilant. Eternellement l'homme aspire au bonheur, éternellement il fuit devant lui. Une impulsion native, invincible le contraint de poursuivre sans relâche ce Bien qu'il n'épuisera jamais, qu'il voudrait pourtant embrasser.

Cependant, il importe souverainement à l'homme de connaître sa fin, de savoir pourquoi il est, quelle est la raison de son existence. A quoi, sans cela, lui servirait le reste? Eût-il résolu tous les autres problèmes que lui en reviendrait-il, s'il demeurait lui-même pour soi un problème insoluble ? Or, il nous semble que les principes exposés dans cet ouvrage peuvent répandre au moins quelques lumières sur cette grave question.

Les êtres ont nécessairement une fin commune, et cette fin ne peut être que celle de la Création. Or la Création, c'est Dieu se reproduisant lui-même par un développement éternel, dans les conditions du fini. Tous les êtres donc tendent vers Dieu, comme la Création qui n'est que l'ensemble des êtres mêmes. Chacun d'eux dans ce vaste tout contribue à son évolution, c'est par eux qu'elle s'opère, par eux que Dieu crée. Instruments et produits de l'action de Dieu, il remplissent, une fonction générale quant au but, spéciale quant aux moyens, selon la diversité des natures, et cette fonction, raison de leur être, en détermine la fin qui est de créer avec Dieu, de concourir à l'accomplissement de son œuvre. Ce concours est le mode nécessaire de l'action de Dieu hors de lui, car l'action des causes immédiates n'est que la détermination de la Cause universelle à la production de certains effets déterminés.

Telle est la fin générale des êtres, et conséquemment la fin de l'homme. Seulement ses fonctions plus étudiées sont aussi plus élevées. Il concourt avec eux et comme eux au développement de l'œuvre de Dieu ; de sorte que pour lui se conserver et se développer, c'est coopérer à l'action divine conservant l'univers et le développant par une création. Les êtres inférieurs remplissent chacun dans sa sphère, la même fonction ; mais ils la remplissent sous l'impulsion aveugle d'une force nécessitante. Ils ne connaissent ni les lois du tout ni leurs propres lois. L'homme, au contraire, connaît les siennes et il y obéit librement, et de sa liberté, du pouvoir d'obéir à la loi ou de la violer, naît le devoir moral, identique dans sa source aux conditions universelles de l'existence.

Mais, ainsi qu'on l'a vu, la Création n'étant que la réalisation extérieure à Dieu d'un type idéal qui est Dieu même, Dieu est le terme de la Création, et la Création a vers Dieu une tendance nécessaire. L'homme donc, partie de la Création, tend vers Dieu, aspire à Dieu par une nécessité intrinsèque de son être ; et en aspirant à Dieu, il aspire au Bien infini dont la pleine possession serait cette béatitude parfaite, absolue (qui fait le bonheur des saints), toujours par lui si vainement cherchée : car il n'est capable de rien d'infini ; il peut, il doit de plus en plus pénétrer dans le Bien, s'identifier à lui, puisque le Bien, c'est l'Etre. D'où cette conséquence que le développement de l'être est le développement du Bien ; qu'ainsi l'homme, en se développant, participe, dans la mesure de son développement même, au Bien ou à l'Etre infini, à sa béatitude interne ou à la conscience qu'il a de soi. Et comme il ne peut se développer que par l'obéissance à ses lois, plus l'obéissance est parfaite, ou plus il remplit parfaitement sa fonction, plus le Bien dont il jouit est grand. Ce Bien n'est pas sa fin dernière, car il serait lui-même sa fin, mais l'effet nécessaire de sa fidélité à tendre vers sa fin, ou de l'accomplissement du devoir inséparable de ce qu'on appelle bonheur, de la satisfaction progressive de cette faim d'être, qui ne s'apaise qu'en communiant à Dieu. Et cette communion sera éternelle ; éternellement l'homme se développera, dilatera son être, aspirant à le dilater toujours plus, à participer toujours plus à l'intelligence, à l'amour, à la puissance divine, à se nourrir plus abondamment de Dieu tout entier. Eternellement aussi le devoir subsistera, éternellement l'homme associé à l'éternel travail de la Puissance créatrice, continuera de concourir à l'évolution de l'œuvre de Dieu, exercera sa fonction de créer avec Dieu. Voilà sa vraie grandeur, sa vraie béatitude, la raison, la fin de son être, qui autrement demeure une énigme incompréhensible.

Malgré la science, malgré les croyances, il y a le mystère que chacun recèle, dont Dieu n'a révélé à personne le secret, mais, qui au fond de tout être s'aperçoit et s'accomplit ; néanmoins il reste le secret de Dieu, et ne se révèle qu'autant que la nécessité de ses lois accomplit, ce dont Dieu seul restera toujours le divin mystère en chacun de nous ; parce qu'étant de pauvres finis, nous ne pouvons connaître l'infini et qu'à lui seul appartient le secret de toute science. Ce n'est que par notre union à Dieu que nous comprenons et connaissons toutes choses, et qu'en lui seul nous trouvons notre bien, la gloire et le bonheur !

Pour arriver à ce but, à la vraie vie, la vie supérieure, par opposition à la vie animale, la vie raisonnable, seule digne de l'homme, la vie divine qui a pour objet suprême de contempler et d'aimer Dieu.

Or cette vie parfaite est la vie bienheureuse, et c'est à la conquête de ce souverain bien que marche la vertu. Conquête laborieuse, et souvent pénible, car elle nous impose l'effort, la lutte et le sacrifice ; ce n'est pas le sacrifice ni la mort qui sont le but, ils ne sont que des moyens pour atteindre cette vie bienheureuse qui peut se commencer ici-bas, mais ne doit pleinement s'épanouir et se fixer qu'en Dieu connu, aimé, servi et possédé.

Ainsi le bonheur est finalement lié au devoir, et se justifie par cette quiétude divine, cette soif inaltérable du divin, qui tourmente l'humanité, et qu'un de ses plus grands génies exprimait par ces paroles célèbres : « C'est pour vous, mon Dieu, que vous nous avez faits, et notre cœur sera inquiet, jusqu'à ce qu'il se repose en vous ! »

Ainsi s'explique le monde futur de notre béatitude. Nos facultés les plus élevées ne pouvant être rassasiées que par un objet infini, c'est la Vérité même qui illuminera notre intelligence ; la Bonté même qui ravira notre cœur ; la Beauté même qui transfigurera notre être tout entier, car le Dieu suprême ne peut envahir les puissances supérieures, sans béatifier par extension toutes les puissances subordonnées, et l'être humain tout entier.

Suivant une pensée profonde d'Aristote, l'essence du bonheur est dans la perfection de la faculté la plus haute appliquée à son objet le plus parfait. Connaître et aimer Dieu, de la manière la plus parfaite qu'il soit possible à la raison humaine, telle sera l'essence de la béatitude éternelle.

Ainsi ces deux vérités : l'homme est fait pour le devoir, l'homme est fait pour le bonheur, loin de s'opposer, se combinent en se subordonnant dans une harmonieuse unité. Car il n'y a pas deux fins, il n'y en a qu'une : la gloire de Dieu.

La gloire de Dieu sera aussi la conséquence de notre bonheur, comme elle l'est de notre soumission au devoir, soit parce qu'un cœur noble et généreux trouve son bonheur et sa gloire à faire des heureux, soit parce que notre béatitude doit consister précisément à connaître, aimer, louer les perfections divines, selon toute la capacité et l'energie de nos puissances. Or n'est-ce pas là le plus haut degré de gloire que nous puissions rendre à Dieu ?

Le devoir n'est plus une servitude, un abaissement humiliant et pénible ; il est un acte de religion, un hymne de louange et de gloire dont rien n'égale l'expression et la beauté. Servir Dieu, c'est régner : *Cui servire regnare est.*

Lorsqu'on a bien compris ces trois mots, les plus beaux du langage humain : le Devoir, le Bonheur, la Gloire de Dieu, on a compris quelle est la fin de l'homme, unique et triple à la fois. Ces trois mots expriment Dieu lui-même, Dieu obéi, Dieu possédé, Dieu glorifié. L'amour du bonheur et du bien absolu, les intérêts de l'homme et les intérêts de Dieu indissolublement unis, que l'homme pourrait dire qu'il est créé ou pour le Devoir, ou pour le Bonheur, ou pour la Gloire de Dieu. Dieu se communique à l'homme dans le temps et dans l'éternité, dans l'épreuve et dans la béatitude.

CHAPITRE XLII

CONSÉQUENCE PRATIQUE

La connaissance de notre fin est une donnée capitale pour orienter la science morale, mais il faut aussi connaître les moyens pour l'atteindre, c'est la loi. Loi qui les détermine, en nous instruisant de ce qu'il faut faire et de ce qu'il faut éviter : La Loi fait une nécessité à l'homme d'être juste pour être libre comme Dieu lui-même.

« Le devoir, c'est la limite, au-dessous de laquelle il ne nous est pas permis de descendre sans perdre dans l'ordre moral notre qualité d'homme. » Mais au-dessus de cette limite s'étend le champ indéfini de la perfection.

La Vérité divine est le fondement éternel d'une loi éternelle d'une morale absolue ; car elle n'est pas autre chose que Dieu lui-même, en tant que sa sagesse éternelle est le principe et la règle souveraine de l'ordre universel dans tous les mondes présents, passés, futurs ou purement possibles.

Toutes les fois qu'on a séparé la loi civile de la loi éternelle le droit humain du droit divin, l'on n'a abouti qu'à l'apothéose d'une volonté humaine.

S'il est vrai que la loi éternelle ordonne tout et dirige tous les êtres vers leur fin, les êtres humains doivent trouver en eux-mêmes, dans leur raison et leur conscience, des signes certains ou au moins des vestiges et comme une empreinte de l'ordre et de la direction propre à leur nature. Cette participation de la loi éternelle par la conscience humaine est ce que nous appelons la loi naturelle. Si cette voix de la conscience est si forte et si efficace, nous en comprenons la raison : elle est l'écho de la grande voix éternelle qui s'impose au respect de toute créature. « Elle est la voix de Dieu ou de la lumière divine » usitée par tous les peuples. « La loi naturelle est, comme l'écho ou le reflet de la lumière divine en nous, dit S. Thomas. »

« Cette loi, ajoute Cicéron, n'a pas besoin d'être écrite, car elle est imprimée dans le cœur de l'homme, elle est innée ; nous ne l'avons ni apprise, ni reçue, ni lue, mais nous l'avons tirée de la nature même ; ce n'est point la science ou l'éducation, mais la nature qui nous a faits pour elle et nous en a tout imprégnés. ».

Aristote proclame à maintes reprises que, « Dieu et la raison ont seuls le droit de commander : mettre dans le commandement quelque chose de l'homme, ce serait y introduire la bête humaine ».

Platon admire Socrate aimant mieux mourir que de désobéir à Dieu, pour plaire aux hommes ; Antigone résistant jusqu'à la mort au tyran qui a osé interdire un acte de piété prescrit par la loi naturelle.

Cette belle profession de foi en l'existence de la loi naturelle et du devoir obligatoire qui en découle, faite sur les théâtres d'Athènes et de la Grèce, aux applaudissements de tout le peuple assemblé, suffirait à prouver que ce sont là des idées courantes, populaires, universelles, essentielles à la raison humaine, dans tous les temps et dans tous les lieux, et nullement une invention moderne, comme on a osé le soutenir. Ces notions communes ne s'inventent pas ; elles peuvent seulement gagner en précision et en clarté, ou s'obscurcir au contraire, avec le progrès ou la décadence des mœurs ou de la science morale.

Dieu a pourvu à cette faiblesse de la raison chez un grand nombre d'individus, on peut même dire dans la masse des foules qui ne parviennent jamais à une grande culture intellectuelle, par deux initiatives qui doivent y remédier. D'abord la Tradition dont l'éducation familiale est le premier organe. L'homme est un animal enseigné : sans cet enseignement, un développement rapide et complet de sa raison, et partant de sa moralité est moralement impossible. C'est l'enseignement religieux par la Révélation chrétienne, qui complète l'enseignement traditionnel et remédie à ses altérations, à ses défaillances.

La loi naturelle nous indique les moyens nécessaires pour arriver à notre fin dernière ; il est impossible que ceux qui refusent de les prendre puissent jamais atteindre leur fin bienheureuse. La loi est portée pour le bien de tous et de chacun, et non seulement pour leur bien éternel, mais encore pour leur bien terrestre. La vertu est le principal élément du bonheur sur la terre, même du bien-être matériel.

Il est trop évident que la santé, les richesses et les honneurs, les événements heureux et malheureux de cette vie, ne sont point distribués aux hommes en raison de leur moralité. Les biens et les maux physiques sont aussi souvent des épreuves que des récompenses ou des châtiments. Il est vrai aussi que l'aiguillon du remords de conscience ne châtie pas toujours le crime comme il le mérite ; que les tribunaux de la justice n'accomplissent pas toute justice.

Donc il y a une vie future, où la justice éternelle doit apporter un correctif indispensable aux iniquités de la terre, et rétablir l'harmonie finale entre le bonheur et la vertu. Il faut donc, de toute nécessité, que Dieu se trouve au terme de la loi naturelle pour la couronner de ses justes sanctions, comme il se trouve au début pour la fonder.

Pour atteindre cette plénitude d'être réclamée par la nature de l'homme, c'est cette qualité d'être raisonnable, qui s'élevant plus haut pour se rappeler que la raison humaine n'est qu'un reflet de la Raison divine, la règle de la raison humaine. On peut dire que l'homme porte en lui-même sa loi, qu'elle est dans sa propre raison. mais ce n'est pas lui qui fait cette loi, pas plus qu'il ne fait la vérité ; il la découvre seulement par sa raison et la proclame existante, bien loin de lui donner l'existence. Aussi serait il plus exact de dire qu'il la trouve hors de lui-même, qu'elle vient de plus haut, et qu'il doit souvent pour entendre sa voix, faire taire ses inclinations, ses préférences, s'affranchir de ses préjugés, et se laisser conduire par cette lumière objective, indépendante de son esprit, qui rayonne de la nature même des choses et s'impose à sa raison. En proclamant le bien et le mal, la raison ne fait pas acte d'autorité, mais de soumission à la lumière absolue. Elle n'est pas autonome et maîtresse, mais nécessité absolue et soumise.

Le bien pour Aristote sera « l'activité conforme à la raison, rendant l'homme semblable à Dieu ».

Platon avait établi le même principe. Pour lui, le bien est « tout ce qui rend l'homme semblable à Dieu, seul bien absolu, et le mal, tout ce qui le rend dissemblable ».

S. Thomas et les philosophes chrétiens n'ont pas à inventer d'autres formules, mais seulement à les mettre en lumière. Sous des formes variées, ils s'accordent à dire que l'action bonne est celle qui, étant conforme à la raison divine, nous donne avec Dieu une ressemblance, qui nous prépare à l'union bienheureuse ; mauvaise celle qui nous détourne de cette ressemblance. Le divin Maître a donné à ces formules la sanction de son autorité, lorsqu'il a dit : Soyez parfaits, comme votre Père céleste est parfait. Cet idéal absolu du souverain bien, demeure l'idéal le plus élevé qui puisse être proposé à l'homme, le dernier mot de la philosophie morale.

Ainsi plus il y a de lumière et de force dans un être raisonnable, plus cet être s'élève vers les sommets de la liberté. Voilà pourquoi il y a plus de liberté dans l'homme juste que dans l'homme esclave du vice; plus de liberté dans le saint que dans l'homme pécheur ; dans l'ange que dans le saint ; plus de liberté en Dieu que dans les anges et tous les saints. En Dieu, la liberté passe à l'infini, comme l'intelligence et le vouloir.

La véritable morale, loin de mutiler l'homme, veut qu'il se développe dans son intégrité naturelle, en poursuivant comme idéal du souverain bien, l'ordre naturel que proclame la raison, écho de la raison absolue et de la sagesse divine.

Bien au-dessus du devoir strictement requis, se développe la sphère supérieure de la perfection morale, qui n'est plus obligatoire, et où l'amour de la beauté morale peut seul nous introduire et nous élever de plus en plus. Impossible à la morale de se passer de ces régions supérieures de la vertu parfaite, où aspire, où vit la meilleure et la plus noble partie de l'humanité ; impossible de l'y maintenir, sans les lumières et le feu sacré qu'allument dans les âmes, la contemplation et l'amour de la beauté morale et de la vérité.

La violation de la loi morale est toujours une offense à celui qui l'inspire, à Dieu en même temps qu'à la raison qui le proclame : impossible de se révolter contre elle sans se révolter contre Dieu. Il n'y a pas de péché contre la raison seule, pas de péché purement philosophique.

Le bien moral vient de la plénitude d'être, et le mal moral d'un défaut d'être dans l'action humaine. Mais cette plénitude ou ce défaut, peuvent affecter chacun des éléments constitutifs de l'action morale, qui sont autant de sources partielles de malice ou de bonté.

Tous les actes de l'homme, même les meilleurs sont plus ou moins imparfaits ; il s'y glisse toujours quelque légère imperfection ; ce serait bien décourageant de penser que cela suffit pour rendre nos actions les plus généreuses, inutiles et sans mérite. La vertu deviendrait impossible pour l'homme. Du reste, l'exécution, les moyens et les circonstances ne dépendent pas toujours de nous, tandis que la fin et le but vers lequel la volonté se porte par l'intention pour arriver à la fin, en dépend toujours. Nous sommes donc obligés de ne choisir que des fins bonnes, ou la bonne intention. Et plus ces fins seront élevées, plus l'action sera d'un degré supérieur de bonté.

C'est à la raison elle-même, à la conscience, qu'il faut faire appel pour distinguer le bien et le mal et diriger notre vie morale. Trop souvent, hélas ! les hommes, même les gens vertueux, ne se laissent guider que par les sentiments ; il faut que la raison reprenne en eux son légitime empire, s'ils ne veulent cesser d'être raisonnables.

La conscience est droite, lorsque son intention est droite : alors elle ne cherche que le vrai et le bien, et juge de bonne foi selon ses lumières. Elle est oblique et mauvaise, au contraire, lorsqu'elle n'est pas entièrement de bonne foi, qu'elle cherche à se faire illusion à elle-même, et qu'elle s'inspire, dans ses jugements, des passions et de l'intérêt, bien plus que de la justice et de la vérité.

Agir selon les lumières de la conscience certaine, sera donc toujours un devoir ; agir contrairement à ses lumières sera toujours une faute.

Si le bien ou le mal ne profitait qu'à l'agent qui le produit, il est clair qu'à lui seul il pourrait s'en prendre. Mais si ce bien et ce mal tournent aussi à l'avantage ou au détriment d'un autre, cet autre a le droit de lui en demander compte. Aucune action, quelque modeste qu'on la suppose, ne saurait manquer d'avoir une influence dans l'ensemble total dont elle est une partie.

De même que dans l'ordre physique, le moindre mouvement d'un atome doit avoir sa répercussion sur tous les atomes de l'univers, et voyager, pour ainsi dire, sans se perdre jamais dans le gouffre de l'immensité, puisque rien ne se perd, comme rien ne se crée. Ainsi en est-il dans l'ordre moral, en vertu de la grande loi de la solidarité universelle. Il n'est pas un acte bon ou mauvais, surtout s'il est souvent répété, qui ne contribue au bien ou au mal de l'ensemble, à la paix ou au trouble, à l'ordre ou au désordre, de la société tout entière.

Donc la famille et la société sont les premières débitrices envers l'homme de bien, et les premières créancières envers l'homme pervers. Mais ce ne sont pas les seules, et le Maître de l'ordre universel va lui aussi se trouver engagé.

Le mérite et le démérite ont rapport à l'être de Dieu et à ses infinies perfections ; à sa Sainteté, à sa Puissance, à sa Gloire, que l'homme de bien honore, et que le malfaiteur outrage et déshonore, autant du moins qu'il est en eux. Voilà pourquoi Dieu devient le débiteur ou le créancier de l'homme. Dans le sens rigoureux de ce mot Dieu n'est débiteur de personne, mais il se doit à lui-même, à sa bonté, à sa justice, à sa sainteté, à sa promesse, de ne pas se montrer indifférent au bien et au mal, à l'ordre et au désordre, et donner au coupable son châtiment. Il est raisonnable et nécessaire que Dieu nous traite ainsi, en nous reconnaissant des mérites et des démérites, comme notre conscience en témoigne réellement, par la crainte dont elle nous pénètre, des sanctions temporelles et éternelles.

L'instruction est un bienfait du plus haut prix, puisqu'elle augmente notre pouvoir moral, mais elle peut l'augmenter pour le mal comme pour le bien ; la science est un outil puissant pour le crime et l'anarchie, non moins que pour l'ordre et la vertu. « La science ne sert que peu ou point pour être vertueux. » Et les statistiques criminelles parues depuis que l'instruction obligatoire vulgarise de plus en plus la science humaine dans les masses populaires, se sont chargées de compléter la démonstration et de faire toucher du doigt aux plus aveugles, que l'instruction, lorsqu'elle n'a pas pour contrepoids une solide éducation morale et religieuse, n'est qu'un présent funeste dont les effets sont déplorables. Loin d'augmenter la vertu, elle augmente le goût des lectures malsaines, qui développent l'orgueil et l'immoralité, et tiennent la société sous la menace perpétuelle des révoltes et des crimes.

La vertu n'est pas le produit de l'intelligence seule, mais principalement la volonté d'une âme substantiellement unie à un corps, et dont l'idéal naturel ne doit pas être de supprimer les inclinations sensibles, qui sont une portion d'elle-même, mais de les élever et de les diriger vers l'amour du bien absolu, Dieu lui-même.

Cette union habituelle de l'âme avec son divin objet par la contemplation et l'amour, c'est l'essence même de sa sainteté, qui exclut, appelle plutôt l'effort et la lutte, qui en fait le mérite ; qui n'exclut pas davantage les services de la sensibilité et des sentiments les plus délicats ou les plus véhéments, puisqu'il faut aller au Bien comme à la Vérité, par l'âme tout entière, qui d'ordinaire trouve dans la perfection même de ses habitudes vertueuses une facilité qui la remplit de paix, la rend bienheureuse, et lui donne par anticipation comme un avant-goût de cette béatitude éternelle qui est sa fin dernière.

Mon Dieu que vous êtes Beau ! si l'homme pouvait voir et comprendre cette beauté intellectuelle et morale qui ravit tous les saints et tous les plus grands philosophes, il tomberait en extase devant cette Beauté suprême, qui comprend toutes les beautés terrestres, dont elles ne sont qu'un reflet. Mon Dieu faites qu'ils voient ! Seigneur, faites qu'ils vous adorent, vous aiment et vous servent !

QUESTION DU TEMPS
SOCIALE, POLITIQUE ET ÉCONOMIQUE
D'APRÈS L'ÉVANGILE

L'*Eternelle question* se rapporte au grand mystère que chacun de nous porte dans son âme. Tout homme, même en ce monde, aspire, involontairement et profondément, à posséder la science des idées et la science des réalités. Cette double science, dans sa notion la plus haute, s'appelle la philosophie.

De tout temps, la philosophie a sollicité l'esprit humain et lui a commandé d'incessantes recherches. En Chine, aux Indes, en Egypte, en Grèce, aux époques les plus reculées, on voit déjà des hommes, que la postérité appelle des génies, construire d'immenses systèmes où ils veulent faire entrer la théorie des idées et la règle de la conduite. L'Evangile, en offrant à la terre le plein accomplissement des révélations divines, a ouvert, aux aspirations des âmes, des principes plus certains et de plus magnifiques horizons. Toutefois, il a fallu des siècles pour en faire sortir les immenses créations de la philosophie chrétienne. Mais, sans aspirer si haut, le plus humble peut, par son modeste raisonnement, offrir à sa foi, une base naturelle. Non pas pour subordonner sa créance à la raison ; mais pour établir, au-dessous des révélations surnaturelles, des conceptions assorties à ses vœux instinctifs. Par quelques linéaments de philosophie, nous donnons à notre raison un aliment ; nous assignons à notre volonté, une règle ; nous entrouvrons à notre cœur, les plus hautes espérances.

On ne peut, sur ces données, rester trop modeste et se montrer trop prudent. Etant donné que, dans l'ordre intellectuel humain, la science de l'absolu n'existe pas, nos efforts d'esprit, surtout d'esprit sans culture, nous exposent naturellement à l'erreur. Avec la meilleure volonté du monde, en dressant la géographie de ses facultés et en orientant son intelligence, au lieu de philosophie, on peut n'écrire qu'un roman, soit en substituant des rêves aux idées, soit en préférant aux réalités des imaginations. Du moins, si nous nous heurtons aux abîmes, nous ne tombons pas dans l'hérésie. Nous subissons les effets de notre faiblesse, sans faire brèche aux mystères du symbole de foi. Nous avons donné marque de bon vouloir ; nous restons chrétiens.

Sur les *questions du temps*, questions sociales, politiques, économiques, les seules que nous voulions aborder, nous marchons sur un terrain plus solide et nous trouvons, dans l'Evangile, une base de certitude. Ce n'est pas que ces questions soient sans obscurités ; elles sont obscurcies surtout par l'égoïsme des intérêts et les emportements des passions ; et la raison n'a pas moins à se défendre contre leurs surprises, qu'elle n'a à se prémunir, en philosophie, contre ses illusions. Toutefois, en nous mettant à l'école des grands maîtres, nous avons pu marcher d'un pas plus sûr ; nous offrons, avec plus de confiance, les résultats de nos pérégrinations.

Notre dessein est de traiter de la liberté dans l'ordre du progrès, de la liberté démocratique, de la question sociale, des libertés populaires, de l'économie politique chrétienne, de la vie sociale et de ses différentes formes, et de montrer, dans la morale de l'Evangile, la solution de tous les problèmes de la plus haute politique.

Ces questions, est-il besoin d'en avertir, sont les plus formidables problèmes du temps présent. Notre siècle, par une sorte de désespoir, tout en se glorifiant beaucoup de sa raison, dédaigne la philosophie pure ; et, par une contradiction manifeste, au moment où il déserte les principes éternels, il se flatte d'en tirer les solides applications. Embrasser les nuages n'a jamais été le moyen d'aboutir à une bonne pratique. On n'achève rien sur la terre en refusant de regarder le ciel ; ou, pour dire la même chose dans le langage de l'algèbre. en écartant la quantité infinie, on n'a plus le fini qu'à l'état de poussière, un peu d'eau en fait de la boue ; et le sang, versé par le crime, en fait une calamité nationale. C'est le côté navrant de nos aberrations. Les problèmes politiques et économiques, posés par les fureurs de l'anarchie et les utopies du socialisme, ne peuvent engendrer que des catastrophes. Demain, peut-être, le drapeau sanglant de l'insurrection se promènera dans nos rues, pour apprendre au monde que nous tournons le dos à des solutions bienfaisantes, consignées dans l'Evangile et solubles seulement par la croix du Calvaire.

La vie individuelle appuyée sur Dieu ; la vie sociale appuyée sur Jésus-Christ : voilà, en deux mots, notre humble travail.

CHAPITRE PREMIER

LA LIBERTÉ DANS LE PROGRÈS

La liberté est une cause qui ouvre une série de phénomènes dont le point de départ est en elle seule. C'est cet absolu pouvoir, qu'en dehors des théologiens, la plupart des grands penseurs de l'humanité ont refusé au libre arbitre.

La volonté de l'homme, dit S. Thomas, est mue nécessairement par l'auteur de la nature, vers le bien général. Sans cette motion première vers ce but général, l'homme ne pourrait rien vouloir, car sa volonté ne pourrait passer toute seule de la puissance à l'acte : l'homme tend naturellement et nécessairement vers le bien en général, vers la béatitude ; le mal, comme tel, ne peut être objet direct de la volonté.

Sans doute, notre intelligence n'est pas libre dans la perception des vérités premières, ni devant l'évidence. Ce n'est pas l'ignorance, qui est la véritable cause de notre liberté ; personne n'est volontairement méchant.

La vraie cause de notre liberté, c'est, au contraire, l'intelligence, c'est-à-dire notre puissance de découvrir, en présence de l'idéal, toute l'imperfection et la contingence des objets créés, et de trouver toujours des raisons pour les refuser, malgré les séductions qu'ils exercent sur notre sensibilité. Plus l'intelligence grandit, plus notre liberté, en présence des biens imparfaits doit également grandir.

Aucun être, ni aucune puissance, ne saurait être conçu sans une fin et sans une tendance naturelle et nécessaire vers cette fin. La loi de toute nature est de tendre nécessairement à sa perfection propre ; nous devons retrouver cette tendance nécessaire au fond de notre volonté. Le champ de la liberté est ainsi soigneusement circonscrit, puisqu'elle ne peut vouloir qu'un bien réel, ou au moins apparent. L'homme, disait Aristote, ne fait jamais le mal pour le mal ; jamais on ne choisit sciemment une mauvaise action, sans y être excité par l'appât d'un intérêt ou d'un plaisir, par l'apparence d'un bien. Le contraire serait inintelligible : le mal étant une privation, un non-être ne peut être par lui-même un objet de désir, pas plus que les ténèbres ne peuvent être un objet de vision. L'être et le bien se confondent, nous dit S. Thomas, l'être ne peut être orienté que vers l'être et non pas vers le néant ; il est donc nécessaire que la volonté soit orientée vers le bien.

Ainsi l'être est fait pour l'action, l'action est faite pour le bien ; en sorte que le bien total ou le bonheur, la béatitude, est le but nécessaire de l'activité totale de l'individu. Nous ne recherchons nécessairement que notre bonheur vrai ou apparent, et c'est librement que nous le mettons en Dieu, et dans l'accomplissement du devoir.

Un monde entièrement soumis à la nécessité, où l'homme ne serait plus qu'une machine, un monde anormal, serait-il meilleur qu'un monde moral où l'homme a le glorieux privilège d'être maître de lui-même et de pouvoir mériter ou démériter, s'adonner au vice ou pratiquer la vertu ? nous sommes fondés à croire qu'un monde avec la liberté est meilleur qu'un monde sans liberté. La liberté est donc, à ce premier titre, un élément de progrès dans le monde.

D'où viennent tous les désordres de la liberté humaine ? De l'ignorance et de la malice. Mais si ces deux défauts sont accidentels à la liberté, ils ne font nullement partie de son essence ; au contraire, la liberté augmente dans la mesure où ces défauts diminuent, et dans la mesure où l'être grandit en intelligence et en bonté. Comment accuser la liberté de maux dont elle n'est pas responsable et dont elle est la première victime ?

La liberté de l'homme a deux sources : d'abord, la puissance de l'activité volontaire à se déterminer elle-même, en passant d'un premier acte à un autre, de la volition de la fin au choix des moyens ; et, en second lieu, la puissance de la raison à découvrir dans les biens imparfaits et contingents qui s'offrent à nous, les raisons de leur contingence, qui nous permettent de les refuser et de nous soustraire à leurs attraits. La puissance de la raison est la cause finale ; la puissance de la volonté est cause motrice de l'élection libre.

Plus notre intelligence deviendra pénétrante et habile à découvrir la contingence et les défauts cachés de tous les biens créés, plus elle comprendra que leurs attraits véritables n'ont rien de nécessitant, et deviendra libre en face de leurs séductions.

Toutefois cette vérité est gravement incomplète, et l'on aurait tort de croire qu'il suffira d'instruire, de développer l'intelligence pour développer la liberté. En éclairant l'esprit, il faut aussi fortifier et discipliner la volonté. A l'instruction il faut joindre l'éducation : Travailler sans trêve ni répit à l'amortissement des passions, ces appétits inférieurs qui paralysent l'appétit raisonnable ; détruire les mauvaises habitudes qui tendent à remplacer l'activité réfléchie de la volonté libre par un automatisme inconscient ; développer et justifier la puissance de la volonté par un exercice gradué de la lutte contre soi-même et de la discipline morale, sans laquelle la volonté de l'homme fléchit, s'atrophie peu à peu, et risque de s'annihiler complètement, au point qu'il n'est plus maître chez lui.

Dieu est impeccable, et cependant il est libre ; Dieu est immuable dans ses desseins et pourtant il est libre. Les anges et les saints confirmés en grâce participent à ces deux perfections du libre arbitre : l'impeccabilité et la consistance. La liberté n'est donc pas, par elle-même, un agent de désordre et de mal, pas même un agent d'inconstance et de caprice.

Qui n'a rencontré sur son chemin, en face des scandales du monde, quelqu'une de ces âmes d'élite dont la volonté naturellement simple et droite, n'éprouve de sympathie que pour ce qui est bien, noble, généreux ? Nous avons pu constater qu'elles sont presque incapables de manquer à leur devoir, tant elles sont ravies par sa beauté austère, tant elles sont révoltées à la seule pensée de s'avilir par une lâcheté, une trahison du devoir. En sont-elles moins libres pour cela ? il est clair que non. Si le libre champ du péché s'est fermé devant elles, les vastes horizons du devoir, de la vertu, de l'héroïsme, du sacrifice se sont ouverts à leur libre activité par l'attrait du bien, qui n'a rien perdu et tout gagné à l'échange.

Une fois engagées librement dans ces voies de la vertu et de la perfection, leur volonté peut ne s'en repentir jamais, et demeurer immuable dans le bien, sans cesser pour cela d'être libre.

La nécessité qui détermine à faire ce qu'on croit le meilleur, cette nécessité n'exclut point la liberté ; au contraire elle l'implique. Le sage ne peut pas ne pas bien faire. En est-il moins libre ? C'est celui que les passions asservissent, c'est celui-là qui flotte incertain entre le bien et le mal. Le sage en choisissant le bien, le choisit infailliblement, et, en même temps, avec la volonté la plus libre.

La liberté tend de sa nature vers l'ordre, elle nous oriente vers le bien absolu, comme l'intelligence vers le vrai absolu. Elle est le couronnement naturel du plan divin dans la création du monde.

Etant donné, d'une part, un être raisonnable qui conçoit l'idéal, le bien universel, la béatitude, et qui y tend nécessairement par toutes les puissances de son être, comme à son objet propre et à sa fin dernière ; d'autre part, étant donné qu'ici-bas cet être ne rencontre que des biens contingents, imparfaits, incapables de rassasier cette faim et cette soif infinies de bonheur, ne doit-on pas conclure logiquement que cet être porté nécessairement vers le bien parfait, sa fin dernière, et vers tous moyens jugés nécessaires à l'obtention de cette fin, devra au contraire se sentir libre à l'égard de tous les autres moyens ?

Plus l'être sera intelligent, plus il sera capable de voir la non-nécessité ou la contingence des êtres créés, plus il se sentira libre à leur égard de les accepter pour ce qu'ils ont de bon ou de les refuser pour ce qu'ils ont de mauvais.

La science ne renferme pas à elle seule la vérité tout entière

Elle ne découvre qu'une partie de l'ordre, et fait volontairement abstraction de l'ordre moral, qui est l'aspect principal, le plus élevé, celui qui donne à l'ordre du monde sa valeur véritable et son incomparable grandeur. Un monde anormal et pourtant sans liberté, serait une monstruosité et une conception inintelligible.

Tant il est vrai que par sa dignité, le bien moral prime tout. La raison pratique prime la raison pure. L'homme est libre, sa conscience le proclame clairement ; sa raison serait impuissante à comprendre qu'il en fût autrement, et qu'une intelligence capable d'idéal, ne fût pas capable, en présence de chaque objet créé, de désirer mieux, et partant libre de refuser chacun des biens imparfaits que cette vie nous offre.

L'être vraiment libre est celui qui peut user pleinement de la liberté sans jamais mal faire, sans cesser jamais de tendre à sa fin qui est le bien suprême et infini, qui est éternellement préférable en soi, et ne l'est jamais en vue d'un objet autre que lui.

La liberté du mal est parmi nous de fait, jamais elle n'y peut être de droit. Nous possédons par droit de nature, de faire notre devoir et jamais on ne peut nous refuser la liberté d'accomplir la loi que Dieu nous a inspirée en constituant notre être ; mais nous ne sommes pas fondés à réclamer, comme un droit naturel, la liberté de violer cette loi.

Le bien a, dans toutes les sociétés, tous les droits, et le mal, de lui-même n'en peut jamais avoir aucun. S'il en était autrement, il faudrait dire que le bien et le mal sont choses indifférentes, que l'homme est sans loi, les sociétés sans ordre, et le monde livré à l'arbitraire des intérêts et des passions.

L'être doué d'intelligence, par cela même qu'il est centre, a une tendance à tout rapporter à lui-même. Là est la grande tentation des intelligences et le plus grand péril. Toute liberté créée, si haut qu'elle soit placée, est nécessairement imparfaite et faible par quelque endroit. De la tendance à tout rapporter à soi, naît l'orgueil, qui est le vice capital de la liberté créée, par laquelle les êtres à qui Dieu a donné la liberté sont induits à préférer la fausse grandeur qui les fait vivre concentrés dans leur faiblesse, à la grandeur véritable qu'ils trouveraient par leur union avec l'être de qui viennent toute force et toute grandeur.

Si la liberté de l'homme était constituée dans l'état de perfection par la vision directe de l'essence divine, nulle erreur de l'intelligence, nulle déviation de la volonté ne seraient possibles. Sous cet attrait irrésistible de la beauté et de la bonté divine contemplées dans leur incomparable et souveraine splendeur, la volonté irait droit au bien. L'homme n'aurait plus que cette liberté qui choisit les moyens en le condamnant à la fin, et qui est la vraie liberté. Nous n'en sommes point là. Nous ne voyons la vérité qu'à travers le voile du monde sensible et notre volonté, affaiblie par les blessures de l'orgueil, ne s'attache qu'avec peine à ses commandements.

Tout l'ordre moral repose sur le devoir, et toutes les libertés légitimes se résument dans la liberté du devoir. Or, sans sacrifice, point de devoir. Toute philosophie spirituelle est obligée de confesser cette vérité. La science du devoir est proprement la science du sacrifice. Vivre pour Dieu et pour les autres, et non pour soi, voilà le devoir. On a beau faire, le sacrifice reste toujours la grande loi de notre vie morale. Malgré toutes les révoltes de l'orgueil, nous avons tous conscience de cette vérité et nous nous sentons sous l'empire de cette loi. Le sacrifice pèse à la faiblesse de l'homme ; lors même qu'il l'admet en principe, il se garde bien, dans la pratique, d'oublier les raisons qui peuvent l'en dispenser. Si l'homme n'est point contraint au sacrifice par la logique d'une doctrine dont il reconnaît l'autorité, il n'y aura pas dans sa vie de sacrifices, il n'y aura que des simulacres. On ne trouve pas, en l'homme qui ne croit qu'à sa raison, le sublime abandon de soi-même, qui fait la force et la grandeur de la vertu chrétienne.

Seule la conception chrétienne de la Souveraineté divine, de l'autorité du Créateur sur sa créature, donne une base logique à la doctrine du sacrifice.

La philosophie de Platon nous offre la plus élevée de toutes les doctrines fondées sur les seules forces de la raison ; quand il fait à la vie sociale, l'application de ses doctrines, il capitule avec les passions au lieu de les réprimer. Dans la société dont il trace le plan, il fonde la paix sur la satisfaction des penchants de l'homme : de là, ces aberrations que tout le monde connaît, et qui sont une des plus humiliantes leçons que pût infliger à lui-même l'orgueil rationaliste.

Cette idée, que l'homme se suffit à soi-même pour la vie morale, se montre, avec plus de netteté dans la doctrine d'Aristote, le plus rigoureux des penseurs de l'antiquité. L'homme, suivant Aristote, tend à la possession du souverain bien, et ce bien est le bonheur. Rien de plus certain que cette vérité qui est un des fondements de la morale. C'est dans la pleine et régulière expansion de la personnalité humaine qu'Aristote place le bonheur. La fonction propre de l'homme est l'acte de l'âme conforme à la raison. Cette félicité toute de raison, que l'homme trouve dans l'expansion normale de ses facultés, est assurément le plus grand prix qui puisse être proposé à celui qui n'a pas l'idée du Dieu des chrétiens. Mais si haute que soit la doctrine d'Aristote, elle n'élève pas l'homme au-dessus de lui-même, elle le laisse à la merci de sa propre faiblesse, par cela même qu'elle ne donne d'autre frein à sa liberté que les forces de sa raison.

Le Portique professe la doctrine de l'émanation, suivant laquelle l'homme est une portion de Dieu lui-même. L'homme n'est pas la créature de Dieu, il est fils de Dieu. La vertu stoïcienne supporte et s'abstient par ses propres forces et pour se satisfaire, mais elle ne se renonce pas. Tandis que la liberté chrétienne obéissant à la loi d'amour et de sacrifice, cherche avec passion le bien en toutes choses, et répand dans la société les trésors de son inépuisable charité, la liberté stoïcienne concentre l'homme en lui-même, et le laisse impuissant pour toutes les œuvres sociales, l'isole dans une hautaine impassibilité et demande, à des contemplations stériles, l'oubli des hontes et des souffrances dont il est le témoin.

Voilà tout ce qu'a pu faire pour la liberté, le rationalisme antique, par les plus grands génies qui aient jamais appliqué les forces de la pure raison humaine, à l'étude de l'homme et des lois qui régissent la vie sociale.

C'est dans l'école libérale qu'il faut aujourd'hui chercher la dernière expression de la doctrine rationaliste sur la liberté. Le libéralisme n'est autre chose que le rationalisme en action. Les erreurs que le rationalisme introduit dans la philosophie, le libéralisme les fait passer dans la vie publique, et leur donne un corps par les institutions politiques.

La liberté morale n'est point un moyen donné en vue d'une fin. C'est une cause active qui contient en elle-même sa propre fin. Elle ne se rapporte point à un ordre antérieur et ultérieur à l'homme, qu'on appelle : la volonté de Dieu ou la loi universelle du monde ; mais elle constitue elle-même l'ordre humain, indépendamment de la métaphysique et du naturalisme.

L'homme est libre, parce qu'il est la cause créatrice et l'agent responsable d'une fin qui lui est propre, et qu'il fait servir à cette fin les éléments mêmes de sa nature. Cause, fin, et agent de sa propre fin, il tire laborieusement son plan de lui-même, et le remplit par son propre effort. En se saisissant lui-même en tant que cause, en se reconnaissant comme tel, l'homme revêt dans sa nature une dignité et une grandeur uniques. La liberté morale constitue l'inviolabilité de la personne humaine ; elle constitue le droit individuel que la nature ignore.

La liberté humaine est donc sacrée, quoi qu'elle fasse, et indépendamment du bien qu'elle peut accomplir : c'est un culte que le libéralisme lui rend.

Quelles seront, par rapport à la liberté, les conséquences de la doctrine qui pose en principe la souveraineté de l'homme sur lui-même ; et impose à l'homme la règle de l'obéissance par le sacrifice de soi-même ?

Le rationalisme, ainsi que le libéralisme mènent inévitablement à l'asservissement, parce que leur doctrine ôte aux hommes tout moyen de revendiquer leur liberté contre les entreprises injustes des pouvoirs qui représentent l'Etat.

La raison générale, qui a son organe dans l'Etat, est nécessairement supérieure à la raison individuelle. L'individu ne possède qu'une part de la puissance rationnelle immanente à l'humanité. Il n'est qu'un des rayons de cette lumière répandue dans toute la société, tandis que l'Etat est formé par la volonté et l'adhésion de tous, et que cette lumière acquiert son plein éclat.

Par l'exercice du droit politique, toutes les volontés particulières apportent leur idée à l'œuvre commune de la constitution de l'Etat, et c'est ainsi que, de la diversité et de la confusion des pensées individuelles, naît la pensée supérieure qui régit l'activité humaine. L'Etat est l'expression la plus haute de la justice native que chaque homme porte en soi avec la raison même. En lui réside la justice souveraine et infaillible. « L'Etat absorbe tout, il est le but absolu, la manifestation de la divinité même, et comme le Dieu présent », disait Hégel.

Que sera l'individu, et à quelle liberté pourra-t-il prétendre, lorsqu'il se trouvera sous la main d'une telle puissance ? Du côté de cette puissance tout sera légitime, puisqu'elle est la raison même et le droit dans son essence. Par rapport à elle, l'homme sera comme la partie dans le tout. Il ne vaudra que par ses relations avec ce tout, et seulement dans la mesure où il concourra à le constituer.

Où donc l'individu trouverait-il un point d'appui pour la revendication de sa liberté, puisque, hors de l'Etat il n'y a rien au monde ; que l'Etat est son maître absolu, par le droit de la raison souveraine ?

Le citoyen est à la merci de l'Etat quant à sa vie morale; par le pouvoir qui lui est accordé il peut former les hommes en leur donnant l'éducation qui lui plaît. Comme l'Etat n'a qu'un seul et même but, l'éducation doit être nécessairement une et identique pour tous ses membres ; d'où il suit qu'elle est un objet de surveillance publique, comme nous le voyons aujourd'hui ne voulant plus de l'instruction des religieux.

Voilà donc la dignité, la liberté, la vie de l'individu, avec les plus saintes lois de la famille, immolées à ce Dieu-Etat, que les hommes se font de leur propre volonté, et dont ils s'imposent le dur absolutisme, lorsqu'ils rejettent la paternelle et miséricordieuse souveraineté du Dieu qui les a créés.

Cette idolâtrie envers l'Etat étendait sur la société antique une loi d'asservissement à laquelle rien n'échappait, il n'y avait rien dans l'homme qui fût indépendant. L'Etat considérait le corps et l'âme de chaque citoyen comme lui appartenant.

Voici les paroles de Thiers : « Il faut se figurer l'Etat, non pas comme un despote qui commande au nom de son intérêt égoïste, mais de la société elle-même commandant dans l'intérêt de tous. Aucune force gouvernementale ne saurait être excessive, les choses étant ainsi comprises, puisque la force du gouvernement, c'est la force de la société, et la résultante de sa liberté. Il est tout simple de .. qu'il est bon que chaque citoyen soit dans une parfaite indépendance de tous les autres et qu'il n'y ait que la force de l'Etat qui fasse la liberté de ses membres. »

L'homme qui soumet sa liberté à l'autorité suprême de Dieu, dans l'obéissance à sa loi, se crée, par sa soumission, une invincible puissance de résistance contre les pouvoirs humains qui tenteraient d'entreprendre sur sa liberté. L'homme qui croit en Dieu, qui lui soumet sa raison et qui obéit à ses commandements est fort de son droit. Telle est la liberté du devoir. Toute atteinte à cette liberté première et universelle est une atteinte à l'Etre moral de l'homme ; elle tend à supprimer sa vie morale, en lui interdisant d'employer ses forces à l'accomplissement de la fin pour laquelle il a reçu l'être. Si l'on ôte à l'homme cette liberté, c'est la conscience qu'on atteint, c'est à l'âme qu'on prétend donner des chaînes.

La liberté du devoir résume en elle toutes les libertés ; c'est la seule qui constitue un droit absolument inviolable ; le respect qu'on lui porte est la garantie du respect de toutes les libertés.

Où en sommes-nous depuis qu'en rejetant le Christ, on a rejeté tout principe d'amour et de sacrifice, et qu'on a voulu fonder le droit sur la souveraineté du moi et sur l'équilibre des intérêts ? Il n'y a plus de liberté pour personne ni pour les gouvernants, ni pour les gouvernés. Tout effort veut échapper à l'absolutisme et même à la licence. La force s'est substituée à l'amour. Qu'elle vienne d'en haut ou d'en bas, les sacrifices qu'elle impose sont autrement onéreux que ceux que par amour, la liberté s'impose à elle-même.

Lorsque les volontés tendent par le sacrifice au bien suprême, l'homme s'assure par l'obéissance à l'autorité souveraine, la plénitude de la liberté. La liberté soumise à Dieu est sûre d'elle-même parce qu'elle se sent dans l'ordre, qu'elle se sent légitime dans ses droits et qu'elle a conscience de ses devoirs. Tout l'ordre de la vie et le progrès des sociétés reposent sur cette grande loi du sacrifice inspirée par la justice divine à toute liberté humaine. Voilà la loi de vie, le devoir dans la liberté.

Le progrès et la prospérité temporelle des nations n'a jamais souffert d'un idéal si élevé et si céleste, l'exemple des saints qui ont quitté le monde n'a jamais été contagieux au point qu'on ait vu les cités désertes, les marchés abandonnés, le commerce et l'industrie paralysés. Pas plus que l'exemple de la chasteté volontaire n'a été une menace pour la perpétuité du genre humain. Ces exemples héroïques sont le sel de la terre, il y aura toujours assez de tendances à l'amour des richesses et du bien-être, à la corruption individuelle et collective pour comprendre le rôle éminemment social de ce sel divin de la sainteté, qui relève le niveau de la moralité et l'empêche de trop déchoir : la sainteté est comme un arôme qui conserve ou rectifie les mœurs publiques.

Si nous croyons à notre fin dernière, si elle était plus habituelle à l'esprit des hommes, elle serait un puissant ressort de civilisation et de progrès moral, et même matériel. Le grand obstacle à la constance de ces progrès est la paresse, l'inconduite, l'immoralité, en un mot tous ces désordres que seule la pensée de notre fin dernière et des sanctions éternelles peut arriver à endiguer et à réprimer. Tous les désordres et tous les crimes qui enrayent la marche de la prospérité des peuples, viennent de ce qu'on n'y pense plus ou qu'on n'y croit plus.

Si dans une nation, l'immense majorité des citoyens étaient convaincus que telle est leur fin dernière, s'ils savaient lever leur tête vers le ciel, au lieu de la tenir constamment courbée sur la matière, ils seraient des hommes de devoir, fidèles à tous leurs devoirs individuels et sociaux, ils seraient laborieux et tenaces au travail intellectuel ou manuel, amis de la sobriété, de l'ordre, de l'épargne, de la discipline et de toutes les vertus civiques, ils seraient aussi patients et courageux dans les épreuves et les souffrances de la vie. Cette nation aurait des citoyens d'élite, dont les forces naturelles seraient centuplées pour l'avancement des lettres, des sciences, des arts et de l'industrie, pour toutes les grandes œuvres qui font les peuples puissants et prospères.

CHAPITRE II

LA LIBERTÉ DÉMOCRATIQUE

La démocratie est le pouvoir absolu du peuple. La liberté démocratique est le droit pour le peuple d'imprimer le caractère de la légitimité à tous les décrets qu'il lui plaît de porter. La philosophie politique veut que le peuple soit considéré comme la source, sans cesse renouvelée, de tous les pouvoirs. Il faut que la volonté du peuple puisse se manifester ouvertement : autrement la souveraineté nationale n'existe pas. Chez certains, la doctrine démocratique répond à des convictions raisonnées, profondes, dont la sincérité a droit au respect. Chez d'autres, c'est le plus grand nombre, l'esprit démocratique se nourrit de passions plus que d'idées. C'est quand les cupidités qui ont envahi les classes bourgeoises descendent dans le peuple que la passion démocratique se déploie avec toute sa sauvagerie.

L'ambition de dominer et l'avidité pour jouir sont les sources de cette passion dont notre époque a tant à souffrir. Quand on considère la liberté démocratique comme l'idéal de la vie sociale, il est naturel qu'on voie dans la révolution française le commencement d'une ère nouvelle d'ordre politique et de bien-être populaire.

La démocratie fonde l'ordre social sur un équilibre de justice toute rationnelle qui doit trouver sa réalisation par l'échange des services.

Laissez l'humanité à sa liberté native, cet équilibre s'établira lui-même, par le cours naturel des choses.

La toute-puissance de Dieu n'est point compatible avec la toute-puissance du peuple. A ceux qui croiraient encore que la révolution peut se concilier avec la religion, la démocratie, qui est l'âme et l'esprit de la révolution, répond en ces termes : « Nulle religion, même le protestantisme, qui est la plus libérale de toutes les religions. La révolution, qui a la prétention de tout renouveler par la vertu démocratique, se complaît dans cette conception de l'athéisme social. C'est par la science seule que s'opère tout progrès et suffit à tout. »

Toujours détruire pour renouveler toujours, tel est le dernier mot de la démocratie contemporaine. C'est par la critique qu'elle détruit, c'est par la justice purement rationnelle qu'elle prétend reconstruire. L'absolutisme de la majorité dans la vie publique, et la tyrannie de l'opinion dans la vie privée, soumettront tout à leur empire.

Il en sera toujours ainsi dans les sociétés où l'on n'admettra aucun pouvoir supérieur de l'ordre moral, qui définissant ce qui est licite et ce qui ne l'est pas, donne une direction certaine à l'opinion et un point d'appui aux légitimes revendications de la liberté. Cet ordre supérieur qui, de son vrai nom, s'appelle l'ordre spirituel, la démocratie le rejette avec un superbe dédain. L'homme de la démocratie est l'homme parvenu à la pleine puissance de la raison et affranchi des lisières de la superstition. Dans la démocratie on n'admet rien au-dessus de l'ordre rationnel, lequel est une pure création de la liberté développant spontanément le fond d'idées que toute conscience humaine porte en soi. La plus grande faveur que la démocratie fasse à la religion, c'est de ne la point connaître, et de la tolérer comme un caprice de la liberté individuelle et comme un fait de la vie privée.

La société ne vit que de la vérité, et elle est toujours ordonnée à l'image de la vérité, ou de ce qui a usurpé sa place dans l'esprit du peuple. Si l'ordre intellectuel est mobile, l'ordre social sera mobile comme lui. Les institutions et les lois subiront toutes les transformations que subiront les idées. Essayer de les fixer, en imposant le respect d'un ordre établi, serait attenter à la liberté humaine. C'est le scepticisme politique à sa dernière expression.

Triste liberté pour le peuple que cette liberté démocratique, qui n'est autre chose que la liberté de tout renverser, par l'exercice inconsidéré d'une souveraineté impossible, avec la liberté de lutter sans appui, au milieu des crises sans cesse renaissantes, pour les premières nécessités de l'existence ! Quand les illusions seront tombées, quand les préjugés seront évanouis, le peuple reconnaîtra que cette liberté, par laquelle on veut le faire souverain, n'est en fait, qu'impuissance et servitude. Il ira demander à l'autorité, des principes que rejette la démocratie, les libertés auxquelles il aspire et auxquelles il a droit.

Rien n'est plus fatal aux libertés populaires que le triomphe de l'esprit démocratique réalisé par la révolution. Il est naturel que le peuple réclame, pour la vie publique, des garanties de liberté proportionnées aux progrès qu'il accomplit, par la puissance des mœurs chrétiennes, dans l'ordre des libertés civiles. Mais cela ne lui suffit plus, il faut qu'il règne, il ne se doute pas qu'en s'obstinant à ce rêve de domination, il court à la servitude démocratique.

Un crime de la révolution est de mépriser et renier le passé ; elle prétend ouvrir l'ère d'un monde nouveau. On ne refait pas d'un coup la constitution d'un peuple. Quand l'ordre naturel d'une société est faussé et perverti, il faut commencer par reprendre, au milieu des débris, tout ce qui peut servir de pierre d'attente pour la reconstruction du nouvel édifice social ; il faut un plan qui réponde à des nécessités, des convenances que l'ancien ne prévoyait pas.

Le peuple n'est point gouvernant par droit de naissance ; sa condition naturelle est d'être gouverné selon la justice et la charité. Mais les lois peuvent être enfreintes, à son détriment, par les puissants et les riches, comme elles peuvent l'être par lui-même et contre lui-même. Après les grands attentats de la révolution, l'humanité ne serait affranchie, rien ne serait stable ni paisible, si l'on oubliait qu'il y a dans la vie humaine des principes de hiérarchie, de solidarité, de concours des forces individuelles par l'association, dont l'application peut varier suivant les temps, mais qui doivent être reconnus partout où l'on veut fonder un ordre fécond et durable. Le véritable mérite social, dans la vie publique, est celui qui répond aux deux grandes dignités de la vie privée : à la dignité du père de famille et à la dignité des travailleurs.

La première chose à faire, pour rendre la société à la pratique des grandes libertés populaires, il faut y rétablir les règles de la hiérarchie naturelle, sur laquelle Dieu a fondé l'ordre de la vie humaine. Il y a dans la société une force morale, dont l'Etat doit toujours assurer la libre expansion : cette force, c'est la charité. Elle porte les hommes à accomplir tout ce que demande l'ordre général du bien social. Elle se déploie dans le cercle des lois inviolables de la justice, qui garantissent la liberté de toutes les forces légitimes de la société. Au milieu de cet ordre extérieur, où tout est rigoureusement fixé par les règles de la légalité, elle met en jeu les forces vives de l'humanité. Elle est dans l'Etat comme l'âme dans le corps ; elle y répand la vie, le mouvement et le progrès. Et ce n'est pas une force qui s'épuise par son action, c'est une force qui renaît sans cesse d'elle-même, intarissable, comme l'attrait divin que porte en elle l'Eglise catholique. Les libertés populaires ne sont point inconciliables avec les lois générales et les institutions fondamentales de la vie humaine ; puisque ces libertés ne peuvent être bienfaisantes, avoir toute leur étendue et leur solidarité, qu'à la condition que ces lois et ces institutions soient toujours respectées, au milieu de toutes les transformations.

L'homme, suivant l'idée-moderne, étant à lui-même son dieu et le maître souverain du monde, il faut que dans la société tout se fasse par lui et par la seule autorité de la loi qu'il porte. C'est l'absolue contradiction à l'ordre social qu'avait fondé l'Eglise, où tout se faisait, en vue de Dieu, et sous la suprême autorité du pouvoir institué de Dieu pour régir l'ordre spirituel.

Les hommes qui réfléchissent, qui se rendent compte de ce qui se passe autour d'eux, sont aujourd'hui frappés de l'impuissance manifeste de la Révolution à rien fonder. D'instinct, même dans les masses, on sent que telle n'est point la condition normale de l'humanité. L'homme livré à lui-même n'est plus que mobilité et inconstance. Il vit peu de temps, et ses désirs, bornés aux choses de la terre, sont changeants comme ses impressions et comme les objets qui les sollicitent. Les hommes chercheront en vain la stabilité, s'ils ne la demandent à Dieu, l'Etre en qui rien ne change et dont l'activité infinie se déploie au sein d'un éternel repos. Législation révolutionnaire, économie révolutionnaire, mœurs révolutionnaires, toutes choses perpétuellement agitées, instables et précaires. Si Dieu n'est rendu à nos sociétés, elles s'useront et périront dans les convulsions de l'activité inquiète et maladive qui les dévore. Sans Dieu, il n'y a plus que l'homme avec ses instincts égoïstes. L'homme, qui ne croit qu'à lui-même, ne peut vivre que pour la jouissance qui nous est assurée, dans notre existence éphémère, qu'au moment même où nous la saisissons ; il ne peut y avoir pour l'homme qui en fait son unique fin, ni passé, ni avenir. Point de Dieu, point de lien, ni d'homme à homme, ni de génération à génération. Sans Dieu, il n'y a plus de suite dans la vie du genre humain ; il n'y a plus que des existences individuelles. Otez Dieu, et l'humanité, de laquelle on veut tout attendre, n'existe plus.

CHAPITRE III

LES LIBERTÉS POPULAIRES

L'Etat moderne est une organisation constitutionnelle humaine, son pouvoir est réglé par le droit public ; sa politique cherche le bien public, d'après la conception de la raison humaine, avec des moyens humains. L'Etat moderne se considère comme une personne composée d'un esprit et d'un corps. Il se sent indépendant et libre, même au regard de l'autorité de la religion ou de l'Eglise ; mais sous une autorité politico-sociale, celle de l'humanité et des Etats.

Le juste s'accomplit en respectant la personnalité juridique des êtres humains, qui sont naturellement portés à la conserver et à la développer. Il en résulte que l'on peut dire, avec plus de précision, que le droit se fonde sur le respect de la personnalité humaine, et que la loi juridique contient le bien en tant qu'elle se réfère à la connaissance de la personnalité humaine en ce qui regarde l'activité extérieure de l'homme, et, laisse sous la puissance de la morale seule, l'activité intérieure.

Le monde catholique est prêt à défendre son propre droit de liberté religieuse en défendant la souveraineté nationale. N'importe, il y a l'affirmation d'une conscience nationale, devant laquelle les revendications de la conscience de l'univers catholique doivent s'arrêter. Le droit des gens ne connaît pas l'ordre moral, il connaît moins encore l'ordre religieux. Il n'y a pour lui que des individualités nationales, reposant sur une conscience que manifeste la volonté du nombre et à laquelle une constitution quelconque donne un corps. Ces individualités peuvent tout dans leur vie propre, en vertu de la souveraine et naturelle liberté de la conscience humaine ; c'est l'ordre général du monde qui s'efface devant l'individualisme rationaliste.

Et il s'efface tellement qu'il n'y a plus à tenir compte du droit que la société des peuples catholiques a légitimement acquis sur la capitale du monde chrétien, par l'assentiment traditionnel du peuple romain.

Avec la liberté de la libre conscience, à supposer même qu'on ne l'admette que dans son expression la plus modérée, peut-il y avoir une loi obligatoire des nations. Quand le droit cherche sa base hors de la seule autorité qui porte en elle-même le droit de s'imposer à l'homme, hors de l'autorité de Dieu, quelle force peuvent avoir ses règles ?

La loi du plus libre est-elle la loi la plus juste, et sera-t-elle la loi la plus obéie ? De cette libre loi, émanant de la libre conscience des peuples, sortira le libre droit, et le libre droit, ce sera la faculté pour tous de faire ce que l'intérêt propre les sollicite à faire, car la conscience souveraine de chacun sera naturellement inspirée par l'intérêt de chacun. A quelle autre loi l'homme affranchi pourrait-il être assujetti ? Qui d'ailleurs prononcera entre les consciences opposées l'une à l'autre sous l'empire du libre droit ? La conscience du plus fort ne sera-t-elle pas toujours la meilleure ? Entre des prétentions qui se croient et ont le droit de se croire, également justifiées, quel autre moyen de décider que la force ?

Qu'est devenu à présent le droit, tel qu'on l'a entendu dans tous les siècles et dans toutes les latitudes ? En éliminant, du domaine du droit, Dieu et son Église, on a supprimé la force morale, c'est-à-dire l'autorité, sans laquelle il n'y a plus au monde qu'arbitraire et oppression.

La loi divine ou naturelle est la seule base et l'unique source du droit international. C'est en remontant jusqu'à elle que l'on peut arriver à retracer exactement le droit des nations. Toute autre voie conduit infailliblement à l'erreur. Il est de la plus grande importance pratique d'établir la subordination de la loi qui dérive du consentement des nations, à la loi qui dérive de la volonté divine. Comme source du droit des gens, il faut prendre : en premier lieu, la loi divine sous ses deux formes, à savoir : d'abord les principes d'immortelle justice que

Dieu a écrits dans le cœur de tous les êtres doués de liberté et destinés à la vie sociale dont la réunion constitue la nation, et que les gouvernements représentent dans l'ordre international ; ensuite, la volonté révélée de Dieu confirmant et étendant les principes de la justice naturelle.

Quand il n'y a plus de Dieu, y a-t-il encore une justice ? Et l'homme qui ne relève que de lui-même peut-il avoir un autre but que sa jouissance, une autre règle que son intérêt ? Où est alors la justice ?

De nos jours, on croit à la possibilité de toutes les réformes. On s'imagine qu'étant souverain de par le droit de sa raison, l'homme peut, à l'aide d'efforts intelligents et soutenus, réaliser toutes les améliorations dont il a le désir et finir par se soustraire à la plupart des maux qui pèsent sur sa vie. Comment ne pas croire à l'avènement d'une ère nouvelle à la vue de ce grand mouvement qui tend à fortifier les liens entre les peuples ! Déjà, depuis longtemps, la loi de l'échange avait forcé les nations à se rapprocher et à se communiquer leurs richesses. Mais combien cette solidarité a grandi, grâce aux belles découvertes qui sont l'honneur de notre siècle ! Comment l'égoïsme de chaque pays ne serait-il pas affaibli à une époque où l'électricité met les intelligences en relations continuelles, malgré les distances ; où la vapeur transporte en quelques heures les individus d'un point à l'autre ; où le téléphone leur permet même de se faire entendre aux extrémités du globe ?

Il y a l'impulsion imprimée à l'éducation populaire et la diffusion des connaissances. Mais comment se fait-il que dans la cruelle guerre de 1870, on ait vu aux prises deux des peuples chez lesquels l'enseignement populaire a pris le plus grand développement ? Aujourd'hui c'est la savante Allemagne, où l'instruction est plus que partout ailleurs répandue dans les masses, qui entretient le plus grand état militaire et l'initiative de ces armements démesurés, qui répandent dans toute l'Europe un si grand malaise, est venue de ce pays, qui aurait dû être, grâce à la supériorité de la culture populaire, un missionnaire de paix.

On allègue aussi l'influence de la presse. N'est-elle pas la grande agitatrice qui soulève toutes les passions populaires ? N'a-t-elle pas servi plus souvent à entraîner les peuples dans la guerre qu'elle n'a servi à calmer leurs ardeurs irréfléchies ?

Quand on croit à la formation successive de la conscience humaine, à travers les milliers de siècles qu'on attribue à notre espèce, au progrès nécessaire de l'humanité vers la vie harmonique, à l'ordre réalisé d'abord en chaque nation par la détermination de la conscience propre à chacun, à l'ordre général sur le globe, par la détermination de la conscience générale de l'humanité, qu'on en accepte ce credo de l'école du progrès, comment ne pas croire à une organisation de la société internationale dans le monde entier, laquelle serait analogue à l'organisation politique et civile que l'on trouve aujourd'hui dans chaque Etat en particulier. Suivant cet ordre d'idées on va naturellement à une conception d'anarchie et de rêverie que l'on trouve dans tous les systèmes de politique humanitaire. Les légistes les plus graves, lorsqu'ils entrent dans les voies du rationalisme moderne, nous le laissaient voir. L'humanité est vraiment un tout unique, a dit l'un d'eux. L'Etat parfait et l'humanité corporelle sont donc synonymes. L'Etat ou l'empire universel est donc l'idéal de l'humanité, c'est la voie pour aller de la situation d'indépendance souveraine où se trouvent présentement les Etats, à une organisation stable et générale de l'ordre international. Chaque nation formant une personne libre de ses droits et de ses déterminations, ce ne peut être que par la libre adhésion de chacune que l'on parviendra à les lier toutes en un organisme régulier, dans lequel le droit aura le moyen de s'imposer aux divers Etats, comme il s'impose dans chaque Etat en particulier à tous les individus qui vivent sous l'empire de l'autorité commune.

La médiation, en apaisant dans bien des cas les différends, contribuera à déshabituer les peuples de la guerre. L'arbitrage, introduit graduellement dans les mœurs internationales, passera par une coutume librement acceptée, dans le droit des gens. Dès lors, plus de guerres, sinon celles qui pourraient être nécessaires pour réduire à l'obéissance les États qui n'accepteraient pas les sentences arbitrales. L'idée peut être séduisante si on ne l'envisage qu'à la superficie avec l'illusion humanitaire de la bonté progressive de la nature humaine. Mais on la trouve bientôt chimérique, si l'on considère les conditions de sa réalisation, l'homme étant ce qu'il a toujours été et sera toujours.

Kant, enfermé dans son monde idéal, croit à une harmonie intime, supérieure, des volontés humaines, qui produit à la fois l'ordre souhaitable, et ne peut manquer de le produire. « Nous avons pour garant de la paix perpétuelle l'ingénieuse et grande ouvrière, la nature elle-même. Son cours mécanique annonce évidemment qu'elle a pour fin de faire naître l'harmonie parmi les hommes, la tirant, fût-ce contre leur intention, du sein même de leurs discordes. »

Rêve séduisant pour ceux qui ne croient qu'à la raison humaine, mais qui a le défaut de prendre l'homme tout autrement qu'il n'est et de se heurter à chaque instant à la réalité des choses.

L'idéalisme moderne ne se met pas toujours ainsi en opposition avec les faits. Hégel, quand il explique, par son système des contradictions, le phénomène de la guerre si étrange pour ceux qui croient à l'immanence de la justice dans la conscience humaine nous dit : « Ce n'est pas moi qui parle de la sorte c'est l'histoire. » Puisque l'homme, sous l'impulsion de l'idée souveraine qui est en lui, ne peut jamais manifester que ce qui est bon, juste et utile, la guerre, à laquelle l'homme n'a jamais cessé de se livrer depuis le moment où il a commencé à se répandre sur la terre, doit être bonne, juste et utile. Elle entre dans le mouvement nécessaire par lequel l'humanité accomplit son évolution fatale et divine.

Proudhon qui avait plus de logique et de force qu'aucun autre, a dit : « La condition essentielle de l'existence pour l'homme est l'action, l'action intelligente et morale. Or qu'est-ce qu'agir ? Pour qu'il y ait action, exercice physique, intellectuel ou moral, il faut un milieu en rapport avec le sujet agissant, un non-moi qui se pose devant son moi comme lieu et matière d'action, qui lui résiste et le contrarie. L'action sera donc une lutte, agir c'est combattre. Être organisé, intelligent, moral, libre, l'homme est donc en lutte, c'est-à-dire en rapport d'action et de réaction, d'abord avec la nature ; il rencontre aussi l'homme sur son chemin, l'homme son égal, qui lui dispute la possession du monde et le suffrage des autres hommes, qui lui fait concurrence, qui le contredit, et, puissance souveraine et indépendante, lui oppose son veto. C'est par la diversité des opinions et des sentiments et par l'antagonisme qu'elle engendre, que se crée, au-dessus du monde spéculatif et affectif, un monde nouveau, le monde des transactions sociales, monde du droit et de la liberté : monde politique, monde moral. Mais avant la transaction, il y a nécessairement la lutte ; avant le traité de paix, le duel, la guerre, et cela toujours, à chaque instant de l'existence. »

La guerre, dit Cousin, est l'état normal de l'humanité, tout aussi bien que la paix. « La guerre et la paix, corrélatives l'une à l'autre, affirmant également leur réalité, sont deux fonctions maîtresses du genre humain. Elles alternent dans l'histoire, comme dans la vie de l'individu la veille et le sommeil, comme dans le travailleur la dépense des forces et le renouvellement, comme dans l'économie politique la production et la consommation. La paix est donc encore la guerre et la guerre est la paix. Il est puéril de s'imaginer qu'elles s'excluent. » Sans la guerre, ni mouvement, ni fécondité dans la vie sociale. « L'hypothèse d'un état de paix perpétuel dans l'espèce humaine est l'hypothèse de l'immobilité absolue. Un peuple n'est progressif qu'à la condition de la guerre. Ce n'est pas moi qui le dis, c'est l'histoire ! »

Voilà les idées que le philosophe conservateur, aussi bien que le philosophe radical, ont emprunté au germanisme. Peut-on s'étonner que le plus illustre homme de guerre de l'Allemagne ait dit : « La paix perpétuelle ne serait pas un bien. La guerre est un élément de l'ordre du monde établi par Dieu. Les plus nobles vertus de l'homme s'y développent ; le courage et le renoncement, la fidélité au devoir et l'esprit de sacrifice ; le soldat donne sa vie. Sans la guerre, le monde croupirait et se perdrait dans le matérialisme.

La guerre est donc, aussi bien que la justice, une nécessité de ce monde. Mais qui a créé cette terrible nécessité ? Comment se fait-il qu'on ne puisse s'assurer le repos et l'harmonie de la paix que par le trouble et les convulsions de la guerre ? Nous aspirons de toutes nos forces à la paix et nous faisons la guerre avec une sauvage passion. Nous portons en nous le reflet et l'image de la souveraine sagesse qui met partout la règle, le nombre et la mesure, et nous nous trouvons livrés aux continuels déchirements de luttes qui ne s'apaisent un moment que pour se réveiller bientôt avec de nouvelles fureurs.

« L'homme, dit le comte de Maistre, se plonge tête baissée dans l'abîme qu'il a creusé lui-même ; il donne, il reçoit la mort, sans se douter que c'est lui qui a fait la mort. » Voilà la vraie raison de toutes ces difficultés qui nous est donnée avec l'accent du génie. L'homme a introduit le désordre et l'antagonisme là où le Créateur avait mis l'ordre et l'harmonie. Dès ce moment, la concupiscence suscite partout la rivalité, l'injustice et la violence. Aux injustes violences de l'agression, il faut répondre par les justes violences de la défense et de la revendication du droit. Voilà la guerre. Voilà comment le mal appelle le mal.

Rien, dans la vie humaine, n'égale en grandeur les spectacles que donne la guerre. Elle subjugue l'homme par les sentiments les plus contraires ; elle le captive et elle l'épouvante tout à la fois. C'est qu'elle répond à l'état de lutte intérieure dans lequel se consume notre existence, à cette contradiction qui perpétuellement agite la conscience d'un être fait pour vivre dans l'harmonie et dans la félicité, et qui ne peut trouver quelque repos et quelque bonheur que par une victoire remportée sur lui-même, au prix de sacrifices sans cesse renouvelés. Entre toutes les épreuves auxquelles l'humanité est soumise, il n'en est point d'aussi redoutable, il n'en est point d'aussi féconde. Dans la guerre sont accumulés tous les maux et toutes les douleurs dont la justice divine charge l'humanité ; en elle aussi se déploie, en sa pleine splendeur, cette force morale de l'abnégation qui donne à l'épreuve toute son efficacité.

Les hommes s'efforcent en vain de se soustraire à cette loi d'expiation qu'une juste disposition de Dieu impose par la guerre aux sociétés, comme elle l'impose à chacun de nous dans la vie privée par le travail, par les maladies, par la lutte de chaque moment contre les obstacles divers dont notre route est semée. On a beau chanter des hymnes à la paix ; on a beau se flatter que la raison, fortifiée par une philosophie plus positive, finira par établir solidement dans la paix le genre humain, ramené par l'amour du bien-être à l'intelligence de son véritable intérêt. La guerre revient malgré tout, comme revient le travail, comme reviennent à chaque heure les traverses sans fin de notre existence ; elle revient toujours violente, toujours cruelle, en dépit de toutes les tentatives pour l'adoucir et l'atténuer ; elle revient comme un châtiment rendu persistant par la persistance du mal qu'il doit racheter, d'autant plus rigoureuse que la perversité humaine fait monter plus haut la masse des iniquités à effacer, s'allège seulement lorsque les sacrifices de la vertu multiplient parmi les peuples et compensent leurs iniquités ; lorsque la soumission volontaire à l'Eglise, à sa foi, à sa doctrine, à sa loi, réduit la dette de l'humanité envers la justice divine ; lorsque la pratique habituelle du renoncement chrétien en calmant les passions, domine la somme des crimes et des attentats qui appellent la sanglante répression des batailles.

La première condition de toute politique chrétienne est l'acceptation franche et entière des principes du christianisme, en tout ce qui touche à la vie politique et au bien des sociétés. Soyons avec l'Eglise par les droits souverains de Dieu dans le monde ou bien avec le libéralisme pour le droit absolu de la raison humaine et de l'Etat qui règne en son nom. Reconnaissons le droit de l'Eglise, instituée de Dieu, même à réclamer tout ce qui fait l'indépendance et la vie propre d'une société libre, et à traiter avec la société politique de puissance à puissance ; ou bien proclamons avec le libéralisme la capacité esclave de l'Etat pour tout ce qui est de la vie publique, et reléguons l'Eglise dans les conditions précaires et humiliées de la vie purement privée.

Hélas ! il n'est que trop vrai ! les peuples que la Révolution a affolés sont aveugles et coupables, et malheureusement dans leur passion et leur aveuglement, ils sont incorrigibles. Il est en ce moment des messieurs qui courent le monde et qui se vantent d'opérer, par la vertu de la démocratie, la rédemption du peuple.

L'Eglise, qui est la première et la plus vaste association qu'il y ait dans le monde, a toujours aidé à constituer des associations particulières, par lesquelles les hommes s'entr'aident dans les difficultés de la vie, et par lesquelles ils se défendent contre les tentatives d'asservissement et d'exploitation, dont les plus faibles, s'ils restaient isolés, auraient fréquemment à souffrir. L'Eglise professe le principe de la soumission de l'homme à Dieu, duquel elle tire comme conséquence pratique, le devoir du sacrifice et de la charité. La révolution professe au contraire le principe de la souveraineté absolue de l'homme, en qui réside la justice immanente. De là, comme conséquence, l'exclusion absolue de tout sacrifice et de toute charité, car la charité ne saurait exister sans le sacrifice, et, pour la doctrine qui ne reconnaît à l'homme d'autre maître et d'autre fin que lui-même, le sacrifice est un non-sens.

« La religion, a dit Le Play, supplée à l'action des lois répressives et de la force publique, parce que les citoyens sont obligés par leur conscience de dompter eux-mêmes leurs mauvaises propensions. »

La religion est en même temps, de toutes les forces sociales, celle qui affermit le plus parmi les hommes l'amour de la tradition. La religion vraie est nécessairement traditionnelle, car elle a dû être donnée par Dieu au genre humain dès l'origine. Conçoit-on, en effet, que Dieu ait un seul moment abandonné l'homme à sa faiblesse, et qu'il ne lui ait pas dès le commencement, révélé les lois naturelles de son existence et de son perfectionnement ? Toute religion repose donc sur la parole divine et elle est avant tout un fait primitif et universel. La grande œuvre du genre humain à travers l'histoire est l'acquiescement toujours renouvelé de son libre arbitre à ce fait souverain, et la réalisation de plus en plus complète dans la vie publique comme dans la vie privée, du type que la foi religieuse offre à ses aspirations vers la perfection. La religion assure le respect des lois naturelles de notre existence, au milieu des transformations extérieures et accidentelles que peut subir l'ordre social. Par l'influence souveraine qu'elle exerce sur la vie des peuples, elle crée en eux des habitudes, des mœurs, et, lorsque ces habitudes tiennent à ce qu'il y a de fondamental dans la constitution des sociétés humaines, elles forment des traditions dont les nations ne pourraient s'affranchir sans se mettre en rébellion contre les lois naturelles de leur conservation.

CHAPITRE IV

L'ÉCONOMIE POLITIQUE

La question sociale, qui éveille aujourd'hui tant de craintes et soulève de si ardentes disputes, est une question de vie spirituelle. L'Eglise tient en ses mains la solution de cette question redoutable. Pour les principes, cette solution n'est pas neuve ; les moyens de salut qu'elle offre aux hommes n'ont pas varié depuis dix-neuf siècles. Il ne s'agit que d'appliquer, suivant les circonstances, les lois de la morale, qui ne changent pas. Les sociétés modifient les conditions extérieures de leur existence ; les relations humaines subissent des transformations qui répondent aux divers degrés de développement des peuples. A certaines époques, il y a plus de fixité et plus d'assujettissement dans les existences ; à d'autres époques, dans les sociétés plus avancées, il y a plus de mobilité et de liberté. L'usage que les hommes font de leur liberté contribue aussi à donner aux sociétés des formes variées. Mais il est, toujours et partout, un fond de vérités universelles et de faits généraux qui restent immuables comme la nature humaine elle-même, et comme Dieu qui l'a créée. A travers tous les changements, l'Eglise maintient les lois supérieures qui constituent le côté invariable et divin de notre vie. Dans les divers états par lesquels passent les sociétés, tout vient se grouper et s'organiser sur le solide terrain de ces principes indestructibles. C'est par ces principes que l'Eglise sauve les âmes ; c'est en maintenant leur domination sur les volontés, qu'elle fournit aux sociétés le moyen de déterminer suivant la vérité, la justice et la charité, et aussi suivant l'utilité générale, qui n'est que la résultante de ces trois forces essentielles, l'ordre des relations publiques et privées. L'Eglise n'est enchaînée à aucune forme particulière d'existence sociale, mais elle donne la vertu par laquelle tout est conservé, ordonné et développé, suivant les convenances propres à chacune.

Pour que l'Eglise puisse communiquer aux choses humaines, cette vertu divine de laquelle elles tirent la plénitude de leur vie et de leur accroissement naturel, il faut que rien ne fasse obstacle à la diffusion de sa doctrine et à l'exercice de son ministère. Si elle ne possède, dans le monde, tous les droits d'une vraie et suprême autorité, elle ne pourra verser sur le peuple toute l'abondance des trésors de force et de paix que Dieu a mis en elle. Qu'arrivera-t-il si les partis politiques disputent à l'Eglise ses droits, s'ils prétendent la reléguer dans l'ordre des choses privées qu'on abandonne au caprice de chacun et ne lui reconnaître d'autre droit que le droit commun ? Croit-on que les peuples, la voyant ainsi découronnée et abaissée, lui conserveront l'obéissance, la confiance et le respect dont elle a besoin pour s'emparer des âmes, et porter les volontés aux œuvres difficiles que réclame le salut social ?

L'Eglise est l'âme des œuvres ; c'est elle qui les suscite et les dirige. Elle les pénètre de son esprit, elle les féconde par sa charité. Les Catholiques voués aux œuvres ouvrières sont dans la vérité de la logique et des faits, lorsqu'ils demandent avant tout que Dieu soit rendu à la société et que la société soit rendue à Dieu. La vie humaine est une, il faut que tout s'y fasse en vue de Dieu. Si elle n'est pas constituée par Dieu, elle est contre Dieu, et contre elle-même, puisqu'elle ne vit que de la vérité qui est Dieu même, et de la charité ou solidarité dont la source est en Dieu. Or, dans les sociétés qui appartiennent au Christ par le baptême ; la vie humaine n'est constituée par Dieu que lors que l'Eglise est à son rang parmi les puissances de ce monde. Tous les droits que l'Eglise revendique comme son patrimoine divin, sont écrits dans le *Syllabus* et dont elle seule définit l'étendue ; ce sont les seuls principes de salut pour nos sociétés, que la révolution a conduites sur le penchant de l'abîme.

Au milieu des décadences et des douleurs de notre temps fertile en calamités, on cherche avec anxiété des signes de miséricorde et de résurrection sociale. Je n'en vois pas de plus grand que cette unanimité des œuvres à reconnaître les droits de l'Eglise et à suivre les voies qu'elle nous trace.

Rien n'a plus contribué à déconsidérer l'économie politique et à diminuer l'influence qu'elle pourrait utilement exercer sur la société, que l'abus des abstractions et l'amour des réformes inconsidérées. Pour les économistes purs, la tradition est peu de chose. Ce qu'ils poursuivent, c'est la réforme de la société par l'application de ce qu'ils appellent les lois de l'ordre naturel ; or, cet ordre, c'est tout simplement la constitution de la société en vue de la satisfaction et par le mobile de l'intérêt personnel. C'est la théorie logique du matérialisme social, essentiellement radical. Les satisfactions matérielles ne sont-elles pas chose tout à fait passagère et individuelle ? Pour celui qui a mis toutes ses visées dans la richesse et dans les jouissances qu'elle donne, qu'importent les destinées de l'humanité ? Qu'importent ses épreuves dans le passé et sa grandeur dans l'avenir ? Ce qu'il poursuit et ce qu'il doit réaliser à tout prix pour atteindre sa fin, c'est l'extension de son bien-être ; dans cette vie courte et incertaine, il faut se hâter d'accomplir cette destinée, en franchissant ou en renversant tout ce qui peut être un obstacle.

Ajoutez qu'un orgueil intraitable accompagne la possession du bien-être. Malgré tout le soin que l'homme peut mettre à renfermer sa destinée dans le monde de la matière, il ne lui est pas donné d'abdiquer absolument sa dignité native ; l'instinct de sa supériorité survit dans son abjection et s'en accroît. Affranchi du frein de l'ordre supérieur, il se révolte contre tous les obstacles, et prétend régir despotiquement, au profit de ses cupidités, ce monde inférieur dont il sait qu'il est le roi.

C'est alors que l'on voit éclater cette fièvre de rénovation et de renversement, mélange effrayant de toutes les passions orgueilleuses et sensuelles, surexcitées jusqu'au délire, dont le travail lent et caché, débordant en horribles violences, poursuivi avec une implacable ténacité, constitue ce que de nos jours on appelle la Révolution.

Sans doute, l'école économique est, dans ses intentions, bien loin de toute complicité avec les partis de la révolution, et il y aurait une souveraine injustice à mettre en oubli les efforts généreux que ses écrivains les plus distingués ont opposés à la propagation des systèmes subversifs de l'ordre. Mais il n'en est pas moins vrai que, si ses intentions sont droites, ses principes la placent dans une solidarité des plus fâcheuses avec l'école révolutionnaire. Le bon sens de la partie saine du public ne s'y trompe pas, et c'est ce qui met tant de gens en défiance à l'égard de l'économie politique.

Pour ramener l'économie politique au véritable esprit de conservation et de restauration sociales que réclame notre temps, il faut la ramener au bon sens par les faits. A la place du mépris du passé et de l'indifférence pour l'histoire, il faut le respect de la tradition, la connaissance sérieuse de tout ce qu'ont tenté nos devanciers dans la voie du progrès, où nous marchons après eux, et où parfois nous pourrions bien être, sans nous en douter, moins avancés qu'eux. Cette transformation sera l'œuvre de l'école historique. Elle rendra à la tradition ce qui lui appartient, sans rompre avec l'esprit de progrès.

Le mépris du passé se joint à la passion des réformes ; on s'occupe de détruire, alors qu'il faudrait transformer. On condamne tout ce qui a été et l'on s'élance vers un autre avenir ; les souffrances qu'on a traversées aigrissent l'esprit et le troublent. Parce qu'on a tout renversé, on croit qu'il est facile de tout créer ; et l'on construit des systèmes comme si le monde allait recommencer. L'orgueil de la liberté et des actions humaines devient le principe de la Science, et, comme tout principe nouveau, il prétend à une domination exclusive et absolue. Le rationalisme domine, la philosophie méconnaît la tradition et les exigences de la vie des peuples ; il n'y a plus, comme en géométrie, que des principes et des déductions.

« Le monde n'est plus qu'un vaste laboratoire, dans lequel on se croit appelé à multiplier les expériences ; l'humanité n'est plus qu'une pâte flexible que chaque prétendu penseur veut pétrir à son gré, en la maniant arbitrairement sous les faux dehors d'émancipation et d'indépendance. Rien de plus naturel que de voir les excès provoquer un excès contraire. Le passé est opposé au présent, non comme un enseignement dont on doit profiter, mais comme un modèle qu'il faut accepter. Le véritable esprit historique consiste à bien discerner ce qui appartient à chaque époque. D'accord avec une saine philosophie, l'histoire assigne aux écarts de la volonté arbitraire, une limite que celle-ci ne peut dépasser. Elle ramène sans cesse des hauteurs de l'abstraction aux faits et aux choses positives. »

Il faut suivre les diverses périodes de développement des natures vivantes et approfondir les causes de la destruction des nations mortes.

C'est ici l'éternelle question des rapports de l'absolu et du variable, qui se rencontre partout dans le monde et dans la vie humaine. Ce n'est pas seulement le présent qu'il faut comtempler et approfondir, c'est en scrutant le passé qu'on parviendra à se rendre compte du cours probable des faits contemporains ; à se fixer sur ce qu'il faut craindre, ou espérer. La passion du bien-être comme mobile, l'intérêt personnel comme règle, une progression indéfinie dans les jouissances de cette terre comme destinée suprême de l'humanité : tel est le fond de la philosophie tacitement acceptée, ou expressément formulée dans presque tous les livres d'économie politique.

Mais tous ces rêves de progrès matériel et indéfini ne supportent pas un instant la confrontation avec les faits. L'histoire nous montre, depuis six mille ans, l'humanité courbée sous la peine, et en lutte continuelle avec la misère. Tout ce qu'elle a pu faire aux époques les plus heureuses, ç'a été d'alléger le joug, sans parvenir jamais à s'en affranchir. Les annales humaines ne sont que le récit des souffrances de toutes les générations. Lorsqu'un peu de repos est accordé aux hommes, c'est que le sacrifice volontaire de la vertu a payé la dette qu'acquittent à son défaut, des misères et des calamités toujours d'autant plus lourdes, que l'orgueil et la sensualité font plus d'efforts pour s'y soustraire. Souffrance, sacrifice, expiation, voilà les mots qu'on trouve écrits à toutes les pages de l'histoire. Ceux de jouissance et de glorification de l'humanité dans les choses matérielles ne s'y rencontrent que comme l'annonce des calamités destinées à rappeler les hommes au sentiment des infirmités et des épreuves de leur exil. Le matérialisme économique sent d'instinct que la méthode historique n'a pour lui que des démentis, et c'est pourquoi il la repousse avec tant d'obstination.

Le spiritualisme chrétien est le fait universel de cette méthode, c'est la vie même de l'humanité. En lui et par lui se meuvent les individus et les sociétés. Ceux mêmes qui le combattent et le nient, vivent, sans le savoir, de sa substance ; leurs armes, ils les tiennent de la puissance qu'il a donnée à l'esprit humain, et la haine persévérante dont ils le poursuivent ne sert qu'à attester le fait triomphant de sa surnaturelle durée. Remontez aux origines ; cherchez dans le ciel, les lois de la chronologie ; fouillez la terre pour en extraire les débris où les plus antiques sociétés ont laissé empreintes les traces de leurs prospérités et de leurs malheurs ; demandez aux peuples modernes comment ils ont fait sortir des ruines de la barbarie, les splendeurs de la civilisation contemporaine ; descendez dans votre propre cœur, étudiez le fait mystérieux de votre âme, ses tristesses, ses agitations, ses joies, son repos : toujours vous rencontrerez le fait universel, le christianisme. Ramener la science aux faits, c'est la ramener au christianisme de l'Evangile

L'histoire seule peut éclairer des questions qui ne sont pas une simple curiosité de notre pensée ; qui sont au plus profond des intérêts vivaces de la société. Elle confirme les nobles enseignements de la philosophie, en montrant de quel invariable tissu notre vie est faite, et comment l'homme, s'il peut nuancer les dessins et varier les couleurs, est impuissant pour renouveler la trame. Elle nous apprend à ne rien admirer et à ne rien dédaigner outre mesure ; elle nous éclaire sur les questions compliquées... Le travail n'est pas autre chose que l'action de l'esprit sur lui-même ou sur la matière. De là viennent sa dignité et sa grandeur ; de là vient aussi la difficulté des études économiques ; c'est les abaisser et les mutiler, que de n'y voir que de simples problèmes de production matérielle, que d'oublier que les produits sont faits pour les hommes et non pas les hommes pour les produits ; que de méconnaître les liens intimes qui rattachent sans cesse ces investigations fécondes à l'ensemble des sciences morales.

Du moment où il ne s'agit que de l'homme et de l'action de l'esprit ; du moment où le but n'est pas la *puissance matérielle, mais l'élévation morale*, les questions deviennent plus complexes, mais aussi leur solution devient plus féconde. La richesse n'apparaît plus que comme une des forces de la civilisation ; d'autres intérêts que les intérêts matériels occupent le premier plan... Du moment où c'est l'esprit qui produit et qui gouverne le monde, le perfectionnement intellectuel et moral devient à la fois la cause et l'effet du progrès matériel.

« Il n'y a plus de sécurité stable pour le monde que dans le contentement des âmes ; il n'y a plus de repos que si chacun comprend les conditions de sa destinée, que si, au lieu de courir, toujours insatiable et jamais assouvi, après la coupe énervante des jouissances matérielles, on se plie à la loi du sacrifice, et si l'on exerce la plus noble des facultés dont le Créateur nous ait dotés : l'empire moral. »

Le sacrifice ! voilà le mot auquel conduit l'étude de l'économie politique en fait. Et ce mot, le passé le crie aussi haut que le présent. Les économistes, même ceux qui professent franchement le spiritualisme n'ont fait jusqu'ici que l'entrevoir. A mesure que l'on pénétrera davantage sur le terrain des faits de l'histoire, l'évidente nécessité de ce principe apparaîtra de plus en plus, dans les temps écoulés, pour les expliquer, dans le présent pour le sauver.

La prospérité ne laisse intacte la vigueur morale qu'autant

qu'elle trouve son contrepoids dans un esprit de renoncement assez puissant pour pénétrer et dominer souverainement les âmes ; toujours vivant dans les institutions de l'Eglise, et pratiqué par ce petit nombre que l'Evangile appelle le *sel* de la terre.

Le problème de la décadence s'explique par l'influence énervante de la possession et de la jouissance ; un petit nombre d'hommes d'élite peuvent seuls y échapper. Souvent les influences qui ont accéléré le progrès et fait atteindre l'apogée de l'existence sociale, finissent par agir en sens contraire et par précipiter la chute. Chaque effort humain est atteint d'un vice ; limité par sa nature, il ne saurait produire ses dernières conséquences. Sur cette terre, tout ce qui grandit porte le germe de la destruction ! Pour raffermir le sentiment de la liberté humaine, il suffit de dire qu'aucun peuple n'est tombé tant qu'il a su conserver les liens les plus précieux, en maintenant le culte des idées morales et le sentiment religieux.

CHAPITRE V

LA QUESTION SOCIALE

Au milieu de l'ébranlement imprimé au monde, il est visible que Dieu prépare l'accomplissement de graves desseins. Les sociétés ont soif de vérité et de justice. Le peuple cherche le repos, la sécurité, la dignité par le travail et l'assistance mutuelle. Il se sent mal à l'aise sous le régime d'invidualisme où la politique du rationalisme l'a jeté. Qu'on le laisse à ses instincts propres, et bientôt il reconnaîtra dans l'Eglise une puissance amie.

Le peuple a besoin d'être fortifié contre ses propres faiblesses; le peuple qui accepte et pratique courageusement la noble et sainte loi du travail, a conscience de cette nécessité. Aussi va-t-il toujours d'instinct à l'autorité qui accroît et conserve en lui les vertus d'où découlent toutes ses libertés et toutes ses prospérités. C'est la liberté de l'Eglise qui est la liberté même du peuple.

Il faut aujourd'hui rapprocher les hommes de diverses classes, que la doctrine rationaliste de l'intérêt tient séparés. Il faut unir entre eux, par le lien de la charité fraternelle, les membres des classes ouvrières, que l'individualisme révolutionnaire a dispersés, et qu'on ne voit le plus souvent s'associer que pour le trouble et la destruction. Dans la société enfantée par l'individualisme révolutionnaire, plus de lien entre les hommes des mêmes classes; plus de lien entre les différentes classes, qui se trouvent, les unes en face des autres, séparées et souvent hostiles.

Pour retenir les hommes dans la solidarité et l'unité de la vie sociale il n'y a que deux voies : ou bien la soumission à un ordre rigoureusement tracé par la loi civile ou bien le respect réciproque et le mutuel secours que les hommes s'accordent dans le plein exercice de leur liberté. Là, c'est la contrainte ; ici, c'est la charité. Tous les progrès de la liberté dans le monde chrétien ont été préparés par les sacrifices de la charité. A chaque liberté nouvelle répond une expansion plus grande et une forme nouvelle de la charité. Prétendre constituer une société où règnent la liberté et l'égalité sans la charité, c'est tenter l'impossible. Si nous voulons rester libres, il faut que nous sachions faire de la charité la règle de nos mœurs ; il faut que tous, grands et petits, nous sachions nous dévouer à son œuvre.

Il y a partout aujourd'hui un sentiment encore vague et obscur, mais général, de la nécessité de resserrer le lien social par la solidarité. Il y a dans les classes inférieures, des aspirations, des impulsions, où l'on peut voir une révélation des desseins de Dieu sur les sociétés. La Providence a véritablement jeté dans notre monde les germes d'une reconstitution sociale par la charité.

L'histoire est le récit des continuelles réactions qui s'opèrent d'époque en époque, dans l'existence de chaque société particulière, aussi bien que dans la société des nations qui couvrent le globe. L'homme déchu porte en lui-même une propension vers le mal qui suscite dans le corps social, tout comme dans l'individu, une guerre incessante.

Que serait-il advenu de l'humanité, toujours prompte à se laisser séduire par l'orgueil et les sens, si Dieu ne lui avait donné puissance d'accomplir l'effort qui rompt avec le mal et le désordre, pour retrouver l'ordre par la vertu.

L'erreur capitale de la Révolution, la principale, la vraie source de tous les maux qu'elle répand sur nous, c'est qu'elle prétend constituer la vie sociale sans Dieu ; sans Dieu il ne peut y avoir de lien social ; là où l'homme règne seul, l'équilibre des forces sociales est fatalement rompu.

L'Etat, suivant la théorie rationaliste, c'est la seule loi vivante qu'il y ait au monde. A ce foyer de l'état vont se concentrer tous les rayons de vérité et de justice rationnelle que projettent les consciences individuelles ; il aspire à prendre la place de l'Eglise qu'il déclare déchue du droit public. Dans l'Etat, qui est le cœur et la tête de la société, viennent se déterminer, se coordonner, s'organiser les principes qui doivent animer et régler le corps social tout entier, on voit se concentrer tous les rayons de vérité et de justice rationnelle. Qu'opposer à une justice qui est la justice de tous ? Quelle réclamation pourront jamais élever contre son omnipotence, ceux qui ne peuvent refuser de voir dans la puissance publique, leur propre puissance, et ne sauraient trouver dans ses volontés autre chose que leurs propres volontés ? Dans un monde ainsi constitué, il n'y a plus d'autre droit que la force. Il ne peut y avoir d'autre paix que celle qui résulte de l'assujettissement par la force.

Absolutisme ou anarchie, pour la société des Etats aussi bien que pour chaque Etat, voilà l'alternative dans laquelle se trouve enfermé le monde qui prétend vivre suivant le droit nouveau.

L'Eglise seule pourrait sauver de l'abîme cette société où le pouvoir et la liberté sont devenus également pernicieux. Mais les hommes de cette société nouvelle sont affectionnés au mal qui les dévore, et ils s'obstinent à voir dans l'Eglise leur plus grande ennemie. Tout en parlant de liberté, ils ont pris en horreur la vraie liberté, aussi bien que l'Eglise qui en est la gardienne. L'Eglise fait obstacle à César par sa fermeté à maintenir, avec le respect de la loi divine, l'empire du devoir : C'est la liberté, la vraie et saine liberté, aussi bien pour la vie publique que pour la vie privée.

Chose effroyable. Le trait caractéristique de l'époque tourmentée où nous vivons, c'est la guerre de l'homme contre Dieu. L'homme, dans son abaissement moral, se sert des armes que la puissance intellectuelle des siècles fidèles à Dieu lui a léguées, et, par son action collective, il dispose de forces qui lui font croire qu'il est le vrai et le seul maître de l'univers.

Cette monstrueuse prétention ravage aujourd'hui les sociétés qui ont vendu leur âme à la Révolution. Le droit nouveau, qui est un droit de destruction continue et d'anéantissement radical, les précipite, par l'individualisme utilitaire, dans l'abîme où s'engloutira leur prospérité matérielle aussi bien que leur grandeur morale.

La guerre est un état permanent de violence indéterminée entre les hommes. C'est la guerre sans règle et sans frein. Bientôt il n'y aura plus d'autre loi que la volonté du plus fort qui règle le fait, et qui sera par le fait qu'il impose, la dernière raison du droit. L'idée qui se trouve au fond de ce droit positiviste, à l'état latent, c'est que l'homme ne peut que bien faire, et que tout ce qui est confirmé par le succès, est légitime. Le droit chrétien part d'une donnée toute contraire. Il suppose toujours que l'homme est sujet à mal faire, par la faute originelle qui a suscité en lui un funeste penchant à dévier du bien et à faire prévaloir ses cupidités sur la loi à laquelle Dieu l'a soumis. Dans le droit chrétien on fait appel, pour soutenir l'homme dans la lutte contre ses inclinations perverses à la puissance du christianisme, c'est-à-dire à la puissance de la loi telle que l'Evangile nous la donne, et à la puissance de la grâce dont l'Eglise catholique est l'intarissable source. Contenu et relevé par le divin auxiliaire, l'homme renferme ses idées en même temps qu'il domine ses penchants, et l'opinion, redressée et fortifiée, ramène le droit à ses pures et vraies notions de la justice universelle, qui donne la règle aux rapports internationaux comme à toute vie humaine.

Le libéralisme de notre siècle n'y veut mettre que l'homme, il donne pleine carrière aux cupidités et aux violences de la nature corrompue : dans ce renversement de notre vie par la négation du principe de toute vie, il n'y a plus de droit parce qu'il n'y a plus de vérité. Dans les rêveries panthéistes du germanisme, la vérité se fait éternellement par les incessantes évolutions de la pensée humaine. La vérité et l'erreur, le oui et le non, ont chacun leur dignité et possèdent sur l'esprit humain un droit égal. L'erreur, qui donne la contradiction à la vérité d'aujourd'hui, la chasse et devient la vérité de demain.

Le monde des idées, comme le monde des choses, est à l'état de perpétuel devenir.

En chassant Dieu de la vie sociale, pour y faire régner l'homme avec la souveraineté de la conscience, on a mis le relatif, le variable, le contingent, à la place de l'universel, de l'invariable et de l'absolu. Au lieu d'être une modification se manifestant sous l'empire et dans les limites d'une règle constante et souveraine, le relatif est devenu la règle, la loi du vrai. C'est par la mobilité même qu'on décide de la justice, comme de tout le reste, dans le cours toujours mobile des choses de ce monde.

CHAPITRE VI

CONSIDÉRATION DE LA VIE SOCIALE

Le progrès s'accomplit par une impulsion générale de Dieu sur l'humanité. Mais l'homme peut toujours, par un usage coupable de sa liberté, rompre avec cette unité de son être. Il arrivera que dans le temps où il augmentera, par la faculté de croître qu'il a reçue de Dieu, sa puissance intellectuelle, il laissera s'égarer et se corrompre la puissance maîtresse de son être, la volonté. Par le développement des connaissances, la domination de l'humanité sur le monde s'étendra, et tout le côté extérieur et brillant de la civilisation sera en progrès ; mais quant aux choses essentielles de la vie, en tout ce qui tient à la moralité, et en tout ce qui dépend de la rectitude et de l'énergie de la volonté, il y aura diminution et décadence. Or, c'est de la volonté que tout relève ; d'après le cours inévitable des choses, toutes les fois qu'il y aura perversion et affaiblissement de la volonté, la civilisation décroîtra et, de décadence en décadence, elle ira finalement s'abîmer dans une ruine universelle.

L'homme ne cesse de s'égarer, et Dieu ne cesse de le rappeler à ses voies ; l'homme s'obstine à se perdre, et Dieu s'obstine à le sauver ; il suscite dans les âmes un de ces grands mouvements d'héroïsme chrétien qui ravissent le monde, et le ramènent, par le sacrifice, à la vérité, à la justice. A diverses reprises, l'homme en proie à lui-même, ayant le sentiment de son abaissement et de son impuissance, se dispose à reprendre le joug contre lequel son orgueil s'est révolté, et à chercher de nouveau la grandeur par l'humilité. Telle est, durant tout le cours de l'histoire, la marche de la civilisation. On y voit apparaître partout l'action souverainement libre de Dieu et l'action libre de l'homme.

Dès son origine, le genre humain s'est divisé en deux grands partis : les enfants de Dieu et les enfants des hommes. Les deux sociétés sont constituées sur le type de leurs doctrines. La doctrine du Christ, affirmée, définie, développée de siècle en siècle par l'Église, ramène perpétuellement la société chrétienne à la loi de justice et d'amour, de laquelle dérive toute force de conservation et de progrès. La doctrine de la Révolution, la doctrine de l'orgueil et de l'individualisme, répandue dans les masses par une presse à laquelle toute licence est garantie, pousse les peuples dans les voies d'une incurable agitation et d'une dissolution fatale.

L'Eglise croit en Dieu ; elle y croit mieux qu'aucune autre secte ; elle est la plus pure, la plus complète, la plus éclatante manifestation de l'essence divine, et il n'y a qu'elle qui sache adorer. L'âme humaine, bien qu'elle se dise religieuse, ne croit en réalité qu'à son propre arbitre ; c'est qu'au fond elle estime sa justice plus exacte et plus sûre que la justice du Dieu qui l'inspire ; c'est qu'elle aspire à se gouverner elle-même par sa propre vertu ; c'est qu'elle répugne à toute constitution d'Église, et que sa dévorante ambition est de marcher dans son autonomie. La Révolution affirme la justice ; elle croit à l'humanité ; c'est pour cela qu'elle avance toujours.

Tel est bien le dernier mot des luttes dans lesquelles nous sommes engagés. A la toute-puissance de Dieu, la Révolution prétend substituer la toute-puissance du peuple. De là, la contradiction radicale entre la société catholique et la société révolutionnaire. Contradiction dans les institutions, dans les tendances de l'ordre moral et de l'ordre matériel des deux sociétés, l'une s'élevant aux régions lumineuses de la vérité et de la charité, l'autre se précipitant dans les abîmes.

La société catholique a pour loi suprême et absolue la morale dépendante de Dieu et indépendante de l'homme ; loi vraiment naturelle, puisque c'est l'auteur même de la nature qui l'a portée ; loi de conservation, car elle donne pour fondement à l'ordre social l'autorité même de Dieu ; loi de liberté car elle crée pour chacun ce droit de rester fidèle au devoir, qui est la source individuelle et sociale et contre lequel tous les despotismes finissent toujours par se briser.

En contradiction avec ce régime d'obéissance à l'autorité divine, la société démocratique prend pour règle souveraine la volonté essentiellement mobile et capricieuse du peuple. Contre la tyrannie de cette volonté qu'entraînent à chaque moment des passions aveugles et indomptables, aucun refuge n'est ouvert à la liberté, vu que le peuple ne saurait faillir et que suivant les idées de la démocratie, le nombre a toujours pour lui la raison aussi bien que la force.

Dans la société révolutionnaire, l'ordre, quand on l'aura, ne sera qu'à la surface, et on ne l'obtiendra qu'au prix de la servile soumission d'un césarisme. La révolte sera au fond des cœurs, parce que l'homme sent qu'il n'est pas fait pour s'humilier sous la seule volonté de l'homme, et qu'il se sait naturellement trop libre et trop grand pour plier sous la seule loi de la force.

Chacun, sous la loi égalitaire de la démocratie, se tient renfermé dans sa liberté propre, c'est-à-dire dans son intérêt propre, aspire à étendre, jusqu'à la dernière limite du possible, ses jouissances égoïstes. La passion pour les jouissances matérielles accompagne toujours les expansions de l'orgueil rationaliste, car on ne se considère jamais comme l'égal de ceux dont on ne peut égaler la richesse. La démocratie aboutit forcément au socialisme ; elle finit toujours par déclarer la guerre à la propriété, comme elle la déclare à la famille.

Par une prétendue justice, qui n'est que l'individualisme érigé en loi sociale, la Révolution met partout la séparation et la guerre. Elle va, par la guerre universelle, à la destruction, au néant. Elle se flatte d'avoir assuré la liberté en affranchissant tous les égoïsmes, et elle n'a réussi qu'à enfermer la société dans une fatale alternative de révolte ou de servitude.

La Révolution qui déclare la guerre à Dieu, la déclare donc

du même coup à l'homme fait à l'image de Dieu, et à toutes les institutions sur lesquelles la vie humaine est fondée. Par un juste retour de la force des choses, lorsque la Révolution croit avoir conquis pour l'humanité une vie souveraine, il se trouve que, dans son aveugle passion, elle l'a poussée à la plus profonde des humiliations et au dernier des crimes : à la destruction d'elle-même.

Tandis que la société démocratique va au néant par la négation de toute vérité, la société catholique, qui possède la pleine vérité, possède la pleine vie. Tant qu'elle n'a pas eu à porter les chaînes de la liberté révolutionnaire, on l'a vue se perpétuer, grandir, se transformer et se reformer, avec une merveilleuse énergie.

C'est contre l'Eglise, contre son autorité, contre ses lois, contre ses institutions, que la Révolution dirige tous ses coups. On ne luttera efficacement contre la Révolution, on n'arrachera la société humaine à ses mortelles étreintes, qu'en accomplissant dans la vie publique comme dans la vie privée, le devoir imposé à tout chrétien de vivre selon la doctrine du Christ. Renouveler, consolider, agrandir toutes choses par le Christ, dans l'Eglise ; tel doit être le but de toute œuvre de régénération sociale.

L'homme arrivé par la connaissance de la vérité ne peut plus se prêter à cette humilité volontaire ; il faut qu'il règne ; il veut parvenir, comme son chef glorieux, Jésus-Christ, à l'empire sur les âmes.

Dieu est la loi vivante. Toutes les créatures répondent à une conception divine. L'ordre suivant lequel elles existent, les rapports où elles se trouvent les unes à l'égard des autres, ont leur regle suprême dans la pensée même du Créateur.

La loi à laquelle nous obéissons tire son origine de la loi éternelle, c'est-à-dire de la raison souveraine, qui est en Dieu même. La raison humaine est une participation et une image de la raison divine. Toutes les vérités, soit spéculatives, soit pratiques, sont des rayons de la lumière éternelle et des images des vérités éternelles qui subsistent dans l'intelligence divine.

La loi divine, qui impose à tous le devoir, donne la vraie, la sainte liberté, la liberté de faire ce que demande la perfection de la nature humaine. Sur cette loi, les caprices et les passions de l'homme n'ont pas de prise.

L'homme est libre, sous la loi que Dieu lui a imposée. Par sa libre activité, il détermine, conformément aux préceptes divins, l'ordre social dans lequel il vit. Pour l'ordre moral comme pour l'ordre matériel, il achève, en quelque sorte, l'œuvre de la création. Les lois humaines ont donc leur source dans les volontés de Dieu. Elles ont pour type la loi éternelle que Dieu porte en soi-même, et que sa volonté créatrice donne pour règle aux êtres qu'elle appelle à la vie. Lorsque l'homme fait des lois justes, il est le ministre de Dieu ; il met, par un libre concours, le complément à l'œuvre de Dieu ; c'est Dieu lui-même qui parle par sa bouche et qui lui donne le droit d'être écouté.

Le Christ lui-même a posé en ces termes la loi suprême du pouvoir dans les sociétés chrétiennes : « Vous savez que les princes des nations les dominent, et que les grands exercent la puissance sur elles. Il n'en sera pas ainsi parmi vous : mais que celui qui voudra être le plus grand parmi vous soit votre serviteur : et celui qui voudra être le premier parmi vous sera votre esclave. Comme le Fils de l'homme n'est point venu pour être servi, mais pour servir et donner sa vie pour la rédemption d'un grand nombre. »

Le pouvoir sacerdotal, étant de tous les pouvoirs le plus parfait par son origine et par sa mission, doit servir de type à tous les autres. La charité dans le commandement doit être, suivant la doctrine du christianisme, la règle du pouvoir temporel aussi bien que du pouvoir spirituel. S. Augustin s'exprime en ces termes : « Dans la maison du juste vivant de la foi, ceux mêmes qui commandent sont les serviteurs à qui ils paraissent commander. Car ce n'est point par la passion de dominer qu'ils commandent, mais par la loi du dévouement, non par l'orgueil de la principauté, mais par le devoir de la charité. Voilà ce que prescrit l'ordre naturel, et dans quelle condition Dieu a créé l'homme. Il ne veut pas que l'homme domine sur l'homme, mais l'homme sur la brute. » S. Thomas d'Aquin veut que le roi soit un père qui veille au bien commun sans chercher son bien propre. La passion pour la gloire humaine éteint toute grandeur d'âme. Celui qui cherche les faveurs des hommes se fait leur esclave.

Où sont-ils les disciples, les apôtres d'une si belle doctrine ? La plupart ont renié et vendu leur maître pour servir leur intérêt personnel. Il ne faut pas s'étonner s'il n'y a plus ni foi ni religion en France ; c'est la faute des ministres de la Sainte Eglise qui n'ont pas su garder le dépôt sacré de Jésus-Christ, qui leur avait donné l'exemple du sacrifice de soi pour le bien des autres. Oui, c'est par le sacrifice de soi-même, de ses passions qu'on vaincra le monde, pour y faire régner Dieu sur nous.

Il n'y eut jamais, et il ne peut y avoir de société sans un ordre spirituel. La religion n'est pas moins nécessaire aux sociétés que l'âme au corps. Comme l'âme, suivant la pensée de S. Thomas, informe le corps, ainsi le principe spirituel informe la société humaine.

Mettez l'autorité spirituelle entre les mains de la puissance civile, ce seront les passions humaines qui décideront de la vérité et de la justice ; tout sera livré au caprice des gouvernants, contre qui la conscience n'aura plus de recours ; les intérêts du siècle feront oublier les intérêts de Dieu, le sel de la terre aura perdu toute sa vertu.

Le principe de la séparation radicale de l'Etat et des cultes est le fond et l'essence même du libéralisme, c'est l'asservissement de l'Eglise et son anéantissement ; c'est l'œuvre de la révolution.

L'Etat révolutionnaire entend régner seul sur la vie humaine. Quand la Révolution se dissimule sous des dehors conservateurs, elle affiche son respect profond pour la liberté de la conscience individuelle. En réalité, c'est un piège qu'elle lui tend, afin de la mettre plus facilement sous le joug.

L'Etat dans la société rationaliste, prend la place de Dieu.

C'est l'idole devant laquelle se prosterne le monde moderne. Le dieu-Etat est un dieu jaloux ; il ne souffre point de rival. Rien n'alarme autant ses prétentions tyranniques que la puissance de l'Eglise catholique, qui est le vrai Dieu régnant parmi les hommes, et aux pieds de laquelle, à la fin, tous les faux dieux vont se briser.

L'Eglise est reine ou elle est sujette. Ou la religion est de Dieu, ou elle est de l'homme. Si elle n'est qu'une simple efflorescence de l'âme humaine dans le domaine du sentiment religieux, alors, elle est légitimement sujette de l'Etat. Mais si elle est l'œuvre de Dieu, si elle est Dieu lui-même, élevant l'homme jusqu'à lui et le conduisant à sa suprême destinée, il faut qu'elle règne sur les sociétés, du même droit par lequel Dieu règne sur toute créature.

Quand une société chrétienne repousse l'autorité de l'Eglise, c'est Dieu même qu'elle repousse. Dieu étant écarté, il n'y a plus que l'homme ; c'est de la raison humaine qu'il faudra faire dériver l'ordre positif des lois et des libertés publiques. Ce sera toujours l'homme qui dira le dernier mot de l'ordre social, et fixera souverainement les droits de Dieu ; ce sera la raison humaine qui commandera et non la loi divine. Cette tentative de l'homme pour concilier sa souveraineté propre avec la souveraineté de Dieu, c'est tout le fond du protestantisme. Le libéralisme est né de la révolte de Luther. Le libéralisme catholique est l'expression la plus subtile de ce qui fait l'essence du protestantisme croyant. C'est un dernier refuge que la Révolution pure, de plus en plus discréditée par l'évidence de ses méfaits, s'est habilement ménagé dans la conscience des honnêtes gens.

La puissance civile aura toujours, en tout état de société, des devoirs à remplir envers la puissance spirituelle. Il fau avant tout qu'elle fasse respecter l'Eglise, en faisant respecter la vérité que l'Eglise a mission de garder et de définir. L'erreur ne peut avoir dans la société aucun droit, tandis que la vérité les a tous. C'est de la vérité que vivent les sociétés, c'est de l'erreur qu'elles meurent.

Quand la démocratie contemporaine prétend tout fonder sur la liberté souveraine de l'individu et sur le droit inaliénable qui en dérive, elle attaque la hiérarchie des principes qui lui donnent sa raison d'être et son autorité. Par là elle rend la liberté aussi impossible que l'ordre. Le commandement égoïste est dur et surtout injuste ; l'obéissance orgueilleuse toujours contrainte et révoltée, ne peut donner aucune sûreté.

La vertu chrétienne communique à l'obéissance la dignité qui provient de l'abnégation et du sacrifice de soi-même, et ôte à la subordination toute amertume. On obéit librement lorsqu'on se soumet à l'homme pour l'amour de Dieu. L'homme qui croit en Dieu, se grandit par son obéissance, autant que l'homme qui ne croit qu'en lui-même se rapetisse par les prétentions étroites de sa raison émancipée.

Les libertés sociales sont filles du christianisme. Elles ont leur racine dans les devoirs inspirés à l'homme par la loi divine. Tous sont débiteurs envers Dieu, il faut donc que tous soient libres d'atteindre à la perfection de leur être. La croyance à une destinée dans un monde à venir, et l'idée du salut individuel, sont les vrais fondements des libertés sociales telles que les peuples modernes les pratiquent.

Le socialisme de nos jours, où aboutit fatalement toute démocratie conséquente avec elle-même, a déclaré la guerre à toutes les libertés sociales. Elle ne voit d'ordre et de salut pour la société moderne que par l'intervention toute-puissante de l'Etat en toutes les choses, dont l'esprit catholique avait éloigné la main du pouvoir. Seule l'Eglise catholique peut donner les libertés sociales, parce qu'elle trace d'autorité, la règle du devoir. Par l'autorité de l'Eglise, tous, peuples et souverains, sont obligés de respecter la liberté du devoir, laquelle donne la raison et la mesure de toutes les libertés. Otez l'autorité de Dieu, et l'autorité de l'Eglise qui parle au nom de Dieu, et vous vous trouverez réduit à l'égard de la liberté des individus à des extrémités impossibles. Ou bien il vous faudra tout permettre, par respect pour l'inviolable liberté de la raison et de la conscience individuelle, alors vous aurez l'anarchie ; ou bien il faudra, pour maintenir l'ordre, livrer la liberté à la discrétion des pouvoirs politiques et vous aurez le despotisme. Comme le monde ne peut se passer d'un pouvoir qui dira le dernier mot, si l'infaillibilité n'est pas dans l'Église, force sera de la mettre dans la puissance civile. Alors l'État définira seul les devoirs et il disposera, en maître absolu, de tous les droits.

L'éternel problème de la politique est de faire vivre en harmonie le pouvoir et la liberté. L'école libérale a vainement tenté de le résoudre par l'autorité de la raison. On ne peut sortir de la difficulté que par l'autorité incontestée de l'Église.

La liberté et la propriété ne peuvent se séparer. L'homme libre est naturellement propriétaire des produits de son travail. Sans la propriété, le travail languit parce que le travailleur ne peut plus compter sur les fruits de sa peine. La propriété fixe et détermine l'être social, pour la vie publique comme pour la vie domestique. Elle lui donne le corps, la réalité visible, la force extérieure, les puissances matérielles qui sont indispensables à toute existence humaine. Otez à l'homme la propriété, il ne vivra plus que pour l'heure présente. Par la propriété, il se rattache en même temps à ce qui n'est plus et à ce qui n'est pas encore ; l'homme et la société vivent des labeurs et des bienfaits du passé, tandis que, par les sacrifices du présent, ils préparent les prospérités de l'avenir.

Là où se trouvent la personnalité et la liberté, soit par l'individu, soit par la corporation, il faut que se trouve aussi la propriété.

Dieu propriétaire de la terre par droit de création, délègue à l'homme son domaine souverain. L'homme à son tour sera créateur, suivant la mesure que Dieu lui aura marquée, il continuera l'œuvre de Dieu ; il l'embellira en la travaillant, et il appropriera à son usage ce paradis sur lequel Dieu lui a donné l'empire ; c'est alors que, par le travail, sera déterminée l'attribution de la propriété privée. Rarement, même aux origines, les choses s'offrent ainsi à l'homme, de façon qu'il n'ait qu'à les saisir et à les appliquer à ses besoins, telles que la nature les a faites. Presque toujours, il lui faudra certains labeurs, une certaine somme d'efforts et de sacrifices pour s'en emparer ; il faudra que, par un travail plus ou moins dur et plus ou moins soutenu, il modifie les choses. Il faudra qu'il les transforme ; qu'il en fasse, de matériaux bruts et sans valeur, des richesses qui répondront aux divers besoins de son existence. L'homme a conscience de la nécessité de la propriété, comme il a conscience de sa personnalité et de sa liberté. Il est propriétaire d'instinct, comme d'instinct il est libre et sociable.

Cette terre et ces biens que Dieu a donnés à tous les hommes, les hommes les possèdent fort inégalement. Quelques-uns en ont la surabondance, le grand nombre ne les a que dans une mesure à peine suffisante, certains même en sont presque entièrement privés. Par les défaillances de la liberté, par les accidents de la vie, la propriété a partout pour conséquence l'inégalité des conditions. Il semble que cette loi si juste soit une source d'injustice, qu'en assurant aux uns toutes les jouissances, elle jette les autres dans une pauvreté dont le fardeau pourrait parfois dépasser les forces de l'homme.

La propriété est de sa nature égoïste. Là où la loi de charité n'exerce pas son empire, l'égoïsme des propriétaires trouble l'économie naturelle de la société, compromet sa sécurité et pourrait aller même jusqu'à mettre en péril son existence.

La charité réalise, entre le riche et les pauvres, la grande loi de solidarité qui domine toute la vie humaine. Par la charité, nous prenons les fardeaux les uns des autres ; par l'abandon de notre superflu, nous fournissons le nécessaire à ceux qui ne l'ont pas. En renonçant, pour secourir les pauvres, aux douceurs d'une vie abondante et facile, nous nous soumettons volontairement à la loi d'expiation et de sacrifice qui est commune à tout le genre humain.

L'homme a beau faire, il ne peut échapper à cette loi. Il n'a que le choix entre l'expiation acceptée par esprit de sacrifice, et l'expiation forcée que la nature des choses lui impose. Quand les riches, s'enfermant dans leur égoïsme, prétendent rejeter loin d'eux la solidarité des maux qui accablent la masse de l'humanité, la société ressent un trouble profond dont les riches, au sein même du repos, ressentent les atteintes.

La pauvreté est la condition de l'humanité déchue. C'est par la solidarité avec les pauvres, par la participation libre et obligée aux épreuves de la pauvreté, que le riche prendra sa part de l'expiation générale.

Lorsque la démocratie détruit les associations, c'est la société même qu'elle détruit. Le mot société tend à disparaitre de la langue de la démocratie : elle dit l'Etat, ce qui est bien différent. Si l'on met hors des lois, Dieu et l'Église, il n'y a plus, quant à la liberté d'association, qu'une alternative : ou bien, en raison de l'incompétence des pouvoirs civils en matière morale, il faudra renoncer à rien interdire et à rien réprimer, et ce sera la licence ; ou bien, il faudra limiter et réprimer au nom de la majorité qui fait les lois, et de sa seule autorité, ce sera l'arbitraire.

Pascal a dit : « La coutume est notre nature. » L'attachement aux croyances et aux mœurs des ancêtres est un de ces faits constants et universels. On ne pourrait y porter atteinte sans altérer l'être social. L'homme a reçu de Dieu ce commandement : « Honore ton père et ta mère, afin de vivre longtemps sur la terre. » Voilà la loi de la tradition en sa source. Pour le bien comme pour le mal, l'homme tient de ses pères. L'hérédité est partout dans sa vie. Faible et vivant peu de jours, que ferait-il s'il ne pouvait s'aider du fond que lui ont créé les labeurs des générations passées ? D'ailleurs sa courte existence ne suffit point, même pour cette terre, à l'immensité de ses aspirations. Il se sentirait amoindri et abaissé, s'il ne travaillait pour les générations à venir. Telle est l'unité de vie du genre humain : qu'il ne peut subsister que de ce qui a été fait avant lui, et que, dans la peine qu'il prend, il a toujours en vue ce qui sera après lui. Il faut que la tradition, qui n'est que la continuité de la vie sociale, se trouve partout.

La tradition est dans la société domestique comme dans la société publique, dans la société internationale comme dans chaque société particulière ; elle domine les œuvres de la vie privée comme celles de la vie publique, elle règne dans l'exercice des métiers comme dans l'exercice du gouvernement.

Par la tradition, la suprême direction de Dieu sur les choses humaines, se fait particulièrement sentir. L'homme est libre, mais Dieu le conduit. Par une impulsion qui ne se révèle qu'à la longue. Dieu donne aux peuples un certain mode de vie et d'action qui les rend propres à l'accomplissement de ses desseins.

Tout ce qui se met en révolte contre Dieu se met aussi en révolte contre la tradition. L'homme, qui refuse de porter le joug divin, refuse aussi de porter le joug des faits, par lesquels Dieu fait plier vers ses volontés, les volontés humaines. Tout radicalisme a horreur de la tradition. Dans le monde révolutionnaire, en vertu du droit souverain de la raison individuelle, chaque génération se croit le droit de refaire, à son gré, l'ordre de sa vie publique et de sa vie privée.

Les mœurs et la tradition sont en réalité une même chose. Les mœurs sont les dispositions morales d'une société. Or ces dispositions ne se forment pas en un jour, elles viennent de loin, elles n'ont de réalité et de puissance que lorsque le temps les a enracinées dans le cœur des hommes. Là où il n'y a point de respect pour les choses d'autrefois, il n'y a pas de continuité dans la vie morale, et il n'y a point de mœurs. Or une société n'est forte, grande, prospère, qu'en raison de ses mœurs.

Pour tous ceux qui n'ont pas renié la saine raison, qui croient à la vérité une et inaltérable en Dieu, à la réalité et à la persistance de l'ordre par lequel Dieu manifeste dans les choses créées ses infinies perfections, la tradition est la condition du progrès autant qu'elle l'est de la conservation des sociétés.

« Les institutions, les chartes, les lois écrites n'ont de valeur que par le peuple qu'elles régissent, et par le souffle qui les anime et les vivifie. Ce souffle, c'est l'âme du peuple, c'est sa tradition, c'est cette force qui se compose de la force de toute ses générations réunies, seule force qui suffise à constituer et à défendre les vraies libertés.

Mais cette force traditionnelle, qui est comme le souffle et l'âme des peuples, d'où leur vient-elle ? Où donc l'homme, toujours agité et toujours mobile, irait-il chercher la stabilité sinon en celui qui est le principe et le centre de tout, et qui seul reste immuable, au milieu des perpétuelles révolutions des choses.

C'est l'Eglise qui conserve au monde les principes dans leur réalité vivante. En toutes les doctrines qu'elle affirme, en toutes les vertus qu'elle pratique, l'Eglise reproduit fidèlement la vie de son divin fondateur.

Qui n'aurait cru que tout allait finir, alors que le vieux monde romain, livré à la décrépitude, ne tenait plus à rien, et que les mobiles passions de ses barbares conquérants résistaient à tout frein et répugnaient à toute règle ? Et pourtant, de ce chaos l'Eglise a su tirer un ordre régulier et stable, où tout s'enchaîne et se développe par le cours du temps, sous la loi d'une surprenante unité.

Les sociétés modernes ont une puissance de durer et de renaître que n'eurent jamais les sociétés antiques. Elles possèdent un fonds de principes, et de bonnes habitudes qui résiste encore aujourd'hui aux plus violentes secousses, et dont jusqu'ici la Révolution elle-même n'a pu triompher.

Dans les sociétés qui vivent de la foi, les hommes étendent facilement leurs regards au delà du présent, et ils n'éprouvent nulle peine à les tenir fixés en même temps sur le passé et sur l'avenir. C'est ce qui a fait leur force et leur grandeur.

Est-ce que tout individu ne vit pas plus du passé et pour l'avenir que du présent ? N'est-ce pas la loi de l'éternelle vie ?

CHAPITRE VII

DIVERSES FORMES DE LA VIE SOCIALE

La société passe comme l'individu. Elle a de faibles commencements, ce n'est que par le cours du temps qu'elle parvient à son plein développement, et qu'elle atteint son état de perfection.

L'humanité a commencé par la famille. Croissant sous la bénédiction divine, elle a multiplié ses familles ; les familles réunies ont formé des sociétés. Tout le genre humain n'est qu'une famille, par l'unité de race et par le devoir de la charité paternelle.

C'est par les grandes nations que l'humanité prend possession du globe. Il y a une harmonie naturelle entre la puissance de chaque nation et la puissance collective de l'humanité sur la terre.

Dans la vie de famille, comme en toute vie sociale, comme partout où se manifestent des relations d'autorité et d'obéissance, la mutuelle charité trouve à s'exercer.

La famille est la grande école du sacrifice. L'homme rencontre la loi du sacrifice à son berceau, et elle le suit jusqu'à la tombe. De l'époux à l'épouse, du père au fils, du fils au père, tout est mutuel amour et mutuel sacrifice. Dans la famille, l'amour qui détermine le sacrifice et que le sacrifice alimente, tient la grande place ; le droit n'y tient qu'une place fort secondaire. Admirable similitude de la société, de la famille avec l'ineffable société où vivent les trois personnes divines, entre lesquelles il n'y a d'autre loi que le réciproque amour.

La religion a fait la famille à son image. Lorsque Dieu, source de toute paternité, n'est plus présent au foyer domestique, il n'y a plus véritablement de famille.

Dès les temps les plus reculés, les corruptions de l'homme ont attaqué dans la famille l'œuvre de Dieu. Dieu a inspiré à la famille, comme à toute société, une loi de sacrifice, par laquelle l'unité du lien conjugal et son indissolubilité sont conservées, et par laquelle la famille est maintenue dans sa perfection. Mais toujours les passions, soulevées par celui qui fut égoïste et rebelle dès le commencement, ont tenté de soustraire la famille à ce joug qui fait sa force, son repos, sa durée et son honneur.

On sait que de nos jours le prophète des Mormons, qui a plus d'un trait de similitude avec le prophète des musulmans, impose aux siens comme un devoir, la polygamie. Ce qui résulte de cet abaissement du mariage pour les mœurs, personne ne l'ignore. On sait aussi dans quel mépris et dans quelle dégradation, il jette la femme, réduite presque toujours, de droit ou de fait, à la condition d'esclave.

Dieu a rendu indissoluble l'union des époux, comme l'est celle du Christ avec son Eglise. L'union du Christ avec l'Eglise a sa source dans le sacrifice ; c'est sur la croix que le Christ a pris l'Eglise pour époux. Otez aux hommes l'esprit de sacrifice, il n'y aura plus au monde aucun lien entre qui que ce soit, pas plus dans l'ordre civil que dans l'ordre spirituel, et le lien de la famille sera plus que tous les autres détendu et brisé.

Seuls les peuples fidèles à l'Eglise catholique ont conservé à la famille toute sa pureté, en restituant à la femme la grandeur morale, que les vices du paganisme lui avaient enlevée : l'Eglise réforma la famille et purgea la société des hontes du divorce et de la polygamie.

Par l'honneur particulier qu'elle rend à celle qui, restant toujours vierge, devint la mère de Dieu, l'Eglise a donné à la femme une beauté et une grandeur morales qui dépassent la mesure de la nature livrée à elle-même.

Celle qui, dans les affections de la famille, ne connut jamais que le devoir, le sacrifice et le don de soi-même en Dieu ; celle qui eut, sans aucune ombre d'infirmité humaine, toutes les vertus qui font la perfection de la fille, de l'épouse et de la mère ; celle qui fut sans tache dès le commencement et resta telle jusqu'au jour où Dieu la fit monter à lui et la donna pour reine aux anges et aux hommes ; cette Vierge des vierges, cette Mère très pure, pour laquelle, depuis qu'elle a été montrée à la terre, les hommes trouvent, de siècle en siècle, de nouvelles paroles d'admiration, d'amour et de gratitude, s'offre au monde régénéré comme l'idéal auquel aspirent toutes les filles d'Eve rachetées par le sang du Christ. Dans cet idéal, tout homme, ayant le cœur droit, contemple avec respect la dignité de celle à qui le devoir et l'amour le lient en ce monde.

L'évolution des relations sociales constitue un progrès vers la liberté. Elle immobilise l'obligation et le droit. Tous, à des degrés divers de liberté ou de dépendance, ont une situation qui participe de la fixité de la propriété. Rien n'est livré au caprice d'un maître, tout est défini par la loi de la terre. Le lien de l'homme à la terre existe pour tous dans l'ordre féodal. Le vassal, qui ne subit d'autre dépendance que celle du service noble, tient à la terre et est aliéné avec elle aussi bien que le serf, et, en général, le tenancier, qui est astreint vis-à-vis du seigneur à des obligations réputées d'ordre servile. Dans le système de l'association hiérarchique de la féodalité, deux choses dominent : l'étroite solidarité de tous les membres d'un même groupe social. Tout dans le régime féodal est hiérachiquement constitué suivant la loi de l'engagement permanent et de l'association obligée. Le serf a retiré sa personne et son champ des mains de son seigneur.

Tandis que, dans les sociétés antiques, tout allait, par le progrès de la civilisation, vers la servitude, dans les sociétés chrétiennes tout va vers la liberté. C'est grâce à l'énergie infatigable que la puissance spirituelle revendique au moyen âge la dignité et la liberté des hommes rachetés du sang du Christ, c'est par les influences de la prédication et de l'abnégation catholique que l'arbitraire de l'esclavage païen est remplacé par le lien et la garantie du droit. Par l'effort de la charité catholique, le droit étroit à l'origine, se dilatera de siècle en siècle et finira par laisser plein essor à la liberté.

Ce qui est aujourd'hui vient de ce qui fut hier et prépare ce qui sera demain. Des révolutions peuvent transformer les institutions publiques et modifier profondément l'état social. Aux premiers âges, le gouvernement est royal et aristocratique, jamais on n'y trouve la république démocratique. La société en passant de l'état domestique à l'état public, prend naturellement la forme aristocratique, le gouvernement des âges primitifs est la monarchie tempérée d'aristocratie.

Dans le monde chrétien, la puissance de la monarchie croit avec la puissance des peuples, et ses grandeurs vont de pair avec les progrès de la société politique. C'est que la monarchie, telle que les siècles modernes l'ont eue, est une institution propre aux sociétés chrétiennes. Les sociétés païennes ne pouvaient ni la comprendre, ni la réaliser.

La féodalité brisa l'unité absolue du régime romain, en divisant la société en une multitude de souverainetés locales. Au moment où elle semblait mettre partout le désordre, elle préparait un régime d'ordre général, où l'unité se rétablirait sans détruire la liberté et sans ôter, aux forces particulières, leur légitime et nécessaire indépendance. Le communisme, qui était de l'essence du césarisme antique, est éliminé de la vie sociale. La propriété et la liberté, encore limitées, ont pourtant déjà leurs premières garanties. Tous se trouveront protégés par la loi que porte le pouvoir, autour duquel se grouperont toutes les forces sociales. Le roi sera le défenseur de tous les droits ; la royauté maintiendra, dans l'Etat, l'équilibre de tous les intérêts. Sous l'autorité de la justice royale, chacun disposera de sa personne et de sa terre, avec la seule restriction du bien commun et de l'ordre essentiel de la société. Alors on verra se prononcer chaque jour davantage la tendance à tout constituer sous la loi de l'unité politique, que rend de plus en plus nécessaire la mobilité croissante imprimée à la société par l'affranchissement de tous et de toutes choses.

En même temps que s'accomplit, dans la vie nationale, ce grand mouvement vers l'unité, le travail d'affranchissement civil s'achève dans l'ordre social, et le travail d'extension de tous les droits, dans l'ordre politique se continue. Les connaissances s'étendent, la richesse se répand, les relations deviennent plus faciles. L'esprit local cède devant l'esprit public. Par les progrès de l'intelligence et de la richesse dans les rangs supérieurs du travail, des intérêts nouveaux se constituent. L'ancienne hiérarchie morale, sans être détruite, devient moins absolue ; elle entre en composition avec des forces qu'elle avait jusque-là maintenues dans une complète dépendance. C'est alors qu'apparaissent les libertés bourgeoises.

Dans les premiers temps, les libertés bourgeoises prennent leur place au milieu du système aristocratique, elles se constituent sous la loi du privilège. Plus tard, lorsque l'intelligence, la richesse, la facilité et l'étendue des communications auront fait de nouveaux progrès, les influences bourgeoises rompront le cercle de la hiérarchie aristocratique ; elles étendront le droit politique et y feront participer à titre égal tout ce qui s'élève jusqu'au niveau bourgeois.

Le règne des libertés bourgeoises est court. Les aspirations à l'influence et à l'égalité passent promptement de la bourgeoisie dans le peuple. Si les prétentions du peuple à la liberté politique prennent leur source dans les jalousies purement égalitaires ; si l'on s'arrête, pour les justifier, à l'idée d'un droit absolu que tout homme posséderait par cela seul qu'il possède la raison ; si l'idée et la passion démocratique ont envahi les masses, l'ordre, la paix, l'existence même de la société, courent les plus sérieux périls. La liberté démocratique n'a jamais pu rien fonder ni rien conserver. Toute sa puissance est pour le trouble et la destruction. Elle introduit l'individualisme dans la vie publique. Divisant et fractionnant toujours, elle finit par mettre tout le droit public dans la souveraineté locale.

La solidarité croît avec la division du travail et avec l'étendue des entreprises. Sous la loi d'une complète liberté civile, toutes les classes sont plus rapprochées par les idées, par les mœurs, aussi bien que par les intérêts. L'unité de la vie sociale se fait mieux sentir, dans l'ordre moral, comme dans l'ordre matériel. De cette unité plus étroite des forces sociales résulte l'unité de la vie nationale et un lien plus fort des citoyens à la chose commune, au droit politique de l'Etat.

Quel que soit le mode des rapports sociaux, quelle que soit la constitution politique de l'État, il y a deux choses qui se retrouvent partout, et sans lesquelles il n'y aurait plus de société : un certain ordre hiérarchique qui donne à la société sa forme, et un principe d'autorité divine par lequel toutes choses sont maintenues et conservées dans la société comme dans la nature.

Le pouvoir et la liberté ne se peuvent séparer ; ils se développent et se transforment sous l'action des mêmes causes et dans le même sens. La liberté et la hiérarchie sont inséparables ; en constituant l'une, on règle l'autre.

La foi en Dieu, le respect de ses commandements, sources de toute autorité, de toute obéissance et de toute liberté, sont comme l'âme des sociétés. Principe et tradition, tout part de là et tout aboutit là.

Aux origines, toute société est religieuse. L'homme plus proche de Dieu, sent qu'il ne peut rien sans lui ; les traditions religieuses se conservent au foyer domestique. Le père dans la famille est en même temps roi et pontife. Lorsque la vie publique a succédé à la vie de famille, le chef politique est aussi le chef de la religion ; le gouvernement, dans toutes ses parties, reste étroitement uni au culte ; tout dans la vie sociale, dans la cité comme dans la famille, s'inspire de la religion.

Le philosophisme contemporain entoure de tous ses respects ces âges primitifs où l'homme ne faisait rien sans appeler Dieu à son aide et sans invoquer son nom. L'homme faible encore, dit-on, est convaincu de son impuissance en présence d'une nature qui le domine, sent le besoin de s'appuyer sur une autorité plus forte que lui-même, et supérieure à ce monde dont il n'est pas encore le maître. Aujourd'hui qu'il est entré par les labeurs accumulés des siècles, en pleine possession de toutes ses facultés, et qu'il a trouvé dans sa puissance intelligente le secret de faire servir le monde à ses desseins, il n'a plus besoin que de lui-même. Ce qui est sensé, louable, utile pour l'homme encore enfant, ne serait plus, pour l'homme fort, qu'une humiliante et inutile abdication de son indépendance rationnelle.

Parvenus à l'unité nationale et au plein exercice du droit politique, les hommes sont portés à croire qu'ils peuvent, dans la vie sociale, faire tout par eux seuls, et ils essayent de mettre la politique à la place de la religion. L'homme du dix-neuvième siècle est si sûr de lui-même, qu'il s'imagine pouvoir sans inconvénient, se passer de toute autorité surnaturelle.

Rien de plus chimérique, rien de plus fatal que cette conception d'un âge tout humain, qui succéderait, par le cours naturel des choses, à l'âge divin et à l'âge héroïque, et dans lequel la liberté humaine, pleinement émancipée, étendrait sur le monde le règne d'une puissance intellectuelle indéfiniment progressive. Lorsque l'homme s'abandonne à ce rêve, il oublie bientôt qu'il n'est fort qu'à la condition de reconnaître et de surmonter sa faiblesse ; qu'il ne peut être souverain en ce monde qu'à la condition de servir Dieu. Il arrive que c'est au moment même où il se croit assuré de tous les progrès que l'abîme s'ouvre sous ses pas.

Sans doute l'homme parvenu par l'effort longtemps continué d'une civilisation déjà ancienne au plein essor de ses facultés, peut agir davantage par lui-même. Le bien des choses se faisait durant les premiers âges à l'abri du sanctuaire, où la paix, la science et l'énergie morale avaient trouvé refuge, tandis qu'aujourd'hui, nos sociétés plus regulières et plus clairvoyantes sur leurs intérêts sont libres de leur initiative et à la concurrence de tous l'action de l'homme apparait d'avantage ; elle est plus intense, plus raisonnée ; mais elle ne peut s'exercer avec efficacité et sécurité, qu'à la condition de ne point se répandre hors du cercle de moralité et de justice dans lequel Dieu l'a renfermé. Tout âge est divin, parce que Dieu est toujours le maître de la vie humaine, et que, sans lui, rien ne se fonde et rien ne dure.

Les hommes auront beau transformer leur vie sociale, perfectionner leurs institutions, étendre leurs libertés, faire du nouveau en toutes choses, dans le fond ils seront toujours les mêmes. Ils se retrouveront toujours devant Dieu tels qu'ils étaient dès le commencement, quand ils commencèrent cette vie d'épreuve, de labeur, dans l'ordre moral et dans l'ordre matériel, à travers tant de vicissitudes et tant de révolutions.

La famille, qui au commencement, était le tout, n'est plus qu'une partie dans le corps plus grand et plus complet de la société publique ; mais elle reste toujours la société première et fondamentale, sur laquelle tout repose, et de laquelle dépendent l'ordre et la force de tout le reste. La famille où Dieu n'est plus est inévitablement livrée à l'oppression des pouvoirs publics. La société est un tout fortement lié, où l'ordre domestique et l'ordre politique, l'ordre civil et l'ordre public se touchent par tous les côtés et se pénètrent intimement. Il y a action et réaction continuelles de l'un sur l'autre.

Tous ceux qui travaillent à affermir et à pacifier la société travaillent à faire respecter la famille ; tous ceux qui visent à troubler et à renverser la société s'attachent à abaisser la famille. Nous sommes témoins de ce que fait la Révolution pour détruire la famille sous prétexte de l'émanciper, et chaque jour nous voyons ce que les défaillances et les corruptions de la famille démocratique prêtent de force à la Révolution. Si la Révolution pouvait consommer la ruine et la dispersion de la famille, rien ne résisterait plus à son absolutisme : conscience, idées, propriété, tout serait à elle.

La société ne vit, ne grandit et ne se conserve que par ses vertus. Lorsque la Révolution aura restauré le paganisme dans la famille, où la société ira-elle puiser les forces morales qui lui sont indispensables pour s'élever à la perfection, dans l'ordre matériel comme dans l'ordre moral ? Qui ne voit que c'est dans la famille chrétienne que naissent et se fortifient la probité, l'amour du travail, l'économie, l'abnégation, l'empressement à secourir autrui, toutes ces vertus qui sont la source de la grandeur et du bien-être des nations ? Que reste-t-il de ces vertus dans le peuple là où les doctrines de la démocratie révolutionnaire ont affaibli et comme suspendu la vie catholique des familles ?

La famille sécularisée n'aura plus d'autre lien que l'intérêt. Lorsqu'on ne croit plus en Dieu, chacun croit en soi et vit pour soi. Dans la famille livrée à l'égoïsme démocratique, qui se souciera de ses proches ? qui songera à ses ancêtres et à ses descendants ? Que font à celui qu'inspire le seul intérêt propre, le passé et l'avenir ? il ne voit que le présent, qui est lui-même, il n'aura dans toute son existence d'autre souci que le profit du moment. Lorsqu'il portera un regard sur la chose publique ce sera son intérêt propre qu'il y cherchera. L'esprit de tradition, n'étant plus dans la famille ne sera plus nulle part. L'individu séparé de la famille n'est qu'un atome perdu dans l'immensité de la masse sociale.

Supposez la famille affranchie de tout ce que la démocratie rationaliste appelle le principe religieux, la société aura-t-elle encore les vertus publiques, qui sont aussi nécessaires à sa vie que le pain l'est à la vie de nos corps ? Où sera dans les chefs le respect des droits et des intérêts des gouvernés, quand le père de famille ne réglera plus sa conduite envers ses fils sur la loi de Dieu, qui est la loi de justice et de charité, et qu'il se sera accoutumé à pratiquer, dans le gouvernement de sa maison, le droit du plus fort ? Si la famille a perdu, avec l'esprit du christianisme, l'habitude du sacrifice, où les hommes iront-ils puiser la force de la volonté, la grandeur des sentiments, les générosités du caractère, qui animent et soutiennent la vie publique ? Quand la famille n'aura plus d'hommes, l'Etat aura-t-il encore des citoyens.

Et cette grande vertu de patriotisme, qui honore les peuples autant qu'elle les sert, pense-t-on la trouver dans le cœur des hommes, lorsqu'on en aura chassé l'amour et le respect de la famille ? Le patriotisme est l'amour de la terre des ancêtres, l'attachement au champ paternel qui a reçu l'empreinte de nos premiers pas, le souvenir du foyer près duquel nous avons grandi : avec les joies et les douleurs qu'il réveille en nous, l'impression, difficile à effacer même chez les mauvais, des enseignements de la famille qui ont ouvert notre esprit à la vérité, attiré notre cœur à la vertu : voilà les sources premières des affections patriotiques.

La Révolution attaque la famille au cœur, en lui ôtant, par la sécularisation, tout ce qui fait sa force morale ; elle l'attaque aussi dans sa condition matérielle d'existence, en lui rendant impossible la conservation des biens nécessaires à sa perpétuité. La Révolution, qui est par essence égalitaire, s'est proposé de mettre obstacle, par le despotisme de la loi civile sur les partages, à la conservation des fortunes qui dépassent un certain niveau.

L'homme est à la fois corps et âme. Rien ne s'établit dans l'ordre moral qu'avec le concours et l'appui des choses extérieures. Dans une société où le patrimoine des familles n'aura plus de fixité, la tradition s'en ira en fumée au milieu des générations toujours mobiles et dispersées. C'est le but que poursuit le fanatisme démocratique. La vie individualiste est son idéal. Il nourrit contre la société une haine profonde. Il veut la détruire en détruisant la famille. Lorsque la loi absolue du partage égal aura introduit l'individualisme dans la famille ; lorsqu'elle aura fait pénétrer l'intérêt propre, avec ses prétentions étroites et arrogantes, là où l'affection, le devoir, l'abnégation, devraient seuls régner, la victoire de la démocratie sera assurée. Mettre l'individualisme dans la famille, c'est le mettre au cœur même de la société.

L'individualisme, triomphant au foyer domestique, répandra dans la société, l'esprit communiste ; l'habitude que les hommes auront prise, de se considérer comme possédant un droit égal sur les biens paternels, lui fera croire aisément qu'ils ont aussi un droit égal sur tous les biens qui se trouvent dans la société. C'est le débordement des appétits individualistes qui pousse à l'égalité du communisme.

Aujourd'hui que la Révolution prétend tirer, de ses doctrines, les dernières conséquences pratiques, c'est à faire une société nouvelle qu'on aspire. Fils de la Révolution, le socialisme s'en prend à la société même dont il renverse les fondements, et à laquelle il veut imposer une constitution dont rien dans le passé ne donne l'idée. C'est une nouvelle forme de vie humaine qu'il introduit et il en cherche la justification dans la théorie rationaliste du progrès.

L'initiateur de toutes les doctrines socialistes, comme de toutes les doctrines révolutionnaires, c'est J.-J. Rousseau. Ses écrits sont remplis des deux idées qui composent tout le socialisme : l'égalité radicale des hommes par l'égalité de leur liberté personnelle, et le droit, qu'ils ont toujours, de ramener les sociétés, égarées et corrompues par leurs institutions, aux véritables conditions de la nature humaine, qui d'elle-même ne peut être que bonne et droite.

L'école socialiste nie tout ce qu'affirme le christianisme et réhabilite tout ce qu'il condamne. Le christianisme affirme Dieu ; le socialisme ne veut entendre parler que de l'homme et de sa toute-puissance. Le christianisme fonde tout sur la foi et sur l'obéissance à la loi divine ; le socialisme n'a de principe que la raison souveraine et de règle que la justice immanente de l'humanité. Le christianisme impose le sacrifice et la mortification, tandis que le socialisme réhabilite la chair et proclame le droit à la jouissance. Le christianisme fait, de la charité, la loi suprême de la vie sociale, il n'admet pas que la justice en puisse jamais être séparée ; le socialisme, au contraire, ne reconnaît d'autre loi des relations sociales que la stricte justice, dont il place le principe dans la conscience humaine, et il repousse toute intervention de la charité, qu'il regarde comme attentatoire à la liberté et à la dignité de l'homme.

Comme le christianisme contient toute vérité sociale et règle l'ordre naturel de toute société, le socialisme, en visant à le détruire, vise à détruire la société elle-même. C'est au néant que tend l'utopie moderne. Les secousses répétées et profondes qu'elle imprime à notre monde social, nous font comprendre que, si les peuples modernes n'avaient, par l'Eglise, la force de Dieu pour se défendre contre les séductions de cette erreur satanique, ils seraient proches de leur fin.

CONCLUSION

L'*Éternelle question* intime, aux hommes, la pensée et la présence de Dieu, les ramène à son autorité ; la *Question du temps* les presse de se soumettre aux lois de Jésus-Christ, modèle parfait de l'humanité pour orienter leur vie privée et publique. Dieu dans le temps, Dieu dans l'éternité, Dieu partout et toujours : voilà, en deux mots, la pensée mère de cet ouvrage.

Au moment où nous jetons, dans l'océan de la publicité, ce grain de poussière et de lumière, par une aberration sans exemple dans l'histoire, une conspiration franc-maçonne s'acharne à effacer en France le nom de Dieu. C'est le complot le plus monstrueux qui se soit ourdi jamais nulle part ; et le plus funeste. Tous, juifs, protestants, sceptiques, libres-penseurs, conspirent pour arracher la patrie au service de Dieu, détruire la vocation qu'elle tient de la Providence, supprimer sa fonction dans le plan divin, l'anéantir ou la soumettre à d'autres puissances.

Il faut que la France succombe et disparaisse. Pour l'annihiler, il faut supprimer d'abord la religion catholique et l'Église Romaine. Plus d'Église Romaine, plus de religion catholique, il n'y a plus de Dieu en France : c'est le triomphe de l'athéisme ; c'est la main-mise de la Franc-maçonnerie sur la vieille patrie, pour l'agrandissement de l'étranger.

Non pas, comme l'hypocrisie politique le fait entendre, au profit de la synagogue juive, du consistoire protestant et des écoles, encore honnêtes, de la libre-pensée. Si l'on veut mener un tel dessein, il faut mentir pour s'assurer de misérables concours. Le fond de la révolution actuelle, c'est de supprimer l'au-delà ; c'est de renfermer les hommes dans l'horizon de la vie matérielle ; de les vouer au culte de l'orgueil, de l'avarice et de la volupté. Il y a longtemps que ces sectaires sont adorateurs du veau d'or.

La tradition des Juifs, le libre examen des Protestants ne sont d'ailleurs, depuis longtemps, que des formules de la libre-pensée, au profit des passions. C'était l'athéisme déguisé ; ce sera l'athéisme sans phrases et sans périphrases ; ce sera, sur le cadavre de la France, le triomphe de l'anti-christianisme. C'est le néant, la mort.

Le néant, c'est philosophiquement absence d'être ; c'est, en plus, sa négation. Le néant ne peut produire ni lumière dans les idées, ni ordre dans les institutions. Le néant n'est pas une doctrine : c'est pour la probité, une horreur ; pour le crime, un bill d'amnistie ; pour tous, la formule du désespoir.

La foi est nécessaire pour soutenir le genre humain dans l'épreuve de la vie et servir de base au gouvernement des peuples ; détruire la foi, c'est détruire les nations. N'est-il pas clair d'ailleurs qu'on fait aujourd'hui, en rejetant la foi au nom de la libre-pensée, une religion d'insolence, une église d'inquisition : c'est à croire qu'on veut rouvrir les prisons et dresser les échafauds.

L'homme sans Dieu ne peut être que l'homme livré, sans frein et sans remords, à toutes ses passions « On ne le gouverne pas, disait Napoléon, on le mitraille. » Pour moi instinctivement l'athée me fait peur. S'il lui plaît de devenir un criminel, je ne vois pas qui peut l'en empêcher. Communément, il n'est qu'un sot vulgaire et un libertin ; il suffit à son ambition de vivre sans travail et tout à son aise, au détriment du bien d'autrui. Notre patrimoine est la sueur et le sang de nos aïeux. L'homme sans Dieu, qui promet, par le collectivisme, le paradis sur la terre, veut d'abord écorner notre patrimoine et se faire des rentes. L'athée s'il exerce la profession lucrative de tribun populaire, c'est un être qui veut manger la chair et boire le sang du peuple.

Deux certitudes, l'une expérimentale, l'autre historique, s'imposent à l'humanité.

Au point de vue expérimental, il est certain que le monde étant ce qu'il est et l'humanité étant donnée, il y aura toujours, sur la terre, moins de satisfaits que de plaignants. Avec les mécontents, les démagogues forment des bandes révolutionnaires et montent à l'assaut de l'ordre social. Les Gracques, les Spartacus, les Vindex, les Marius, les Sylla, sont de tous les temps ; ils pullulent d'autant plus que le monde est plus éclairé. Il faut donc, pour le bien de la paix, asseoir le monde sur un ordre de vérité et de vertu, de droit et de justice.

Au point de vue historique, le monde est partagé en deux, par la croix du Calvaire ; de l'autre côté de la croix, c'est l'esclavage et la plus horrible exploitation du genre humain. De ce côté-ci, c'est la liberté et l'ordre dans le respect du droit et la pratique de tous les dévouements. Il n'y a qu'un instrument pour le salut du monde, le sacrifice. Le sacrifice sauve le monde par un double mystère : par l'immolation du Christ Rédempteur, par l'immolation connexe de ses serviteurs, et en premier lieu, de ses ministres. La fortune de la race humaine dépendant de sa participation *effective* au sacrifice du Calvaire, selon qu'elle y participe plus ou moins intimement, elle est heureuse ou elle est visitée par le malheur. La question capitale, ici, c'est de comprendre le mode *efficace* de participation pour nous, à l'immolation du Christ, non pas, comme le présumaient grossièrement les habitants de Capharnaum, en mangeant matériellement la chair du Christ, et en nous attachant matériellement à la croix. Comme le sacrifice du Calvaire s'offre seulement sous les espèces du pain et du vin, notre participation au sacrifice du Golgotha se doit faire selon l'esprit. Nous devons nous immoler spirituellement par la profession régulière de l'Evangile selon la pureté de notre foi et la virilité de notre courage. L'effusion possible de notre sang n'est qu'une résolution qui prouve la sincérité de notre conscience ; elle ne doit couronner notre bravoure qu'autant que l'exige la profession du Christianisme.

Le mystère de la Rédemption est un mystère *divin* dont le mystère d'iniquité veut aujourd'hui prendre la place. La guerre atroce pour renverser le christianisme, a pour but de le remplacer par ce qu'ils appellent l'affranchissement du genre humain. Jésus-Christ aurait asservi le monde au lieu de le délivrer, ils veulent briser son joug pour délivrer le monde. La question ainsi posée, se présente à nous avec une formidable évidence : d'un côté, l'Evangile du Christ, avec sa Croix, son symbole, ses lois, ses mystiques immolations et ses fortes vertus ; de l'autre, le monde qui prétend remplacer l'Evangile du Christ par l'affranchissement de la pensée, de la volonté, des sens, libres de toutes lois divines, et ne puisant qu'en eux la lumière, la règle, la sanction et la récompense. D'un côté, la civilisation ; de l'autre, le bestialisme

La religion et l'Eglise catholique ont produit, pendant quinze siècles, la civilisation, philosophiquement la mieux justifiée ; politiquement, la plus solide ; socialement, la plus bienfaisante et la plus équitable. Pendant quinze siècles le monde a su, pas sans contradictions, ni luttes, mais enfin a su concilier l'autorité avec la liberté, le travail avec le capital, les patriciens avec les plébéiens, les ouvriers avec les patrons, les sujets avec le pouvoir. Cette civilisation chrétienne fondée sur les vrais principes de la nature et sur les grands phénomènes de l'histoire, cette civilisation, souvent contrariée, mais jamais déviée, ni abattue, jusqu'à nous progressive, c'est la plus grande merveille de l'histoire.

Le Christ est le type de l'homme parfait. Les apôtres s'étaient formés sur le type de Jésus-Christ ; ils convertirent le monde à l'idéal de l'Evangile. Cet idéal implique deux choses : une doctrine de perfection et des efforts pour y atteindre. Pendant des siècles, les nations converties à l'Evangile, marchèrent sous la nuée lumineuse de l'idéal chrétien. De tous les points du monde intellectuel et moral, social et religieux, ils voyaient l'image adorable du Christ, proclamaient sa royauté. Sous ce régime les prêtres n'étaient pas seulement les ministres de Dieu ; ils étaient les rois de la terre. Rois, ils se laissèrent accabler par la gloire et crurent la mieux manifester en se pliant aux exigences du monde. Ce fut une grande erreur et la cause d'une grande ruine.

Après douze siècles d'existence, la Synagogue avait déserté ses traditions et perdu son esprit ; après vingt siècles, l'Eglise, du moins en France, est tombée dans le plus terrible pharisaïsme qui ait pu dégrader le monde. Du haut en bas et du bas en haut, nous sommes tous déchus de l'idéal de l'Evangile. Le prêtre était un être céleste ; il s'est fait terre et se prosterne devant le veau d'or. Monter au Calvaire, s'y faire crucifier, il n'y songe plus ; il ne se propose plus que de vivre à rien faire que des génuflexions et de couler des jours tranquilles dans les enivrements de la mollesse. Il y a encore beaucoup de bons prêtres ; il y en a beaucoup trop de mauvais. Les prêtres corrompus ou simplement bas, empoisonnent la France. Le peuple le plus religieux, le peuple franc, qui n'a plus vu en eux des christs, reste étranger à leur ministère ; il se détourne avec mépris de ses prêtres bas et lâches, de ses évêques simoniaques, parjures et jouisseurs, et veut écarter cette race comme un fléau. Dans la situation actuelle, c'est le phénomène qui cause à bon droit, la plus profonde épouvante. Il faut aujourd'hui des docteurs, des apôtres de la vérité ; il faut que le corps sacerdotal se régénère par le sacrifice, qu'il se retrempe dans la sève divine ; il faut qu'il meure à toutes ses convoitises, s'il veut servir la cause divine, qui seule peut sauver le monde. Si le corps sacerdotal, ne se retrempe par les austérités de la pénitence, les vertus du sacrifice, il est mort et la France est perdue.

Lorsque vous verrez l'abomination dans le lieu saint, ce sera la désolation dans le sanctuaire (1).

Chacun aujourd'hui est appelé, par les préceptes de l'Evangile et les lumières de la science contemporaine, à faire son sacrifice, suivant les devoirs de son état et les exigences de sa condition. Chacun est prêtre, comme il est souverain, et doit exercer sur lui-même un sacerdoce, diriger sa vie, sa conduite, d'après la saine morale du Christ.

Mais l'homme, toujours faible devant les illusions de son

---

(1) Évangile selon saint Matthieu, cap. 24.

esprit, les faiblesses de son cœur et les sollicitations de ses sens, lui a fait jeter ce cri, répété des générations : Seigneur, ayez pitié de nous, sauvez-nous, nous périssons !

On objecte le petit nombre des adeptes de la franc-maçonnerie ; les francs-maçons, en effet, ne sont pas nombreux ; mais c'est le verre de vinaigre qui fait tourner un fût de bon vin. La force de la franc-maçonnerie, et personne ne la conteste, tient aux liens secrets de cette conjuration avec les défaillances des mœurs publiques. Les francs-maçons veulent faire table rase de toutes les croyances et nous confiner dans les bas horizons des jouissances matérielles. Je ne crois pas qu'ils puissent aboutir. L'homme est trop fier, l'humanité trop grande, pour se confiner jamais, sans regrets ni remords, dans les bassesses de la volupté. En vain, pour nous tromper, on dissimule le programme des destructions ; en vain, on se propose de rétablir par le collectivisme, le paradis sur la terre. Je ne crois pas davantage qu'une société puisse s'établir, je ne dis pas solidement, mais sérieusement, sur la négation de la propriété, du mariage, de la famille et de l'ordre social. On peut fanatiser les masses avec ces négations radicales ; impossible d'y planter un abri d'un jour. Il n'est que trop vrai, on peut agiter la France, se battre, s'entretuer. A bout de crimes, il faudra répudier les utopies sanglantes et revenir aux principes éternels de l'ordre public.

Le plus extraordinaire, le plus étrange, c'est que les préparateurs de ces catastrophes aient pu enrégimenter dans leurs phalanges les rabbins juifs, les ministres protestants ; le pire, c'est que depuis vingt-cinq ans, ils s'ingénient à y faire entrer les évêques.

Les évêques sont les coopérateurs du Pontife Romain, vicaire de Jésus-Christ. Par institution divine, ils sont les dispensateurs des mystères de Dieu et des grâces de l'Evangile ; par devoir, ils doivent être les sanctificateurs des âmes, les sauveurs des peuples. Malheureusement le concordat laisse au pouvoir civil leur désignation ; le gouvernement a toujours cherché à faire, des évêques, les instruments de sa politique. Le pouvoir devenu satanique en France, cherche pour l'épiscopat, des hommes faibles ou corrompus, qui consentent à substituer, au culte de Jésus-Christ, rédempteur des âmes et roi des nations, le culte politique de Satan. Depuis vingt-cinq ans, il s'efforce de préparer, par la simonie, de tels évêques. La nature humaine étant donnée, il est impossible qu'il n'en ait pas découvert quelques-uns dans les poussières du sacerdoce et dans les pourritures du sanctuaire. Ce sont des mercenaires qui ne sont point pasteurs, peut-être des loups qui dévoreront demain les brebis.

Le gouvernement qui s'achemine au schisme en tapinois, en même temps qu'il corrompt le clergé, veut le frapper de terreur. Par son agrément nécessaire pour les nominations, par la promptitude violente à supprimer les traitements ecclésiastiques, il abat toutes les têtes et remplit d'amertume tous les cœurs. En même temps, il ferme les écoles catholiques, il proscrit les ordres religieux, il détruit une bonne moitié du service moral et religieux, des consciences.

Non content de frapper l'élite du sacerdoce, il entend faire *lui-même* les évêques, leur désigner, *lui-même*, les lieux du culte ; leur imposer *lui-même* les prédicateurs de son choix. La séparation de l'Église et de l'État lui promet l'anéantissement du clergé orthodoxe et le triomphe, à peine voilé, de l'athéisme. Par une simple mesure de police, il peut fermer les églises.

En présence de si graves et si nombreux attentats, ce qui étonne, ce qui surpasse, c'est le silence des évêques, et bien plus leur inertie. Les plus braves protestent encore, quelques-uns avec force ; les autres se taisent ou ne parlent guère que pour sauver les apparences. La correspondance de ces évêques avec le ministère des cultes contient, j'en ai peur, des preuves de complicité et des bassesses de trahison.

L'histoire s'étonnera un jour que la France ait pu être assassinée dans un guet-apens, sans que rien manifeste, je ne dis pas la résistance unanime, mais la présence de l'épiscopat. Des phrases, on en découvrira des monceaux ; des actes d'héroïsme j'en vois peu. Un seul évêque vraiment brave pourrait tout sauver : où est-il ? Le persécuteur ne paraît pas en éprouver l'ombre d'un souci : « Vous voyez bien, dit-il, qu'ils sont toujours en fêtes. »

Le pire en tout ceci, c'est la démoralisation du clergé de second ordre. Le curé du village était autrefois un type lumineux ; c'est aujourd'hui un type de néant. Le prêtre était l'homme consacré à Dieu, voué au service des misères humaines, immolé à la terre ; le prêtre est devenu l'incarnation hypocrite des sept péchés capitaux. En dehors des exceptions que j'honore, il y a un déchet épouvantable sur la dignité du sacerdoce.

Je le dis comme je le pense : La destruction de la France, son effacement par la politique, sa ruine dans l'histoire, c'est une œuvre accomplie avec la misérable connivence des mauvais prêtres.

J'oserai tout dire. A mon avis, la première cause des malheurs de la France, c'est l'inertie du grand chef de l'armée catholique. L'Eglise est un camp ; les prêtres et les fidèles forment, par institution divine, une armée rangée en bataille : c'est au Pape qu'il appartient de l'engager dans les combats. Que les fidèles et les simples prêtres aient le devoir de défendre l'Eglise attaquée ; qu'ils le puissent par des combinaisons sociales et des ligues politiques, cela est hors de doute. Mais le mot d'ordre, mais le plan, mais l'organisation et la conduite de l'armée appartiennent aux chefs de l'Eglise, au pape et aux évêques. Depuis vingt-cinq ans, le Pape au lieu de donner le mot d'ordre militant, au lieu d'avoir poussé à la guerre sainte, le Pape s'est contenté d'ourdir, dans les retraites du Vatican, les toiles d'araignées de la diplomatie. Les chats-huants et les vautours ont passé, ailes déployées, à travers ces fragiles tissus ; de leurs débris, les soldats et simples officiers de l'armée catholique n'ont pu se faire un drapeau. Lamennais, le grand apologiste ; Charles Périn, le créateur de l'économie politique ; Emile Ollivier le politique profond, prudent et courageux ; beaucoup d'autres sont allés à Rome et en sont revenus écœurés. On leur a dit là haut, qu'il ne fallait plus se battre. Ne plus se battre, c'est déserter devant l'ennemi, c'est lui céder la victoire. Ne plus se battre, c'est trahir.

Jésus-Christ est le salut du monde ; c'est notre foi : Là où l'œuvre du salut périclite ; là où il se produit une perdition générale, ce n'est pas l'effet de l'impuissance de Jésus-Christ ; c'est la preuve que son sacerdoce n'a plus puisé la vie à la source. Tout prêtre qui, derrière le formalisme froid de son ministère, ne laisse voir qu'un homme commun, bon peut-être, plus du tout rayonnant des splendeurs du Thabor et des sacrifices du Calvaire : un tel prêtre ébranle la foi et n'est plus qu'un scandale pour les consciences.

Le peuple est simpliste. Le prêtre est, à ses yeux, la religion incarnée. Si le prêtre paraît homme de travail, homme de science, homme de grande doctrine et de grande vertu, il inspire l'amour de la religion et le respect des mœurs ; s'il est le contraire, il perd le pays ; c'est une démoralisation, préface d'une déroute.

Nous en sommes là. Au XVᵉ siècle, une vierge champenoise visitée de Dieu, vint sauver la France, pendant que le roi de Bourges perdait son royaume. A l'aurore du XXᵉ siècle, les femmes françaises doivent se lever à l'appel de Dieu, proclamer le grand mot de vertu et bouter dehors les athées. Mais d'abord il faut qu'elles rompent la communion avec les prêtres tièdes et lâches, ou plutôt il faut qu'elles les rappellent à l'éminente dignité du sacerdoce.

Une telle conclusion n'est pas une impiété de notre part, c'est plutôt un ferme attachement au mystère du Christ. Jésus-Christ est le prototype de l'humanité, mais comment ? Par sa doctrine, par son Evangile et par sa croix, symbole du sacrifice. Le prêtre est un autre Christ, mais comment ? Par la lumière de ses enseignements et par l'éclat de ses immolations. Jésus-Christ ressuscité gardait, sur ses pieds et sur ses mains, les signes de la croix : c'est là le vrai modèle des prêtres. Les prêtres doivent être incorporés au sacrifice de Jésus-Christ, s'ils veulent exercer sa puissance d'illumination et de salut. Sinon le souvenir de Jésus-Christ, dit un grand Pape, accable de confusion leur perversité : *Prævaricationis est ingesta confusio.*

Le mystère de Jésus-Christ, c'est le mystère de la croix, et le mystère de la croix, c'est le mystère du salut. Du moment que nous périssons, c'est que nous avons quitté le mystère du salut par la croix. Je défie qui que ce soit de contester l'évidence de cette conclusion. Pour se dérober à la honte qui s'en suit, on ne manque pas d'excuses : on n'en manque jamais ; reste à savoir si elles ont quelque valeur. Pour nous deux certitudes s'imposent à notre raison. Il est certain que si l'épiscopat avait protesté, depuis vingt-cinq ans, contre tous les attentats du gouvernement prévaricateur, protesté, dis-je, avec unanimité, avec vigueur, avec les sacrifices qui rendent la résistance invincible, l'épiscopat aurait enrayé la persécution et ouvert les yeux au peuple français. Il est certain que si le prêtre offrant le sacrifice des autels, s'était offert lui-même comme victime avec sa foi et sa charité, sa pureté et son désintéressement, il eût assuré la paix du monde et la gloire de Dieu. S'il n'est pas victime de propitiation pour tous, ce qu'il fait, même avec régularité extérieure, n'a pas de sens surnaturel et ne paraît plus qu'une exploitation de la crédulité publique. Quand un gouvernement démolit l'Eglise en détail, un évêque manque à son devoir en gardant le silence ou en parlant sans vertu. Quand un peuple trahit ses mœurs, ses traditions, son avenir, un prêtre manque à ses devoirs, s'il n'est pas la lumière et le sel de la terre ; pour sauver dans son pays, le droit et la liberté, il doit être prêt même, à sacrifier sa vie. Si vous prétendez que le clergé n'est pour rien dans les malheurs d'à présent, vous avez perdu le sens de vos doctrines ; et si ces malheurs sont imputables à vos fautes, réformez-vous dans le renouvellement de votre sens et l'intégrité du sacerdoce

Quand je médite sur l'économie divine du salut par la religion du Christ, je ne comprends rien à nos égarements. Il faut être bien mou ou bien peu convaincu pour se laisser aller à de tels écarts. Du moment que la religion et l'Eglise sont de Dieu, elles ne peuvent être que des institutions de perfection.

Tant que les hommes seront hommes, faibles ou trop peu intelligents, cette perfection idéale dépassera toujours leur médiocre vertu. Mais qu'ils y dérogent au point de tout corrompre dans la nature et de laisser périr l'ordre de grâce, voilà qui explique tous les malheurs et prépare les pires catastrophes. Humble femme, soumise à Dieu et à l'Évangile du Christ, j'ai voulu, par ce petit écrit, donner Dieu pour base à la pensée humaine et exposer l'Evangile comme loi de la société française. L'Evangile, Jésus Christ et Dieu, voilà ce que j'ai voulu balbutier de mon mieux, dans un triple sentiment de foi, d'espérance et de charité.

P. S. — Au moment où je corrige la dernière feuille de mon livre, un pape est nommé, Pie X. L'univers chrétien porte aujourd'hui ses regards vers le nouveau pape avec un redoublement de foi et d'espérance. Quand tout ce qui est humain s'écroule, on embrasse plus étroitement la colonne qui survit à toutes les ruines du temps, comme une image de l'éternité.

TABLE DES MATIÈRES

Préface 5

La question de l'éternité.

Chapitre	Ier. — L'éternelle question.	11
Chapitre	II. — Notions du vrai.	17
Chapitre	III. — Nécessité de croire	20
Chapitre	IV. — Importance de la philosophie	24
Chapitre	V. — L'être des êtres.	27
Chapitre	VI. — Dieu.	29
Chapitre	VII. — La notion de l'être divin.	32
Chapitre	VIII. — Propriétés de l'être divin	36
Chapitre	IX. — La philosophie de Dieu, base nécessaire de toute philosophie.	39
Chapitre	X. — Notion sur la création des êtres	44
Chapitre	XI. — De l'univers	48
Chapitre	XII. — Développement de l'univers	25
Chapitre	XIII. — Des êtres intelligents	55
Chapitre	XIV. — Manifestation des intelligences.	59
Chapitre	XV. — De la conservation des êtres.	63
Chapitre	XVI. — Des lois de la société et de leur fin. . .	67
Chapitre	XVII. — La science de l'homme et du mal . . .	72
Chapitre	XVIII. — La lutte contre le mal.	86
Chapitre	XIX. — L'être organique et l'être intelligent . .	91
Chapitre	XX. — L'intelligence et la parole.	98
Chapitre	XXI. — De l'erreur	102
Chapitre	XXII. — De l'imagination.	107
Chapitre	XXIII. — Rapports de l'homme avec l'esprit ou l'amour divin.	109
Chapitre	XXIV. — Des rapports de l'amour supérieur et inférieur dans l'homme.	117
Chapitre	XXV. — La force dans ses rapports.	122
Chapitre	XXVI. — L'état normal et l'état anormal dans l'homme	126
Chapitre	XXVII. — Des puissances actives de l'homme. . .	134
Chapitre	XXVIII. — De l'art	140
Chapitre	XXIX. — Le beau dans l'art.	151

		Pages
Chapitre	XXX. — Considérations sur la science.	166
Chapitre	XXXI. — Des corps.	181
Chapitre	XXXII. — Des corps composés.	187
Chapitre	XXXIII. — Causes finales.	192
Chapitre	XXXIV. — De la société des êtres intelligents et libres.	196
Chapitre	XXXV. — De la société spirituelle	200
Chapitre	XXXVI. — De la religion dans le mode progressif d'union de l'intelligence avec Dieu.	206
Chapitre	XXXVII. — De l'amour en tant que lien des êtres.	214
Chapitre	XXXVIII. — De la volonté par rapport au but final de l'humanité.	223
Chapitre	XXXIX. — De l'Église et de l'État	227
Chapitre	XL. — Du culte dans sa forme sociale.	230
Chapitre	XLI. — De la fin de l'homme	241
Chapitre	XLII. — Conséquence pratique.	246

Question du temps, sociale, politique et économique, d'après l'Évangile. 255

Chapitre	I. — La liberté dans le progrès.	258
Chapitre	II. — La liberté démocratique.	270
Chapitre	III. — Les libertés populaires	275
Chapitre	IV. — L'économie politique	285
Chapitre	V. — La question sociale.	293
Chapitre	VI. — Considération de la vie sociale.	298
Chapitre	VII. — Diverses formes de la vie sociale	311
Conclusion.		322

APPENDICE

L'ALOUETTE

I

L'alouette, aux beaux jours fidèle,
Dont les chants dilatent le cœur,
Aujourd'hui, gracieuse et belle,
S'élève en chantant son bonheur.

II

Le laboureur, sur sa charrue,
Penché pour ouvrir un sillon,
Ecoute vibrer dans la nue,
Le chant du petit oisillon.

III

Le moissonneur et sa famille,
Sous l'ardent soleil de l'été,
Tout ruisselant sur la faucille,
De ce concert est enchanté.

IV

C'est avec un plaisir extrême,
Qu'il entend au loin dans les cieux,
De cet oiseau le chant suprême,
Et les refrains mélodieux.

V

Sois béni, Dieu qui nous envoie,
Tous les ans, cet être chéri,
Nous le revoyons avec joie :
Notre cœur en est attendri.

VI

L'automne dépouille la branche,
L'alouette fuit les autans,
L'oiseau quitte la plaine blanche,
Et ne reviendra qu'au printemps

VII

Il aime les chants, la verdure,
Et le brûlant soleil d'été,
Et du ruisseau le doux murmure,
Et l'espace et la liberté.

VIII

Près du laboureur, dans la plaine,
Aux champs, par dessus les coteaux,
Il ne nous vole point de graine,
Et se nourrit de vermisseaux.

IX

L'alouette est sœur de l'abeille,
Toutes deux sont un présent du ciel ;
Chacune opère sa merveille ;
L'une, des chants ; l'autre, du miel.

X

Le Dieu très bon qui les créa,
Pour adoucir nos amertumes,
A toutes les deux commanda,
Des chants pour dissiper nos brumes.

IX

Le Créateur qui leur ordonne
De nous égayer de chansons,
Nous veut une âme toujours bonne ;
On cueille, en chantant, les moissons.

XII

Mais, hélas ! du chasseur avide,
Allant au piège qu'on lui tend,
L'alouette, en un carnier vide,
S'en vient mourir en voletant.

MORALITÉ

Pauvre petit oiseau, tu serviras d'exemple
Pour tous ces laboureurs, ardents à tous les biens.
Sur la terre, à la mort, ce ne sont que des riens.
S'il nous reste un espoir, c'est aux grâces du temple.

Le temple est l'univers, la terre est le saint lieu.
L'intérêt a son prix ; mais, avant tout, notre âme
Se nourrit de lumière et de céleste flamme.
Le travail ici-bas ; notre espoir est en Dieu.

Henri NOTTAT.

DU MÊME AUTEUR

LES
PENSÉES DE L'ÉTERNELLE VIE
RECUEIL D'IDÉES ET DE MAXIMES

1 vol. in-8° de 300 pages. — Prix.. . . . . 3 fr. » »

TÉMOIGNAGES ET PLAINTES
LETTRE A Mgr L'ÉVÊQUE DE LANGRES

Brochure in-12. . . . . 0 fr. 50

L'ÉTERNELLE QUESTION

Prix . . . . 4 fr. » »

SOUS PRESSE :

JÉSUS-CHRIST
PROTOTYPE DE L'HUMANITÉ
1 vol. in-8°.

TÉMOIGNAGES ET PLAINTES
2ᵉ LETTRE A Mgr L'ÉVÊQUE DE LANGRES
1 volume in-12.

Imp. J. Thevenot, Saint-Dizier (Haute-Marne).

www.ingramcontent.com/pod-product-compliance
Lightning Source LLC
Chambersburg PA
CBHW060503170426
43199CB00011B/1309